墨子学刊

中国墨子学会会刊

杜泽逊 主编

第一辑

2024 | 1

第1期

国家图书馆出版社

图书在版编目（CIP）数据

墨子学刊. 第一辑 / 杜泽逊主编. — 北京：国家图书馆出版社，2024.6 — ISBN 978-7-5013-8181-4

Ⅰ. B224.5-53

中国国家版本馆CIP数据核字第2024KU3237号

书　　名 墨子学刊（第一辑）
著　　者 杜泽逊　主编
责任编辑 潘肖蔷

出版发行 国家图书馆出版社（北京市西城区文津街7号　100034）
010-66114536　63802249　nlcpress@nlc.cn（邮购）
网　　址 http: // www. nlcpress. com
印　　装 北京科信印刷有限公司
版次印次 2024年6月第1版　2024年6月第1次印刷

开　　本 787×1092（毫米）1/16
印　　张 13
字　　数 285千字
书　　号 ISBN 978-7-5013-8181-4
定　　价 98.00元

《墨子学刊》编辑出版工作委员会名单

《墨子学刊》学术委员会名单

《墨子学刊》发刊词

墨者兼爱尚贤，大爱无疆；墨者博物戴行，志强智达。“善无主于心者不留，行莫辩于身者不立。”墨学为战国显学，集成劳动人民之哲思、工匠技术之逻辑，为中国“轴心时代”之瑰宝、中华古典文明之代表。一部《墨经》，其价值堪与整个古希腊学术相媲美。在传统文化“两创”和“第二个结合”的时代背景下，以墨学为代表的诸子学研究对于理解和阐释“中国式现代化”的文明源流和形成路径，具有重要意义。

墨学重光于民国，进入新时代，又焕发出蓬勃生机。墨子所带有的劳动者本色，与共产党人所秉持的三种精神、科学家精神如出一辙。墨家所代表的工商文明，在儒家所代表的农耕文明之外，提供了另一种思维理路，在传统文化“两创”中应充任更加重要的角色。“兼爱”之与人类命运共同体，“节用”之与廉政文化建设，“交相利”之与共享发展理念等等，昭示了墨学的当代价值。“君子力事日强，愿欲日逾，设壮日盛。”《墨子学刊》应运而生，恰逢其时。本刊将以习近平新时代中国特色社会主义思想为指导，积极探讨墨学与中国式现代化的内在联系，构建“新时代墨学”学术体系，探索文明交流互鉴视域下墨学研究的新视野，勇担新时代墨学研究的光荣使命。

目　录

CONTENTS

Contents

论《墨经》科技哲学的范畴与原理

孙中原

摘　要： 本文用E考据（数字化考据）与元研究（后设研究）方法，论述《墨经》科技哲学范畴与原理，及其重要的理论、历史与现实意义。择其要点：第一，“巧传”求故：科学知识形成的机制原理；第二，“法则”取同：概括规律；第三，“科技”利民：知识真理性的检验；第四，“智与意异”：由假说臆测，到知识智慧。

关键词：《墨经》　科技哲学　范畴　原理

作　者： 孙中原，中国人民大学哲学院教授（北京100872）。

科学技术哲学，简称科技哲学，又称自然辩证法，是哲学的重要分支学科，研究自然界的一般规律、科技活动的方法、科技发展的哲学思考、科技与社会的关联。墨家成员，出身工匠，上升为科技理论家，概括科技哲学范畴与原理，构造理论系统，具有重要的理论、历史与现实意义。

一、“巧传”求故：科学知识形成的机制原理

工匠技艺求因果，总结经验成科学。《经上》第96条总结说：“巧传则求其故。”①即对世代相传的手工业技巧，则探求其原因、理由与根据，揭示科学知识形成的机制原理。此语有重要的科技哲学意义。

“巧传”：世代相传的手工业技巧，《墨经》科技哲学的重要范畴。“巧”：技艺精巧，技术巧妙。巧，有灵巧义，本义技艺高明，敏捷灵巧。《说文》：“巧，技也。”《广韵》：“巧，能也，善也。”《韵会》：“巧，机巧也。射者工于命中曰巧。”《周礼·冬官考工记》：“工有巧。”《增韵》：“巧，拙之反。”《孟子·离娄上》：“公输子之巧。”

“传”：传授。《正韵》：“传，授也，续也，布也。”韩愈《师说》：“师者，所以

【基金项目】国家社会科学基金研究专项“《墨经》绝学的E考据和元研究”（19VJX001）阶段性成果。

① 孙中原：《墨子解读》，北京：中国人民大学出版社，2013年。“传”旧误为“转”，据沈有鼎校改，下条《经说》谓“观巧传”可证。参见沈有鼎：《沈有鼎文集》，北京：人民出版社，1992年，第334-335页。

传道、授业、解惑也。”“求其故”：探求工匠技巧的因果联系，把世代相传的工匠技艺，概括提升为科技原理，建立科技哲学的理论体系。

“求”，追求，谋求，寻求，索求。《玉篇》：“求，索也。”《增韵》：“求，觅也。”《孟子·告子上》：“求则得之。”毛泽东解释“实事求是”：“‘实事’就是客观存在着的一切事物，‘是’就是客观事物的内部联系，即规律性，‘求’就是我们去研究。”①

墨子出身工匠，会制木鸢、车辖与守城器械，精通木工，熟悉百工。《鲁问》记载墨子说：“翟之为车辖，须臾斫三寸之木，而任五十石之重。”《韩非子·外储说左上》说：“墨子为木鸢。”《公输》记载墨子说：“臣之弟子禽滑厘等三百人，已持臣守圉之器，在宋城上。”

《贵义》记墨子自称“贱人”。《吕氏春秋·爱类》：“（墨子）见荆王曰：‘臣，北方之鄙人也。’”鄙人，卑贱者，劳动者。墨家来源于百工，多种工艺都精通。《节用中》说：“凡天下群百工，轮车鞼匏，陶冶梓匠。”制造大车鞣皮革，制陶冶金精木工。

《墨经》论证自然科学的范畴与原理，列举造车制革、制陶冶金、缝纫刺绣、制鞋造甲、土石建筑等各种工匠技艺的典型案例，分析案例，探求原因，概括范畴，归纳命题与原理，构成科技哲学的理论系统。

《庄子·天下》说：“（墨子）好学而博。”《贵义》说：“子墨子南游使卫，关（车厢）中载书甚多，弦唐子见而怪之，曰：‘吾夫子教公尚过曰，揣曲直而已。今夫子载书甚多，何有也？’子墨子曰：‘昔者周公旦朝读书百篇，夕见七十士，故周公旦佐相天子，其修至于今，翟上无君上之事，下无耕农之难，吾安敢废此？”

巧传求故成科学，亲履亲为称范例。“故”：《墨经》科技哲学的核心范畴。《经上》第1条定义说：“故，所得而后成也。”即获得原因，后成结果。“故”：原因，理由，根据。“故”，本义缘故，原因。《说文》：“故，使为之也。”

《经说上》分类举例解释说：“小故：有之不必然，无之必不然。体也，若［尺］有端。大故：有之必然，无之必不然。若见之成见也。”即“小故”（原因中的部分要素，必要条件）：有必要条件，不必然有某一结果；无必要条件，必然无某一结果。

“小故”是形成结果的部分原因。如点是形成线的小故（必要条件）。“大故”（形成某一结果的原因，相当于充分必要条件）：有“大故”，必然有某一结果；无“大故”，必然无某一结果。如见物的原因（条件）都具备，则必然见物。

“故”（原因）是客观必然的真值（真势）模态词，与指使命令的陈述模态词不同。《经上》第78条说：“使：谓；故。”《经说上》举例解释：“令、谓，谓也，不必成。湿，故也，必待所为之成也。”即“使”（命令致使）模态词有两种用法：一种是指用言语，指使（叫、让）某人干某事；一种是指由于某种客观原因，致使某种结果必然产生。命令、叫某人干某事，这只是用言语指使，某人不一定干成某事。地湿是自然现象（结果），有致使它产生的客观原因，一定要等待原因起作用，才能成立，如下雨、泼

① 毛泽东：《毛泽东选集》第3卷，北京：人民出版社，1991年，第801页。

水等。

《墨经》通过主观与客观模态、直陈句与命令句逻辑的对比，说明因果联系的必然性，如“使”：命令，致使。《墨经》中有表示主观与客观两种性质的基本模态词，如“谓”：告诉，言说。表示祈使句的主观模态词，如“故”：原因，致使，表示原因致使结果必然产生的客观模态词。

“令”：命令。不必成：指甲命令（令）、指使（谓、叫、让）乙做某事，乙不必然做成某事。从模态逻辑上说，“不必然P”等于“可能不P”。“湿”：地湿。地湿这一自然现象（结果），必然有使它产生的客观原因。

“故”（原因）范畴，是《墨经》科技哲学的关键词，展开为事物普遍联系与相互作用的原理。列宁说：“‘原因的链条’的观念产生到现在已经有数千年了。比较一下在人类思想史上人们是如何理解这些原因的，就会得出无可辩驳的确凿的认识论。”①

古希腊自然哲学家德谟克利特，极为注重探究自然的原因，写过许多关于天体、大地、声音、植物、动物等原因的著作。他说：“宁愿找到一个因果的说明，而不愿获得波斯的王位”，“只找到一个原因的解释，也比成为波斯人的王还好。”②求故胜当波斯王。

古希腊哲学家亚里士多德说：“技术家较之经验家更聪明；前者知其原因，后者则不知。凭经验的，知事物之所然而不知其所以然，技术家则兼知其所以然之故。”“大匠师应更受尊敬，他们比之一般工匠知道得更深切，也更聪明”，“我们说他们较聪明，并不是因为他们敏于动作而是因为他们具有理论，懂得原因。”“而理论部门的知识比之生产部门更应是较高的智慧。”③

亚氏阐明从工匠经验上升为科学理论的机制原理，与《墨经》义理异曲同工，联通互鉴。美国科学哲学家罗伯特·瓦尔托夫斯基说：“从古到今的能工巧匠中，向来就存在着许多不可言传的知识。科学应该承认这些知识，总结它们，提高它们。”④

二、“法则”取同：概括规律

“法则”取同，概括规律，运用科学抽象法。《经上》第97条说：“法同，则观其同。”《经说上》解释说：“法取同，观巧传。”即在一论域内，如果事物法则相同，则观察其相同方面。把握事物相同法则的事例，观察世代相传的手工业技巧，这是从个别、特殊上升到一般的科学抽象法。

方圆平直与垂直，各有共同的法则。《法仪》说：“天下从事者，不可以无法仪，

---

① 列宁：《哲学笔记》，北京：人民出版社，1956年，第394页。

② 北京大学哲学系外国哲学史教研室编译：《古希腊罗马哲学》，北京：商务印书馆，1961年，第103页。汪子嵩等：《希腊哲学史》，北京：人民出版社，1997年，第1062页。

③ 亚里士多德：《形而上学》，吴寿彭译，北京：商务印书馆，1959年，第2–3页。

④ 罗慧生：《西方科学哲学史纲》，天津：天津人民出版社，1988年，第305–306页。

无法仪而其事能成者无有也。虽至士之为将相者，皆有法，虽至百工从事者，亦皆有法。百工为方以矩，为圆以规，衡以水，直以绳，正（垂直）以悬（悬垂）。无巧工不巧工，皆以此五者为法。巧者能中之，不巧者虽不能中，仿依（模仿遵照）以从事，犹逾己（胜过主观意愿）。故百工从事，皆有法所度。”从手工业工匠亿万次重复的实践经验中，概括总结“法则”（规律）的范畴。

《经下》第166条说：“一法者之相与也尽类，若方之相合也，说在方。”《经说下》举例解释说：“方尽类，俱有法而异，或木或石，不害其方之相合也，尽类犹方也，物俱然。”即与一共同标准相合，则属于一类，与标准方形相合，则属于方形，论证的理由，是分析方形的法则。所有方形，都属于方类，都合乎方形的法则，又有所不同，或是木质的方，或是石质的方，都不妨害方形边角法则的相合。一切同类事物，都与方形的道理一样，概括而言：“所有事物都是如此。”

“法”：法则，效法，规律，标准，是《墨经》的基本范畴。《墨经》“道，理，方，法，效”五个语词，同义互训，可互换使用。《说文》：“法（灋），刑也，平之如水，从水，廌所以触不直者去之，从去，会意。”繁体“灋”，是会意字，从“水”，表示法律法度，公平如水。从“廌”（zhì），即解廌（xiè zhì），通“獬豸”（xiè zhì），神话传说神兽，据说能辨曲直，见人争斗，用角去顶坏人，审案时，能用角抵触理曲者。[①]“法”，本义刑法，法律，法度。

《经下》第30条说：“堆之必拄，说在废（置）材。”《经说下》解释说：“并石垒石，循夹寝者法也。方石去地石，关石于其下，悬丝于其上，使适至方石。不下，拄也。胶丝去石，挈也。丝绝，引也。未变而名易，收也。”即堆砌一定要有所支撑，论证理由在于，放置建筑材料，应遵循一定法则，每层并砌，层层垒砌石料，要遵循互相夹持着摆放的法则。取一块方石，让它离地面正好有一块石头的间隔，然后放一块石头在它下面，在它上面悬挂一根丝绳，使丝绳下端正好够着这块方石。这块方石不落下，是由于受到下面石头的支撑。把丝绳胶结在上面那块石头上，去掉下面的石头，这时会发现丝绳对石头的提举作用。如果丝绳断，这时会发现石头向下的牵引作用。换一种说法，从地面角度来说，这是地面对石头收取的作用（地面引力的证明）。这是从建筑工匠亿万次重复的实践经验中，概括总结“法则”的范畴，地面对悬挂重物的引力原理，是从个别上升到一般的科学抽象。

《小取》说：“效者，为之法也，所效者，所以为之法也，故中效则是也，不中效

---

① 獬豸，又称獬廌、解豸（xiè zhì），古代神话传说神兽，体形大者如牛，小者如羊，类似麒麟，全身长浓密黝黑的毛，双目明亮有神，额长一角，有智慧，懂人言，知人性，怒目圆睁，辨是非曲直，识善恶忠奸，发现奸邪之人，用角触倒，是勇猛公正的象征，司法“正大光明”的象征。《汉书·司马相如传》：“弄解廌。”颜师古注引张揖：“解廌，似鹿而一角，人君刑罚得中，则生于朝廷，主触不直者，可得而弄也。”明宋濂《送张君之官山西宪府序》：“在物受之，则为解廌，为屈轶；在人受之，则为刚烈之士。”“屈轶”：亦称屈佚草、屈佚、屈草、佞枝、指佞草，古代传说瑞草名，太平盛世，生于帝庭，主指佞人，佞人入朝，指识佞人，比喻能识别奸佞的贤臣。

则非也，此效也。”即“效”是提供标准的形式方法，“所效”是被提供的标准形式方法，所以，合乎标准的形式方法，是正确的，不合乎标准的形式方法，是不正确的，这是“效”。“效”：效法，仿效。“效”，本义摹仿，师法。《说文》：“效，像也。”段注：“像，似也。”《玉篇》：“效，法效也。”《广韵》：“效，学也。”

《非命中》说：“凡出言谈，由文学之为道也，则不可而不先立义法。若言而无义，譬犹立朝夕于运钧之上也，则虽有巧工，必不能得正焉。然今天下之情伪，未可得而识也，故使言有三法。三法者何也？有本之者，有原之者，有用之者。”“此言之三法也。”《非命下》说：“凡出言谈，则必可而不先立仪而言，若不先立仪而言，譬之犹运钧之上而立朝夕焉也，我以为虽有朝夕之辩，必将终未可得而从定也，是故言有三法，何谓三法？曰：有考之者，有原之者，有用之者。恶乎考之？考先圣大王之事。恶乎原之？察众之耳目之请。恶乎用之？发而为政乎国，察万民而观之。此谓三法也。”这是从制陶工匠亿万次重复的实践经验，论证检验言论真理性的普遍法则。

三、“科技”利民：知识真理性的检验

《经上》第35条说：“功，利民也。”即功效以符合人民利益为标准。这是《墨经》的科技价值论。科技价值在利民，有利人民叫做“巧”，突出应用实用，为民谋利的实践目标。《墨经》论科技的功效，贯穿“为民谋利”的功利主义价值观，科技的功效价值、出发点与归宿点，是有利于人民的生产与生活。

《公输》说：“公输子削竹木以为鹊，成而飞之，三日不下，公输子自以为至巧，子墨子谓公输子曰：‘子之为鹊也，不如翟之为车辖，须臾斫三寸之木，而任五十石之重，故所为功，利于人谓之巧，不利于人谓之拙。”

《经上》第72条说：“循，所然也。”《经说上》解释说：“然也者，民若法也。”即遵循规律办事，是人行动取得预想结果的原因。人行动取得预想结果，是由于人们遵循规律办事。“循”：遵循。《说文》：“循，顺行也。”“若”：遵循，依照，符合。《广雅·释言》：“若，顺也。”《释名·释言语》：“顺，循也。”“然”：结果，特指人遵循法则行动，造成结果效果、合格产品。

《经上》第71条说：“法，所若而然也。”《经说上》举例解释说：“意、规、圆三也，俱可以为法。”即法则（规律）是人遵循，而能得确定结果。如人按圆的定义，使用圆规，拿标准圆模仿，都可以作为画圆的法则。“意”：意念，思想，概念，定义，判断。

英国著名科学史家李约瑟解释说：“《经》：‘法’（模式或方法）即依之成为某一事物的那种东西（或获得某种事物的特性，某种事物的‘某性’）。《经说》：（圆的概念，或圆规，或一个（实际的）圆圈，都可用来作为（制作圆形的）‘法’。”[①]李约瑟评价说：“这些条全属于亚里士多德的风格——这在时间上是一个显著的对应，因

① 李约瑟：《中国科学技术史》第2卷，北京：科学出版社、上海古籍出版社，1990年，第190页。

为墨派逻辑学家的活动大约恰好是在亚里士多德死的时候（公元前322）。”[①] 陈立夫等译述：“英国著名科学史家李约瑟说：‘此段语法，全是亚里士多德风味。墨亚两家，分流并峙，亦一特出的类例，盖师承墨家的名家们方以博辩驰骋中土，正是亚氏逝世之时（前322）。’”

四、“智与意异”：由假说臆测，到知识智慧

《大取》说：“智与意异。”即知识智慧与假说臆测不同。“智”，指智慧知识，通过观察、实验与研究，认知自然现象、科学原理，表达为实然命题、必然命题。“智”，聪明，见识，智能，智谋。“智”，本义智慧，聪慧。《荀子·正名》定义说：“所以知之在人者谓之知，知有所合谓之智。”“智”通“知”：知道，认知。

《经说下》第18条说：“光至影亡。”即光线照到物体原来成影的地方，则影子就消失。记录通过观察实验发现的自然现象，表达为实然命题。《经说下》第27条说：“相衡，则本短标长，加重于其一旁，必垂，权重相若也，两加焉，重相若，则标必下，标得权也。”即秤杆保持平衡，则本端短，标端长，如果秤杆已经保持平衡，再在秤杆一端加重，则此端必然下垂，如果秤锤与重物相等，分别加在秤杆标端与本端，则标端必然下垂，因为本端短、标端长，标端加上与重物相等的秤锤。通过观察、实验与研究，表达为必然命题，总结秤杆平衡原理。

“意”：假说，臆测，意见，想象，有或然性、不确定性，表达为或然命题、可能命题。西方哲学认识论，区分意见（opinion）与知识（knowledge）。“意见”，希腊文doxa。古希腊哲学家巴门尼德（前五世纪）认为，意见是不可靠的知识。希腊文doxa，期待，希望，愿望，从主体出发，不是从对象的认知出发，引申为主观猜想，设想，想象，没有客观存在的依据，是或然性、不确定、不可靠的知识。[②]

《经下》第58条说：“以楹为抟，于以为无知也，说在意。”《经说下》举例解释说：“楹之抟也，见之，其于意也不易，先知。意，相也。若楹轻于秋，其于意也洋然。”即单纯地“以为”（猜想）楹柱是圆柱形的，这种“以为”（猜想），不是知识，论证的理由在于，这是一种臆测。如果对于楹是圆柱形的，亲眼看到，这种“意”（意识，判断），不会轻易改变，是先前已经知道。臆测，是想象。如想象楹柱比秋蒿还轻，这种臆测，茫然无所根据。《说文》：“楹，柱也。”“抟”：圆柱形。“以为”：主观想象，非必然性的推论。《经上》第24条说：“梦，卧而以为然也。”即做梦，是睡眠中而以为如何的幻觉，不是事物的本来面目。

“知”：知识。“意”：臆测，猜测，想象。这句话中的“意”，指意识、判断，即《小取》“以辞抒意”的“意”。“相”同“象”。《韩非子·解老》：“故诸人之所以意想者，

---

① 李约瑟：《中国古代科学思想史》，南昌：江西人民出版社，1990年，第212页。

② 汪子嵩等：《希腊哲学史》第1卷，北京：人民出版社，1997年，第646–647页。

皆谓之象也。”“洋然”：茫然。“秋”同“萩”：蒿类植物。《说文》：“萩，萧也。”《尔雅》“萧，萩”郭璞注：“即蒿。”

《经下》第59条说：“意未可知，说在可用、过仵。”《经说下》举例解释说：“段、锤、锥，俱事于履，可用也。或会履过锤，与或锤过会履同，过仵也。”即做一件事情，如果有多种方法途径，则对方操作时，究竟先做什么，后做什么的意图，难以预知，论证理由在于，有很多种工具可用，工艺流程可先后交错。

段石、锤子、锥子，都可用来做鞋，这叫做“有很多种工具可用”。或者是先上鞋、后锤平，或者是先锤平、后上鞋，这叫做“工艺流程可先后交错”。“意”：意念，意图。“仵”：参错交互，违背忤逆，抵牾不同。“段”：砺石，锤物所垫之石。《说文》：“锤，击也。”“锥”：穿刺工具。“履”：麻葛鞋。“会履”：上鞋，使底与旁会合。

“意”，本义心意，念头，想法，意料，猜测。《管子·小问》说：“小人善意。”“意”：意度，揣测，设想，怀疑，推测。“意”通“臆”。《说文》：“意，志也，从心，察言而知意也。”段注：“意，志也，志即识，心所识也，意之训为测度。”

科学思维，在不断证伪与求真的过程中前进。《经上》第99条说：“止，因以别道。”《经说上》解释说：“彼举然者，以为此其然也，则举不然者而问之。”即“止”这种反驳方式，用来区别和限制一般性道理。对方列举若干正面事例，想象猜测“所有这一类事物都是如此”的一般结论，我则列举“有事物不是如此”的反例，质疑问难与证伪。如欧洲人列举各人所见天鹅为白色，仓促归纳“世上所有天鹅为白色”的一般结论。十七世纪欧洲人在澳洲见到黑天鹅，列举反例“有天鹅为黑色”，质疑问难与证伪“世上所有天鹅为白色”的全称结论。

“止”：《墨经》中一种特殊的重要反驳方式，用反例，反驳对方用简单枚举归纳推理得出的不正确一般命题，或用对对方演绎推理大前提的否定，怀疑对方演绎的个别结论。“因以”：用来。“别”：区别，限制。“道”：道理，一般性命题。

“彼”：辩论对方。“举”：列举。“然者”：若干正面事例，如说“某甲是黑的”“某乙是黑的”（即S_1是P，S_2是P）等。“以为”：指不符合客观实际与逻辑规律的主观认为，想象，猜想。“不然者”：反例，反面事例。“问”：问难，反驳。如用“有人不是黑的”，驳倒“所有人是黑的”。

《经下》第52条说：“且然不可止，而不害用功，说在宜。”《经说下》解释说：“宜犹是也。且然必然，且已必已。且用功而后然者，必用功而后然。且用功而后已者，必用功而后已。”即事物将要怎样，而不可阻挡，在这种情况下，人力仍然应当有所作为，论证理由在于，这种作为要适度，适度，就是合标准。事物将要发生，而必然发生，事物将要结束，而必然结束，这时，人力仍然应当有所作为。事物将要运用人力作用，而后发生，就必须运用人力作用，而使之发生。事物将要运用人力作用，而后结束，就必须运用人力作用，而使之结束。“且”：将要。《经说上》第33条说：“自前曰且。”“用功”：从事，发挥人力的主观能动性，争取最优效果。“功”：功效，效果。“宜”：适宜，合适，有分寸。“是”：正确，合标准。

墨者“非命尚力”，即反对儒家命定论、天命论、有命论，主张发挥人力的主观能动性到极致，有“挽狂澜于既倒，扶大厦之将倾”的勇武精神气概。《小取》说：“且入井，非入井也。止且入井，止入井也。且出门，非出门也。止且出门，止出门也。若若是：且夭，非夭也。寿且夭，寿夭也。有命，非命也。非执有命，非命也。无难矣。”即“将要入井”，不等于“入井”，阻止“将要入井”，却等于阻止“入井”。“将要出门”，不等于“出门”，阻止“将要出门”，却等于阻止“出门”。如果是这样的话，那么我们说“‘将要夭折’，不等于‘夭折’，阻止‘将要夭折’，却等于阻止‘夭折’（采取措施使‘将要夭折’的人有寿，是真的把‘夭折’的人转变为长寿）。儒家主张‘有命’论，不等于真的有‘命’存在；墨家‘非执有命’，却等于‘非命’（墨家反对儒家坚持有命的论点，等于否定‘命’的存在）”就也应该没有困难。

墨家用科学逻辑的正确推论式，阻止不利的可能性实现，等值于实现有利的现实性。墨家科技哲学的范畴和原理，与世界先进科学知识，融会相通，若合符节，有重要的理论、历史与现实意义，值得古为今用，积极传承弘扬。

On the Categories and Principles of Philosophy of Science and Technology in the Mohist Canon

Sun Zhongyuan

Philosophy School, Renmin University of China,Beijing 100872

This paper discusses the categories and principles of philosophy of science and technology in the Moist canons by using the E-textual research (electronic digitized textual research) and meta-research (transcendence, overall research) methods. There are four key points: First, the inquiry of the mechanism and principles of scientific knowledge formation. Second, the law of taking sameness: summarizing rules. Third, the technology benefits the people: the verification of the truthfulness of knowledge. Fourth, the difference between wisdom and intention: from hypothesis speculation to knowledge wisdom.

（责任编辑：高深）

从论证与推理的关系看墨辩的非形式逻辑性质

杨武金

摘　要：中国古代的墨家学派所创立的墨辩，即墨家逻辑，从根本上属于非形式逻辑或批判性思维的范畴。逻辑从根本上包括形式逻辑和非形式逻辑。形式逻辑主要研究推理形式，而非形式逻辑则主要研究论证的模式。墨辩关于推理的研究有些可以看成是推理形式，但它更主要是研究了论证形式或者论证模式、论证的构成要素及其和结论之间的关系等问题。

关键词：论证　推理　墨辩　非形式逻辑　论证模式

作　者：杨武金，中国人民大学哲学院教授（北京100872）。

墨辩，即墨家辩学或墨家逻辑，是中国古代的墨家学派所创立起来的系统逻辑学说。《墨子·小取》篇说："夫辩者，将以明是非之分，审治乱之纪，明同异之处，察名实之理，处利害，决嫌疑。"[①]阐明了辩学以明辨是非为基本研究对象，以明确事物之间的同和异的关系、考察事物的名称和实际的对应关系为基本途径，以审查社会的治理和祸乱、处理社会政治生活中的利益与祸害等为最终目的。[②]逻辑是研究推理或论证的学问。逻辑学家哈利·金斯勒（Gensler，H.J.）曾经说："逻辑是从前提到结论的推理。逻辑可定义为对论证的分析与评价。"[③]逻辑既要研究推理，同时也要研究论证，是关于推理和论证的科学。

一、问题的提出

论证和推理之间，既存在密切联系也有本质区别。论证通常都要运用推理来进行，论证中的论据相当于推理的前提，论证中的论题则相当于推理中的结论，论证方式包

【基金项目】国家社科基金后期资助项目"墨学核心思想及其当代价值"（2021GS0110）、中国人民大学2023年重大项目"出土文献与新编中国哲学史（先秦卷）"（202330150）阶段性成果。

① 孙诒让：《墨子间诂》，北京：中华书局，2001年，第415页。

② 参见杨武金：《比较与诠释视野下的墨家逻辑思想探视》，《中国人民大学学报》2018年第6期。

③ Gensler，H.J.，*Introduction to Logic*，Routledge，2002：1.

括推理形式。但论证和推理之间又存在本质上的不同：第一，从认识过程看，推理是有前提然后才有结论，而论证则是先提出论题，然后才引用论据对论题进行论证；第二，从逻辑结构看，论证在结构上往往比推理更加复杂，一个论证往往是由一系列的推理所构成；第三，推理是从一个或一些判断出发得到另一个判断，而论证则是由一个或一些已知为真的判断来确定另一个判断的真实性的思维过程；①第四，论证要求用来论证的论据必须真实，否则就要犯“论据虚假”或“预期理由”的逻辑错误，推理本身并不要前提必须为真；第五，论证方式包含推理形式的应用，但由于推理形式本身就很复杂，推理形式的应用从而更加复杂多样，论证方式的范围比推理形式的范围要广泛得多。

由于推理和论证的复杂关系，在逻辑的发展史上，形式逻辑和非形式逻辑总是交织在一起的。西方逻辑，无论古希腊的亚里士多德的词项逻辑还是斯多葛学派的命题逻辑，对推理形式的研究都比较突出，所以，西方逻辑一直以来主要体现为形式逻辑。到了二十世纪五六十年代，西方逻辑逐步认识到非形式逻辑研究的重要性。因为一百多年来数理逻辑——形式逻辑的现代发展，越来越使得人们认识到，数理逻辑对于解决日常推理论证问题往往存在着许多不便利之处。比如，要论证“喝酒好不好”的问题，我们会列举出证据：喝酒有害健康，喝酒导致不必要的支出等等，如果根据数理逻辑，基本无法判断这个论证是否有效，这显然不能满足人们日常论证的需要，因为我们在日常思维活动中并不怀疑这个论证的结论获得了在某种程度上的支持，因而认为这个论证是可以接受的。②中国古代的墨家逻辑则从一开始就是在研究论证和论证的基本形式。因此，我们必须深入考察和讨论墨辩在逻辑形式和论证形式上所呈现出来的基本情况和所达到的高度，才能从根本上把握墨家逻辑的基本特征和根本性质。

二、墨辩中研究的推理形式

墨辩中应该说已经研究了推理形式。虽然这些推理形式和西方逻辑所讨论的推理形式存在某种差别，但毕竟也是推理形式。

《墨子·经下》篇（170）说：“闻所不知若所知，则两知之，说在告。”③听到不知道的正如知道的一样，那么知道的和不知道的就都知道了，推理的理由在于有人告知。④通过听到的间接知识可以推论出新的知识来。《墨子·经说下》篇（170）说：“在外者所知也，在室者所不知也。⑤或曰：‘在室者之色，若是其色。’是所不知⑥若所知

① 参见《普通逻辑》编写组：《普通逻辑》，上海：上海人民出版社，1986年，第253页。

② 参见杨武金主编：《逻辑与批判性思维》，北京：中国人民大学出版社，2020年，第3页。

③ 高亨：《墨经校诠》，北京：科学出版社，1958年，第192页。

④ 参见杨武金：《墨经译注》，贵阳：贵州大学出版社，2022年，第91页。

⑤ “在外者所知也，在室者所不知也”：《道藏》本作“在外者所不知也”，据梁启超校改。

⑥ 知：《道藏》本作“智”，现改正。

也。犹白若黑也，谁胜？是若其色也，若白者必白。今也知其色之若白也，故知其白也。夫名以所明正所不知，不以所不知疑所明。若以尺度所不知长。外，亲知也。室中，说知也。”[①]其中包含了好几个推理：

推理（1）：

室内之物的颜色与室外之物的颜色相同（在室者之色，若是其色）；

知道了室外之物是什么颜色（所知也）；

因此，也就知道了室内之物是什么颜色（是所不知若所知也）。

推理（2）：

一个东西究竟是白色还是黑色（犹白若黑也）；

这个东西像什么颜色（是若其色也）；

因此，这个东西如果像白色则一定是白色（若白者必白）。

推理（3）：

若白者必白；

今也知其色若白也；

故知其白也。[②]

墨辩在这里所谈到的推理，显然不只是讲的具体的推理，而是要谈一般性的从已知推出新知的推理情况或推理形式。其中，所展示出来的推理形式，基本上都可以用现代逻辑的公式来表达。

比如，上述推理（1），可以进一步用符号表达为：

$(Ci=Co) \wedge (Co \in c) \vdash Ci \in c$。

其中，Ci 表示“室内物体的颜色”，Co 表示“室外物体的颜色”，∧表示“并且”，c 表示“某一种颜色”，= 表示“相同”或“等于”，∈表示“属于”，⊢表示“推出”。整个推理形式属于带等词的有效公式。

上述推理（2），可以进一步用符号表达为：

$\forall x[(Wx \vee Bx) \wedge \neg(Wx \wedge Bx)] \wedge Wa \vdash Wa \wedge \neg(Ba)$。

其中，∀表示全称量词“所有”，x 表示任意变项，∨表示“或者”，a 表示“某种东西”，W 表示“白色”，B 表示“黑色”。整个推理形式属于有效的谓词推理形式，运用全称量词例示规则即可得证。

上述推理（3），可以进一步用符号表达为：

$(Ci=Co) \wedge (Co \in W) \vdash Ci \in W$。

其中，Ci 表示“室内物体的颜色”，Co 表示“室外物体的颜色”，= 表示“相同”或“相等”，∈表示“属于”，W 表示“白色”。[③]整个推理属于带等词的有效公式。

---

① 高亨：《墨经校诠》，第 192 页。

② 参见张忠义：《中国逻辑对“必然地得出”的研究》，北京：人民日报出版社，2006 年，第 58–59 页。

③ 参见杨武金：《中西逻辑比较》，《哲学与文化》2010 年第 8 期。

墨家认为，推理的知识是可以不受时空限制而得来的知识。《墨子·经说上》篇（81）说："方不摩[①]，说也。"[②]上面所展示的推理情况，即是关于推理具有可以突破空间的限制而达到"以见知隐"的作用。同时，墨家还表达了推理具有可以突破时间的限制而达到"以往知来"的作用。

据《墨子·鲁问》篇载，有一次，墨家弟子彭轻生子对墨子说："往者可知，来者不可知。"意思说过去的事情可以知道，但将来的事情则不可以知道。墨子反驳说："籍设而亲在百里之外，则遇难焉，期以一日也，及之则生，不及则死。今有固车良马于此，又有奴马四隅之轮于此，使子择焉，子将何乘？"[③]意思是说，假设你的父母在百里之外遇到危难，而你必须得在一天之内赶到，他们就能活，如果你不能赶到，他们就会死，现在有坚车好马，能够快速到达，另有劣马破车，让你选择，你将选哪一种呢？彭轻生子说："当然是要选择坚车好马啊，可以快速到达嘛。"最后，墨子说："看来，将来的事情也还是可以知道的啊！"这里，墨子所做的推理可以用符号表达如下：

$(A \rightarrow B) \wedge (\neg A \rightarrow \neg B) \wedge A \vdash B$[④]

其中，A表示"选择坚车好马"，¬A表示"选择劣马破车"，B表示"父母能活"，¬B表示"父母会死"，→表示"如果…那么"。整个推理形式为重言的命题推理形式。

墨家关于"侔"式推论的讨论中，涉及到很多复杂的推理形式。《墨子·小取》篇说："侔也者，比辞而俱行也。"[⑤]"侔"这种推论就是指两个并列或齐等的句子可以同时成立的论证。具体情况包括"是而然""是而不然""不是而然""一周而一不周""一是而一非"等五种。

就"是而然"的推理情况来看，《墨子·小取》篇说："白马，马也；乘白马，乘马也。骊马，马也；乘骊马，乘马也。获，人也；爱获，爱人也。臧，人也；爱臧，爱人也。"[⑥]

墨家在这里列举了四种"是而然"的"侔"式推理。其中，前两种"侔"式推理具有共同的推理形式，可以用符号表达为：

（4）$(A \subset B) \rightarrow (CA \subset CB)$

其中，A表示"白马"或"骊马"这样的子类，B表示"马"这样的类，⊂表示子类与类之间的"真包含于"关系，C表示在子类或类前面所附加上的动词或行为属性。

后两种"侔"式推理具有共同的推理形式，可以用符号表达为：

（5）$(A \in B) \rightarrow (CA \in CB)$

其中，A表示"获"或"臧"这样的个体或元素，B表示"人"这样的类，C表

---

① 摩："障"之异体字。

② 高亨：《墨经校诠》，第81页。

③ 孙诒让：《墨子间诂》，第477—478页。

④ 参见杨武金：《从现代逻辑观点看墨家逻辑中的有效推理》，《职大学报》2011年第1期。

⑤ 孙诒让：《墨子间诂》，第416页。

⑥ 孙诒让：《墨子间诂》，第417页。

示在元素或集合前面所附加上的动词或行为属性，∈表示元素与集合之间的“属于”关系。

墨家认为，在推理过程中，如果概念的含义或判断的性质一旦出现变化，则推理的情况也就会发生变化。

《墨子·小取》篇说：“获之亲，人也；获事其亲，非事人也。其弟，美人也；爱弟，非爱美人也。”[①]获的父母是人，但获侍奉他的父母不是侍奉人。获的弟弟是美人，但获爱他的弟弟并不是爱美人。在这两个推理中，附加属性“侍奉”和“爱”两个概念在含义上都发生了变化，因为侍奉父母是一种义务而侍奉人却是做人家的奴仆，爱弟是一种关爱而爱美人却是爱美色，所以，推理的前提是肯定判断，推理的结论却必须是否定的判断。《墨子·小取》篇说：“盗人人也，爱盗非爱人也，不爱盗非不爱人也，杀盗人非杀人也”[②]，虽然强盗是人，但爱强盗并不是爱人，不爱强盗并不是不爱人，杀强盗也并不是杀人。这里包含了三个推理，其中，前提是“强盗是人”这个事实判断，而结论则均为价值判断或应然判断。比如，“强盗是人，因此，爱强盗并不是爱人”。这个推理中，前提“强盗是人”是一个事实判断，表明了强盗和人之间是一种真包含于关系，但由于强盗是坏人，因此，结论“爱强盗并不是爱人”，其实也就是“爱强盗不应该是爱人”。

墨家认为，对于性质根本不同的判断的反驳，必须根据不同的“法”或“理”来进行分析。《墨子·经上》篇（98）说：“法异则观其宜。”《墨子·经说上》篇（98）说：“取此择彼，问故观宜。‘以人之有黑者有不黑者也，止黑人’，与‘以有爱于人有不爱于人，止爱人’[③]，是孰宜？”[④]用“有些人是黑的并且有些人不是黑的”这个情况，去反驳“所有人都是黑的”，与用“有些人被人爱并且有些人不被人爱”这个情况，去反驳“应该爱所有的人”，究竟哪一种情况是对的呢？前者属于对事实判断的反驳，后者则属于对应然判断或事实判断的反驳，显然，前者是合理的而后者则是不合理的，因为这两种情况是根本不同的，因此衡量两种不同推论的正确性，必须根据不同的标准或法则来进行。

总之，墨辩关于推理的研究，显然是为了显示出某种推理形式的正确性，并不是仅仅展示某种具体的推理而已。但墨辩对推理形式的研究，毕竟是通过具体的推理来显示的，同时所研究的推理形式或者属于等词推理、或者属于谓词推理、或者属于命题推理，甚至还可能属于模态判断推理、价值判断推理等，而且对所研究的推理形式是偶然的、也是零散的，未能形成系统的、体系的研究，因此，总的来说，关于推理形式的研究并不是墨辩的主要旨趣，墨辩的宗旨和主要任务是关于论证形式和推论模式的研究。

---

① 孙诒让：《墨子间诂》，第418页。

② 孙诒让：《墨子间诂》，第418页。

③ 止：《道藏》本作“心”，据张惠言校改。

④ 杨武金：《墨经译注》，第43页。

三、墨辩中研究的论证模式

墨辩中主要研究了“辟”“侔”“援”“推”等论证模式。《墨子·小取》篇说：“辟也者，举他物而以明之也。[①]侔也者，比辞而俱行也。援者也，曰‘子然，我奚独不可以然也？’推也者，以其所不取之，同于其所取者，予之也。”[②]

“辟”式推论，即譬喻性的论证，通过列举他物的情况来说明此物的情况。比如，《墨子·兼爱上》篇说：“圣人以治天下为事者也，必知乱之所自起，焉能治之，不知乱之所自起，则不能治。譬之如医之攻人之疾者然，必知疾之所自起，焉能攻之；不知疾之所自起，则弗能攻。”[③]举医生治病，必须知道疾病的病因才能治好病症，以论证说明圣人治理国家也必须知道国家之所以动乱的原因才能实现天下大治。“辟”式论证过程中，可以运用类比推理、典型案例分析等推理形式。典型案例分析是一种归纳推理，墨辩称之为“擢”。《墨子·经下》篇（150）说：“擢虑不疑，说在有无。”《墨子·经说下》篇（150）说：“疑无谓也。臧也今死，而春也得之[④]，之[⑤]死也可。”[⑥]经过典型案例分析而得到的结论是不用怀疑的，关键在于有没有相应的事实。比如通过分析臧这个奴隶患病死亡的原因这个典型案例，即可推出患有同样疾病的“春”这个奴隶也必然死亡的结论。

关于“侔”式论证的情况，如上所述，是指两个并列或齐等的句子之间可以同时成立的论证。“侔”式论证过程中，可能应用到谓词推理和各种动词行为推理等复杂的推理形式。

关于“援”式论证的情况，就是说“你可以那样，我为什么偏偏不能那样呢？”即通过援引对方的主张作为所进行的类比推论的前提，从而引申出己方同样的主张，也就是说，我方也可以根据你方思考问题的方式，来进行和你方同样方式的论证。假设我方的观点是A，对方否定我方的观点也就是“非A”。对方赞成的观点是B，既然A和B属于同类，因此，如果B真则A也真，即如果赞成B，那么也应该赞成A。这样，对方就陷入了“非A且A”的自相矛盾的状况。这样的推论方式为什么是可以的呢？因为你方说要这么做，你方是有理由的，即你方是因为什么什么所以要这样做的；那么，我方也可以说因为什么什么要这样做，即我方也能这样考虑，如果我方也可以这样考虑，我方就可以说服你。这实际上，也就是要坚持《墨子·小取》篇中所说的，“有诸己不非诸人”的“同类相推”原则，自己赞成某种观点，不能因此反对别人可以赞成同样的观点。

---

① 他：《道藏》本作“也”，据毕沅校改。

② 孙诒让：《墨子间诂》，第416页。

③ 孙诒让：《墨子间诂》，第98页。

④ 之：《道藏》本作“文”，据孙诒让校改。

⑤ 之：《道藏》本作“文”，据沈有鼎校改。

⑥ 杨武金：《墨经译注》，第78页。

墨家曾经在论证自己思想的过程中多次应用过“援”式推论。《墨子·鲁问》篇中，讲了这样一个故事。当时，鲁阳文君即将攻打郑国，墨子听说之后立马就前去阻止，并对鲁阳文君说：“今使鲁四境之内，大都攻其小都，大家伐其小家，杀其人民，取其牛马、狗豕、布帛、米粟、货财，则何若？”①假如说，在你鲁阳文君的国内出现让大家互相不兼爱、互相攻伐的做法，你觉得应该怎么办？鲁阳文君当然是不能容忍这种做法的，所以，他说“鲁四境之内，皆寡人之臣也。今大都攻其小都，大家伐其小家，夺之货财，则寡人必将厚罚之”②。在墨子看来，既然你鲁阳文君可以这样说话，那么我墨子也就可以在范围虽然更大但却是同类的事情上来说话：“夫天之兼有天下也，亦犹君之有四境之内也。今举兵将以攻郑，天诛其不至乎？”③墨子用鲁阳文君自己所同意的观点，和鲁阳文君所不同意的观点进行对比，即既然你鲁阳文君同意那个，那么你鲁阳文君也得同意这个。这里，我们可以从中看到：墨子的论证，揭露出了鲁阳文君的错误做法，充分地说服了鲁阳文君。所以，“援”式论式在人们的反驳过程中具有非常重要的作用。“援”式论证过程中，显然会应用到各种各样的推理形式。

“推”这种论式，是说当我方为了反驳对方的判断，先是选择一个与对方的判断属于同类，但却又是荒谬的、连对方也不可能接受的判断，从而证明对方的判断是不能成立的。假设对方“所取”的是A，对方“所不取”的是B，也就是取“非B”。既然B与A是同类的东西，显然，如果A成立则B也应该成立，即如果取A则也应该取B。但是，B却是对方“所不取”的，这样就使得对方陷入了“应该取而不能取”的自相矛盾状况，从而反驳了对方。

墨家曾经在自己的论证过程中多次应用“推”式论证。《墨子·非攻上》篇说到：“今有一人，入人园圃，窃其桃李。”④这里所列举的行为，只是偷别人的水果，统治者知道这是一种侵犯人家的行为。然后又列举：“攘人犬豕鸡豚者，其不义又甚入人园圃窃桃李。”⑤偷鸡摸狗的事情，偷窃别人驯养的动物，统治者也还是知道这是一种侵犯别人的行为。然后又列举“入人栏厩，取人马牛者，其不仁义又甚攘人犬豕鸡豚”⑥。牛马是劳动工具，偷窃人家的牛马就属于更严重的侵害他人的行为了。最后列举“杀不辜人也，扡其衣裘，取戈剑者，其不义又甚入人栏厩取人马牛”⑦。人命关天，取人性命已经构成犯罪。墨子在这里总结说：“当此，天下之君皆知而非之，谓之不义。”⑧即统治者在上面的情况下都还能头脑清醒，能够认识到这些行为都是不义的，因而都知道要

① 孙诒让：《墨子间诂》，第468页。
② 孙诒让：《墨子间诂》，第468页。
③ 孙诒让：《墨子间诂》，第468页。
④ 孙诒让：《墨子间诂》，第127页。
⑤ 孙诒让：《墨子间诂》，第127页。
⑥ 孙诒让：《墨子间诂》，第127页。
⑦ 孙诒让：《墨子间诂》，第127页。
⑧ 孙诒让：《墨子间诂》，第128页。

将相关的责任人抓起来，并谴责这些行为，同时给相应的责任人定罪。由此可以推出：发动侵略战争，属于更大的不义，更是罪大恶极。可是，“今至大为攻国，则弗知非，从而誉之，谓之义”[①]。即到了国家与国家之间的攻伐之战，这时统治者就不能认识到这些攻伐战争的非正义性了。这里，墨子用了“推”这样一种方法，来验证了“非攻”的这样一个主题。

上述论证过程中，应用了归纳推理和演绎推理于其中。整个“推”式论证过程，可以用符号表达如下：

S_1是P

S_2是P

S_3是P

S_4是P

……

S_n是P（所有考察的S……S_n是P）

所以，所有S都是P

a是S

所以，a是P

其中，S_1表示“入人园圃窃桃李”，S_2表示“攘人犬豕鸡豚”，S_3表示“入人栏厩取人牛马”，S_4表示“杀不辜人”，a表示“大为攻国”，P表示“不义而当定罪”。先是运用归纳推理，从个别性的前提推出一般性的结论，再以这个一般性的结论作为大前提，运用演绎推理推出具体的结论。

从墨辩整个“推”式论证来看，既有理论总结也有大量的实际应用。在上述实例中，“推”式论证背后隐藏着归纳和演绎推理，同时，也隐藏着因果推理，比如上述论证中确定无论小偷盗还是大偷盗，它们为什么不义而有罪，其原因就是因为这些行为都是亏人自利、损人利己的行为。

在这里，我们必须看到的是，墨辩从根本上主要研究论证形式或者论证的基本模式，其中所包含的推理形式，无论是演绎的还是归纳的都还是隐藏着的。如沈有鼎所说：“这里归纳和演绎也是隐含着没有明确地分化出来。”[②]墨辩逻辑从根本性质上应该属于主要研究论证的非形式逻辑，而不是主要研究推理形式的形式逻辑。过去，我们将墨家逻辑与西方的形式逻辑做对比，或者与亚里士多德的三段论做对比研究，都是没有看到墨家逻辑从根本上是以研究论证为主旨的特征所造成的。因此，对墨辩的研究，必须以其所讨论的论证形式或论证模式为根本的研究重点。

---

① 孙诒让：《墨子间诂》，第128页。

② 沈有鼎：《沈有鼎文集》，北京：人民出版社，1992年，第338页。

四、墨辩中研究的论证构成要素及其和结论之间的关系

墨辩以论证为重点研究对象和基本研究内容。如前所述，墨辩以明是非为根本目的，但要辨明是非，还需要明同异之处、察名实之理，其实也就是要摹略万物之然。《墨子·小取》篇说："摹略万物之然，论求群言之比。以名举实，以辞抒意，以说出故。以类取，以类予。有诸己不非诸人，无诸己不求诸人。"[①]墨辩强调不但要认识事物的规律性，还要对比和论辩各种不同的观点和看法。名称要表达实际，语辞要表达思想，推理要表达理由。《墨子·经上》篇（73）说："说，所以明也。"[②]推理具有将一个辞（即断言）之所以成立的理由揭示出来的重要作用。推理是论证的工具，论证需要通过推理将理由或原因揭示出来。《墨子·经上》篇（95）说："服，执说。"[③]一个"辞"，通过"说"揭示了理由或根据，就能说服别人。"以类取，以类予"就是要求推理论证必须根据"类"的原则来进行。"有诸己不非诸人，无诸己不求诸人"说的是，自己所赞成的观点不能反驳别人也可以赞成，自己所不赞成的观点不能要求别人来赞成，否则就会自相矛盾，这里强调了论证或论辩的一致性原则或不矛盾原则，也就是论辩之"道"或"法"。因此，墨辩在这里总结了论证的基本构成要素"辞""故""法""类"，也就是对一个论证的论点（辞）的成立提出了"故""法""类"的条件要求。

"故""法""类"是一个断言（辞）之所以成立的三个必要条件，也就是三个基本构成要素。《墨子·大取》篇说："夫辞以故生[④]，以理长，以类行也者。立辞而不明于其所生，忘也。今人非道无所行，唯有强股肱，而不明于道，其困也，可立而待也。夫辞以类行者也，立辞而不明于其类，则必困矣。"[⑤]《小取》篇所言的"故""法""类"，在《大取》篇中表达为"故""理""类"，所揭示的就是一个结论（断言）之所以能够成立的三个必要条件。沈有鼎曾经说："'辞以故生，以理长，以类行'十个字替逻辑学原理作了经典性的总括。"指出了墨辩所揭示的"故""理""类"是推理论证能够成立的三个必要条件，逻辑学对于推理论证的研究也就是要通过揭示"故""理""类"三个必要条件来考察一个推理论证的有效性或正确性。

"故""理""类"是非形式逻辑或批判性思维考察论证的三个重要内容。"故"是理由或根据，主要指的是前提或判断的真实性问题。对于形式逻辑来说，主要关心的是推理形式的有效性，推理本身并不要求前提必须真实，但对于非形式逻辑来说，必须进一步考察论证的前提的真实性，如果前提不真实或者没有得到证明，就会犯"理由虚假"或"预期理由"的逻辑错误。"理"是法则、规范或者标准，在形式逻辑中，"理"就相当于有效的推理形式，在非形式逻辑中，这些有效的推理形式就转化为具体

---

① 孙诒让:《墨子间诂》,第415页。

② 杨武金:《墨经译注》,第117页。

③ 杨武金:《墨经译注》,第41页。

④ 夫辞:《道藏》本无此二字,据孙诒让校增。

⑤ 杨武金:《墨经译注》,第113页。

的正确的推理过程。“类”主要谈的是相关性问题，包括概念的明确性和一致性，判断的恰当性和一致性，概念或判断的一致性、相关性，是推理或论证满足充足性的必要条件，无论对于形式逻辑还是非形式逻辑都是非常重要的。对墨辩来说，虽然在推理形式的研究方面十分不足，但在论证模式的探索上或者在概念或判断的相关性的考察上却作出了十分重要的贡献。

Looking into the Nature of Informal Logic of Mohist Logic from the Relation between Argument and Reasoning

Yang Wujin

Philosophy School, Renmin University of China,Beijing 100872

Mohist logic that was be found by Mohist School fundamentally belongs to the range of the informal logic or the critical thinking. Logic includes fundamentally the formal logic and the informal logic.The formal logic mainly studies the form of the reasoning, and the informal logic mainly studies the mode or the pattern of arguments.Some cases of the reasoning in Mohist logic may be regarded as the form of the reasoning, but Mohist logic mainly studies the mode or the pattern of arguments, and Mohist logic mainly studies the questions about the elements of an argument and the relation between them and the related conclusion.

（责任编辑：高深）

墨家“论物”与先秦“物论”之比较

李贤中

摘　要：所谓“物论”是指以“物”为核心概念的相关论述及其理论。如先秦典籍中有三种“物论”:《公孙龙子》的“指物论”、惠施的“历物论”以及《庄子》的“齐物论”。墨家并无明确的“物论”表述，但有相当丰富的“论物”思想。本文从先秦辩者提出“指不至，至不绝”所引发的认知问题，探究墨家“论物”与先秦各家“物论”对此问题的响应与相互间义理之比较。墨家“论物”在认知对象上有：客观经验之物、内心思想之物、人为评价之物与言说之物等，并提出“其知之也著”的认知程度差异说。《公孙龙子》的“指物论”采取一种怀疑的不可知立场，惠施的“历物论”主张相对观点的认知把握,《庄子》的“齐物论”企向超越向度的主客合一。墨家虽然并未采取怀疑论、相对或超越向度，但在现有《墨子》文本中，具有开展更全面“物论”的可能性。

关键词：墨家　论物　指物论　历物论　齐物论　物论

作　者：李贤中，台湾大学哲学系教授（台北 106319）。

“物”是一个相当重要的范畴，特别是在认知、思维与表达的过程中，经由认识的过程构成了我们对于这个世界的了解，再选择不同的文字符号来表达我们所观察到的事物，在初始命名或选用符号时，认知主体认知到那对象是个“东西”，在还没有进一步细分指出那“是什么”之前，往往用“物”来表达；因此，透过“物”这个概念的相关脉络探索，可以帮助我们了解墨家是如何论究认知对象及其表达之过程。

一、墨家论“物”的认知途径

此一过程起于主体感官的觉知能力与作用。

［经上］知，材也。

［经说上］知材，知也者。所以知也而必知。若明。

［经上］知，接也。

［经说上］知：知也者，以其知过物而能貌之。若见。①

墨家肯定人有认知与推理的能力，在认知的部分，《墨经》指出了认知主体的感官认知能力的“材”。“材”是指主体本有的五官认知能力，也称为“五路”。认知主体之五官必须与认知对象有所接触，认知主体才能有所觉知；“过物”之“物”即物件。如视觉与对象物接触而在心中留下一物像，貌似该物。又如耳对声响的接触感知，《经上》：“闻，耳之聪也。”目视、耳闻都是“亲知”之物②，是人亲身的感官认知经验。

［经下］智而不以五路③，说在久。

［经说下］智：以目见，而目以火见，而火不见。惟以五路智，久不当以目见，若以火见。

［经上］恕，明也。

［经说上］恕：恕也者，以其知论物而其知之也著。若明。

单有感官经验仍不足以认知，如时间的“久”，用眼睛看见外物，需要依靠光线，但光线本身不能认识外物，构成对“久”的认知，需要许多条件的搭配，仅有视觉及光线的感性认知还不够，还需要“智”的推论与“恕”的“论物”。“论物”之“物”是从外在经验世界认知之后，进入思想界之“物”，此“物”为思维、反省、评价对象，《经上》：“循所闻而得其意，心之察也。”虽然来自目视、耳闻的认知，但是进入心思运作的阶段，则有分辨其意义的作用，并将具体事物转成抽象的概念。此外，在认知过程中，人不是完全被动地受对象物的影响，认知主体还必须有其主动性，如《经上》：“虑，求也。”人会主动地对他所认知到的事物进行思考，并统合各感官作用的认知结果；“恕”在既有知识的基础上进行比较、思考、反省、评价等作用，使“论物”能够获得更加明确显著的知识。“智”“恕”“心”的作用对象都是“说知”之物，是人经过思考、推论的理性之知。

“物之所以然，与所以知之，与所以使人知之，不必同。说在病。”《经下》从心智的推论作用来看，事物之所以如此的原因，与人们何以知道的途径，与使人们知道的方式，不一定相同，例如生病的现象。《经说下》：“物：或伤之，然也；见之，知也。告之，使知也。”④例如有人生病了，有人打伤他，这是病因，亲眼看到他因受伤

---

① 参吴毓江撰，孙启治点校：《墨子校注》，北京：中华书局，2006年，第460—461页。

② 《经上》：“知，闻、说、亲，名、实、合、为。”《经说上》：“知：传受之，闻也；方不瘴，说也；身观焉，亲也。”人的认知方式有：闻知，即经传授、听闻而来的认知方式；说之，就感官经验所得或其他已有的知识进行推论，不受时空、方域的阻碍，透过推理而得到更深入知识的方式。亲知，为亲身经历体验的认知方式。

③ “智”，原作“知”，依上下文义及《经说下》之牒经标题字改。根据王讚源主编：《墨经正读》，上海：上海科技文献出版社，2011年，第126页。

④ 两“知”原为“智”，“告”原为“吉”，根据王讚源主编：《墨经正读》，第85页校改。

而生病，这是之所以知道这原因的途径，而将此事告诉了别人，则是使人知道的方式。如果进一步考察，认知的对象是一名伤员，认知主体只能见到他身上的伤痕以及发烧的病体，一个有经验的医师就能从受伤的外观来推论这是摔伤还是遭人打伤；发炎的时间有多长等等不是直接观察可得到的认知结果。就表达的“告之”而言，也就包含着外观与推论的相关内容，甚至应如何照顾医疗的方式等等。其告之，也就是“闻知”之物，是经由他人的转告而知的。如此，其“物”乃整体事件，涉及对象物、推理思考、认知整体事件的因果关系等层面，既为认知之物，也经思考转化为表达之物。

《墨子》之“论物”意涵相当丰富，一方面是一段感知过程的结果，另一方面则是更深入之心思作用的起点；呈现出人对事物的各阶段理解与各种表达方式。如在《墨子·备城门》中有：“连梃、长斧、长椎各一物”，就是指古代的兵器，若还没有约定俗成的“兵器”之名，或表达者还无法确定这些东西的归类名称时，则可以“物”名之。甚至经由认知主体的抽象与归类，表达出他主观的意向、期待与感受等等；这些认知的结果与表达的文字符号也在思考过程中，与“物”此一大共名有关[①]，因为用“名”者考虑约定俗成因素而加以表达时，若尚无既有的或合适的语词可运用，他也只能先用形容词或评价词略为限定其意义范围，如《墨子·天志下》中的“大物”“小物”，《墨子·兼爱上》的“乱物”，《墨子·兼爱中》的“难物”“不可行之物”等来表示。此外，对于事物“所以然”的把握，在《墨子·大取》中有所谓故、理、类“三物”，而“所以然”的发现乃根据于“所然”的现象，也就是有什么“东西”，这些事理、事态、现象、东西，都可以“物”名之。

本文所论《墨子》之“论物”的思想是指以“物”为核心概念的相关论述，探究其经由认识、思维而来的各方面之意涵，包含客观经验之物、内心思想之事物、言说之物、因人而有之物等等，这些有形、无形之物皆可成为认知对象。在《墨子》书中对于有形之物的感官认知过程称为“过物”，经由理性认知过程称为“论物”，墨家已意识到认知主体对于认知对象在不同能力的作用下，对于事物可以有不同程度的了解，所谓“其知之也著”的“著”。[②]“著”代表着认知程度的加深，可引发我们探究怎样的认知结果才是比较深入的？判定认知深浅的标准是什么？一个知识系统各阶层深浅知识的关系又是什么？如何才能拓展更加深入的知识？……从《墨子》书中不同意义之“物”的探索及其相关脉络发展的问题，可以帮助我们掌握墨家认识论一条新的研究进路，进而与先秦各家“物论”进行比较。

---

① 《经说上》：“名：物，达也。有实必待之名也命之。”就“达”的普遍性或某一范围内的相对普遍性而言，“物”之名可运用于许多地方。

② 《墨子·经说上》：“知：知也者，以其知过物而能貌之。若见。”“恕：恕也者，以其知论物而其知之也著。若明。”

二、墨家论“物”的类型与判准

（一）论“物”之类型

1.具体之物与俱然之物

《经下》：“一，法者之相与也尽类，若方之相召也。说在方。”[①]形式标准相同的事物都可以将其归在同一类，其理由如方形是不同物质的共同形式标准。《经说下》：“一：方貌尽；俱有法而异，或木或石，不害其方之相似也，尽貌，犹方也。物俱然。”[②]从认知的过程来看，先认知到具体之物的方木与方石，再从这些不同材质的对象中，抽取出相同之“形”，所有方的形貌，都可归为“方”这一类，“方”类之中，所有东西都有共同的“形”；但个别“具体之物”的材质不同，或为方木、或为方石，其材质不同，但其形状之“方”则是相似的，统括所有方形为方类，所有事物的归类都如此，此类或此形就是“俱然之物”。在上述所引文献中“物俱然”的“物”肯定了物在质料上的差异，也有在形式上的相同；这是“以其知论物而其知之也著”的型态；认知主体不仅认识到不同的具体之物，更透过抽象作用而获知不同之物的共同形式，此形式还可适用于未见之物在形式上的异同、离合。

2.事态之物：可数之物、大小之物与乱、难之物

认知结果较客观对象加入了更多的主观性，如：认知主体对所观察到的事物及关系进行范围的界定、价值的评断与主体感受的比较。

（1）量化的事态：一物、二物、三物、万物

> 上之所以使下者，一物也；下之所以事上者，一术也。（《尚贤上》）
>
> 今王公大人，有一衣裳不能制也，必藉良工；有一牛羊不能杀也，必藉良宰。故当若之二物者，王公大人未知以尚贤使能为政也。（《尚贤中》）
>
> 子墨子曰：“是言有三物焉，子乃今知其一身（耳）也，又未知其所谓也。”（《公孟》）[③]

此“三物”是指君臣间三种忠臣所应进言的情况。“今夫天兼天下而爱之，撽遂万物以利之”（《天志中》），上天对全天下所有的人兼而爱之，长养万物以利于他们生存发展。此“物”即指所有生物。对事态加以量化统括，都可以“物”来表达，并以之为认知结果或对象。

---

① 依孙诒让校增“类”字。参见孙诒让：《墨子间诂》，台北：华正书局，1987年，第350页。

② “相似”原文为“相台”，据王讚源主编：《墨经正读》，第143页校改。

③ “身”当作“耳”。见墨子及其弟子与墨家后学原著，孙诒让注疏，李贤中导读、题解：《墨子》（下），台北：五南图书公司，2020年，第261页。另，此处“三物”与《大取》“三物必具”推论要素的“三物”不同。

（2）事态的评断：大物、小物

“是以攻伐世世而不已者，此吾所谓大物则不知也。所谓小物则知之者何若？今有人于此，入人之场园……”（《天志下》）国与国之间不符合仁义的攻伐，世代相因不能停止，在墨子看来就是国君不能认知大事、小事的道理；其中大、小的比较是基于事态的严重性与伤害性深浅的事实判断，与是否符合“天志之义”的价值判断。因此，其中的“大物”“小物”所指的就是大事的道理与小事的道理，如此，当人们在认知此“物”时，已含蕴某种评价在其中。

（3）事态的比较：“乱物”、“难物”、“不可行之物”

①“诸侯各爱其国，不爱异国，故攻异国以利其国，天下之乱物具此而已矣。”（《兼爱上》）乱物，孙诒让说：“物亦事也，言天下之乱事毕尽于此。”①

②“天下之士君子曰：‘然，乃若兼则善矣，虽然，天下之难物于故也。’”（《兼爱中》）“难物”②，即难事；“于故”，言迂远难行之事。

③“然而今天下之士君子曰：‘然，乃若兼则善矣。虽然，不可行之物也，譬若挈太山越河济也。’”（《兼爱中》）此处，“物”亦事也；“不可行之物”即不可行之事。事态可分为乱、难、不可行之类。

“乱物”、“难物”、“不可行之物”，其中的“物”基本上也都是事态，相对于治事、易事及可行之事，都是经由比较而来；此与大、小物的评价不同，而是就其与主体感受、反应的关系状态进行比较后之描述。从以上的例证可以了解墨家的论物有相当多元的意涵，也显示了其知之也著的深浅层次。

（二）其知之也“著”的判准

《墨子》之“物”有具体之物、抽象之物，有现象物、比较与评断之物，有事态、事理、形式、规则之物，从这些不同意义之“物”，可以考察其中包括：“论物”的主体、客体、方式、作用及结果。从“论物”的结果来看，也可以考察其“知之也著”的认知的深浅程度。

“著”代表着更加深入、清楚、明白地认知，然而要如何判定怎样的认知才是比较深入的呢？此涉及了认知过程中自觉的求取方向，以下从《墨子》的相关思想进行分析：

1.从认知对象与作用上看，“论物之知”较“过物之知”更为深入。因为“过物之知”只能“貌之”地对“其然”留下印象，而“论物”则进入事物之“所以然”的把握。

2.从认知对象与结果上看，“俱然之物”较“具体之物”的认知更为深入，抽象的物质形式较具体物品的认知更为深入；因为认知结果适用范围的普遍性不同。推论规

---

① 墨子及其弟子与墨家后学原著，孙诒让注疏，李贤中导读、题解《墨子》（上），第167页。

② 叶玉麟批注：《墨子新释》，台南：大夏出版社，1988年，第91页。

则与推论要素的故、理、类“三物”要比“俱然之物”的认知更为深入。因为“俱然之物”虽已抽象出个别具体物的共通形式（类），但尚未有后设的探究认知主体的推论规则（理）、与推论事态的所以然要素（故）；亦即“俱然之物”的认知，尚不足以推动该主体的行为实践，而推论规则与推论要素的“三物”认知，则使该主体具备推理实践之能力。

3. 事态的评断较事态的认知更为深入，亦即大物、小物要比可数之物的认知更加深入。因为评价涉及主体的响应，此认知过程已经不只是客观反映对象物的性质，而是透过主体已有的价值观针对其性质进行评价。

4. 从认知的方式上看，“亲知”要比“闻知”深入，因为身临其境要比他人间接地传达更为清楚。[①]“说知”要以“亲知”“闻知”的知识为基础，如果“亲知”“闻知”的知识正确且推理正确，则“说知”要比“亲知”“闻知”的知识深入；因为透过“说知”的思维、推论所得到的知识量要大于原本的“亲知”与“闻知”。

5.从知识所能发挥的作用与影响力上看，名知、实知、合知都不及“为知”深入；[②]因为理论的知识能够加以应用、活用，显示认知主体已可在一定的程度上，将知识融会贯通地内化并加以实践、修正；这种可实践的知识、活用的知识，一定要比静态的理解某些理论要来得深入。当然，从知识的类型上看，必须是可以实践的知识，如伦理、政治、教育方面的知识才有所谓的“为知”。一些形上学的知识就很难有所谓的实践性了。

相应于上述认知结果深入性的不同层次，以下说明“其知之也著”的判准：

其一，从知识内容质量的多寡深浅来判定，此可以由“亲知”与“闻知”所得认知结果的广度上来比较，并须从“说知”的深度来判定。也就是从“有什么知识”看其多寡，与“是什么知识”论其深浅。

其二，进一步看，“说知”的深度在于掌握各种知识的“所以然”之范围，也就是因果关系系统的细致程度与完整性。亦即以能充分地解释、说明所观察、认识现象“为什么”的周延性与完整性，来作为知识深度的判准。

其三，从知识的可应用性与实用性来判定，墨家对于不可用的知识持负面评价。如《兼爱下》：“子墨子曰：‘用而不可，虽我亦将非之。且焉有善而不可用者？’”可见墨家认为知识内容能否应用、实践以发挥效果，可成为该知识是否卓著深入的判准。

其四，从知识内容本身的价值性判定。并不是所有能够在现实环境中可以应用的知识都有价值，或其价值都相等；墨家主张必需要考虑该知识所发挥的影响力是否符合天志、社会正义或有利于改善人民生活。如工艺技术的知识大都能应用在制作器物

---

① 一般来说“亲知”较“闻知”清楚，但也有例外的情况；当间接传达者是透过多角度观察，或综合多人观察、精细的描述，甚至加入某些深入的分析，则“闻知”未必不如“亲知”。

② 名知，知名不知实；实知，知实不知名；合知，名实符合之知。有目的、有计划地、自觉行动的知识是“为知”。参见孙中原：《中国逻辑学》，台北：水牛图书出版公司，1993年，第214—215页。

上，但这些技术知识何者更有价值呢？就必须以知识内容本身的价值判准来衡量了。①

三、先秦各家“物论”之认知问题

所谓“物论”，是指以“物”为核心概念的相关论述所构成的理论。有关“物”的论述，涉及物的认知、比较、思维与表达；先秦典籍中有三种“物论”：《公孙龙子》的“指物论”、惠施的“历物论”以及《庄子》的“齐物论”。不论“指”、“历”、“齐”都与人的认知作用有密切的关系。

名家公孙龙子对于“物”的定义是：“天地与其所产者，物也。物以物其所物而不过焉，实也。”（《公孙龙子·名实论》）意即天地和天地所产生的万物就是我们认识到的对象物。认识的主体能够指涉、描述、界定这些对象物；并且对象物因着人的认识作用，呈现出它的种种性质，而没有增减、超过构成某物之所以成为某物之性质，这就是“实”。这是将“物”置于认知的脉络下来理解。以一块石头之“物”为例，《公孙龙子·坚白论》：“白以目、以火见，而火不见，则火与目不见而神见，神不见而见离。坚以手而手以捶，是捶与手知而不知，而神与不知。”此说明人认知时要有感官的视觉与触觉作用，且需要外在相应的条件如光线或棍子，此外还要有心神的作用才能认知到一块石头的白色与坚硬的性质；但是精神看不到具体石头的白色，而只能看到离开具体坚石的“白”概念，也不能知道那具体石头的“坚硬”究竟是怎么一回事。②公孙龙子虽然在认知主体方面肯定了感官与心神的作用，但是感官只能接触具体物，心神只能领会抽象的概念，无法对对象有完整的认识。

《公孙龙子·指物论》：“物莫非指，而指非指”，意思是：对象必须透过指涉作用才能呈现，不过，被指出而呈现者不同于对象。③此与《庄子·天下》篇中辩者第十一事之“指不至，至不绝”相互关联。特别地，“而指非指”是对“指不至”的进一步解释，强调指涉作用的认知结果并不等同于认知对象。对此，我们可以提出如下追问：如何达成这种“不等同”判定？如果有人认为某认知结果不等同认知对象，那么，抱持这种主张的人就必须知道那对象“是”什么。可是，此人如果知道那对象“是”什么，那就不能说“而指非指”。答案需要从“至不绝”中寻找。我们可以这么来看：“指涉作用的认知结果并不等同于认知对象”，这一理解中的“认知对象”也只是一种暂时性的理解，它会被之后的再认识、再理解修正或补充，于是乎，每一次认知结果相对于之后的认知而言，都是“而指非指”。上述论辩结

---

① 《鲁问》：“公输子削竹木以为鹊，成而飞之，三日不下，公输子自以为至巧。子墨子谓公输子曰：‘子之为鹊也，不如匠之为车辖。须臾刘三寸之木，而任五十石之重。故所为功，利于人谓之巧，不利于人谓之拙。’”

② 庞朴：《公孙龙子研究》，台北：木铎出版社，1982年，第46页。

③ 这一概括系在比较周云之、孙中原、庞朴、冯耀明相关解释的基础上提出的。更多相关讨论可参考李贤中：《从〈公孙龙子〉的诠释比较看经典诠释之方法问题》，《名家哲学研究》，新北：花木兰文化出版社，2012年，第162–171页。

合起来看就是“指不至，至不绝”。可以说，正是辩者的“至不绝”的“至”，衍生出了公孙龙的“物莫非指”；辩者的“指不至”的“不至”，衍生出了公孙龙的“而指非指”。[①]其中，认知结果的“至”与“不至”，预设了一段认知程度的深浅，而墨家的“其知之也著”正可以说明在墨家的“论物”脉络下，哪一种认知结果是程度较深的。

在《庄子・天下》篇中，与辩者讨论“二十一事”的惠施，他的“历物之意”则强调了历览众物而加以辨明、比较，他认为人们在认知过程中一定要透过相互比较，才能在思想中形成一概念，所谓“比较”，至少要以两个、两类、两阶段的事物作为相互比较的对象，这样才有所谓：“大同而与小同异，此之谓小同异；万物毕同毕异，此之谓大同异”（《庄子・天下》）的情况出现。比较出的大同（大类）、小同（小类）还可再次进行“类”与“类”之间的比较；并且透过观点的转换可以呈现万物都有其“同”、也有其“异”的一面。惠施的“历物”也与荀子的“意物”思想相关，荀子也有天官“意物”以明同异的说法。[②]人对于某一事物的认知是透过特定观点与标准来“比较”，经比较而有同异，基于同异而进行归类，有所类同者在思想界中取得一位置，而可确立为一“名”，透过这些“名”构成认知结果的思想内容。若要完全认知在万有中的“某一物”，就必须透过该物与所有其他万物进行比较，才能有真正的认识。然而，事物之间的关系复杂，在思维过程中“比较”难以穷尽，所以辩者有所谓“指不至”的情况；又由于比较可以不断进行下去，所以也会有“至不绝”的情形。惠施在“历物论”中所关注的“物”已非客观之物，而是经由认知进入思想界的概念之物，也就是“历物”。由此看来，“历物”也会有认知、思维过程中的深浅程度之分。于此，许多认知过程与思想上的比较，在条件与方法上，墨家有更清楚的说明。

从庄子来看，什么是“物”？《庄子・达生》：“凡有貌象声色者，皆物也。”因此，“物”包含着可以感知到的具体事物。这些可观察的事物，处在不断运动变化中，《庄子・秋水》：“物之生也，若骤若驰，无动而不变，无时而不移。”庄子的齐物思想乃是从“道”的观点来看，庄子认为“道”是自满自足、没有分界的全体之“一”，世间的万物虽然有成有毁，好像各有其分界，但这并非真相，因为具体的事物只是“道”之分，道之分使我们得见一事物之成，但此事物之成，则使彼一事物有所亏损或销毁，如《庄子・齐物论》所说：“道通为一。其分也，成也；其成也，毁也。凡物无成与毁，复通为一。”因此，从庄子“道通为一”的立场来看，万物有共通的根源，也彼此相关连。就现象而言，只因人的观点、认知的不同，而产生然与不然，可与不可之差别，若就其成毁变化的本根而言，则是无所差别的。《庄子・齐物论》：“道行之而成，

---

① 李贤中：《中国古代物论探析》，《文史哲》2022年第6期。

② 《荀子・正名》：“然则何缘而以同异？曰：缘天官。凡同类同情者，其天官之意物也同。故比方之疑似而通，是所以共其约名以相期也。形体、色理以目异；声音清浊、调竽、奇声以耳异；……心有征知。征知，则缘耳而知声可也，缘目而知形可也。然而征知必将待天官之当簿其类，然后可也。”

物谓之而然。”万物是变化无常的现象，随着人的既定立场或成心而产生了他的“所谓之物”。

至于人是否能有正确的认知？庄子指出各物都有不同的生存环境与好恶标准，“啮缺问乎王倪曰：‘子知物之所同是乎？’曰：‘吾恶乎知之！’‘子知子之所不知邪？’曰：‘吾恶乎知之！’‘然则物无知邪？’曰：‘吾恶乎知之！虽然，尝试言之。庸讵知吾所谓知之非不知邪？庸讵知吾所谓不知之非知邪？且吾尝试问乎女：民湿寝则腰疾偏死，鳅然乎哉？木处则惴栗恂惧，猨猴然乎哉？三者孰知正处？’”《庄子·齐物论》如此，对于“知”的问题，似乎无法离开特定的主体、观点来谈，只有“相对之知”而无“全面之知”，除非能达到庄子所谓的“真人”境界。

《大宗师》：“夫知有所待而后当，其所待者特未定也。庸讵知吾所谓天之非人乎？所谓人之非天乎？且有真人而后有真知。”认知必有所待的前提，依赖相关的条件，而后才能判断它是否正确，但是所待的前提、所依赖的条件却是无法确定的，为何无法确定呢？因为万物皆在变化中，所有的事物也都依赖着无数的相关条件，若不能有整体之知、究极之知，任何局部的判定，都是可存疑的，也因此唯有与道合一的真人，才能有登至于玄深的大道，将一般的“知”提升为真知。然而，何谓真人？“古之真人，不逆寡，不雄成，不谟士。若然者，过而弗悔，当而不自得也。若然者，登高不栗，入水不濡，入火不热。是知之能登假于道者也若此。”（《庄子·大宗师》）然而，这种“真人”太过于神秘了，只能想象而难以达成。墨家的“论物”要比“齐物”的真知有其分析、实践的可行性。

四、墨家“论物”与先秦“物论”之比较与回应

墨家“论物”的内涵较“指物”“历物”“齐物”各论更加细致，涉及认知主体、知与思的对象、认知作用、知与思的方式及认知结果等向度的分析，相较于先秦各家物论，就理论层面而言更加严谨。由于“物论”出自于各家的认知方式与认知结果，以下就各家物论中与认知的相关概念进行对比：

先秦物论	认知主体	认知作用	知（思）方式	知（思）对象	认知结果
指物论	能指（视、拊）、心神	物指、 物莫非指	物其所物 实其所实 二无一	物、所指	而指非指 位、正
历物论	我	历览辨之	同异比较	历物（概念）	特定观点下之相对认知
齐物论	我（耳、心） 吾（气） 真人	听之以耳 听之以心 听之以气	以所闻思其则、无思、无虑	物论、则（理则、法则）、道	小知、大知 无知、真知 知道、得道

以下再将墨家“论物”中有关“物”的认知之重要范畴，以下表展示：

<table>
<tr><th>认知主体</th><th>认知作用</th><th>知（思）能力、方式</th><th>知（思）对象</th><th>认知结果（名实合为）</th></tr>
<tr><td>材（五路）</td><td>接</td><td>过→亲、闻</td><td>具体之物</td><td>印象（貌物）</td></tr>
<tr><td>智</td><td>五路、火</td><td>思虑</td><td>俱然之物</td><td rowspan="5">抽象概念（形式之物）
事理（量化、规则物）
比较、评价之物
闻、言之意（论物）
（意向之物）</td></tr>
<tr><td>恕</td><td>知</td><td>论→说</td><td>事态之物</td></tr>
<tr><td>虑</td><td>求</td><td></td><td>所求之物</td></tr>
<tr><td rowspan="2">心（志）</td><td>循、执</td><td>察、辩</td><td>所闻、所言</td></tr>
<tr><td colspan="3">平、憺然、空</td></tr>
</table>

墨家之“物”放入认知向度探讨，可发现其中也蕴含着思维向度与表达向度，其三者相互间有着密切的关系。“材”与“智”、“智”与“虑”、“恕”与“心”、“心”与“志”都有着多向的关联、互动性。从认知的过程可以得见“物”在此过程中各阶段，经由不同认知作用而有着不同的意涵，这些“物”使我们了解墨家的认识论是起于感官作用，经由理性思维以加深认知的层次。“过物”与“论物”的运作彼此配合，“闻”“说”“亲”的认知方式相互发明。不同类型的认知结果，不论是“名”“实”“合”“为”，或有形、无形，具体、抽象之物皆可再度成为认知对象、反省对象，可在认知思维的进程中继续发展。

名家公孙龙子的关注点，是人所认知到的结果为何？能否等同于所欲认知的对象？他的“指物论”一方面肯定了认知过程，无法不透过指涉作用，另一方面他也察觉到认知的结果并不同于原先的认知对象。如此，真正的认知无法达成，而这种不确定性，就在于“指”的主客二元认知模式，也就是在这种主客两方的结构中，主体与客体似乎永远有其隔阂。正如惠施在《庄子・秋水》篇与庄子作“鱼乐之辩”[①]所采取的认知立场：“主体不是客体就无法了解客体，也不能认知客体的真正内涵。”公孙龙子在其“指物论”对此也有相关的论述：“且夫指固自为非指，奚待于物而乃与为指？”意即二元结构下的指涉作用，本来就无法指出真正的对象物为何，所待者（认知对象）是什么都不知道，如何来构成这种指涉作用？

墨家的回应可见《墨子・经下》：“有指于二，而不可逃，说在以二参。”[②]有人拊石指谓“坚”，视石指谓“白”，对于石的“坚”与“白”两种性质可以同时加以整合认识。“坚”与“白”没有任一性质可以逃离认知者的把握。《墨子・经下》又云：“所

① 庄子与惠子游于濠梁之上。庄子曰：“儵鱼出游从容，是鱼乐也。”惠子曰：“子非鱼，安知鱼之乐？”庄子曰：“子非我，安知我不知鱼之乐？”惠子曰：“我非子，固不知子矣；子固非鱼也，子之不知鱼之乐全矣。”庄子曰：“请循其本。子曰‘汝安知鱼乐’云者，既已知吾知之而问我，我知之濠上也。’”（《庄子・秋水》）

② “参”，原文作“絫”。根据王讚源主编：《墨经正读》，第117页校改。

知而弗能指，说在春也、逃臣、狗犬、遗者。”[①]知道某物却无法指示出来，例如：春天、逃跑的臣仆、狗犬和遗失了的东西。显示虽然有些不能指的情况，但是无害于人的认知，不能以此推翻“有指可知”之事。张纯一说：“上章指其名而不能尽知其实，此章言知其名而不能确指其实。”[②]《墨经》的这些论述与公孙龙的“坚白论”“指物论”有关，一方面从心智可以统合不同感官作用，来说明不同性质可以确知在同一事物上；另一方面，是从实际经验性的情境构作对于“物莫非指”进行反驳，在不同时空中确有不可指之物，但未必不可知。

至于惠施“历物”的同异比较，墨家有更详细的论述。《墨经上》：“同，异而俱于之一也。”《经说上》：“同（侗），二人而俱见是楹也，若事君。”所谓的“同”是相异的事物而有一致的方面，如同两人共见一物，二臣共事一君。至于“同”有哪些种类？《墨经上》：“同，重、体、合、类。”《经说上》：“同，二名一实，重同也。不外于兼，体同也。俱处于室，合同也。有以同，类同也。”从《墨经》对于“同”的分类，可以看出每一类型的特定观点。二名同指一实的“重同”，是认知结果转化为表达符号后，在指涉认知对象的观点下，二符号指同一对象的情况。“体同”则是指同一整体的两个部分，如车门与车轮，其观点必须把握整体与部分、部分与部分的关系。“合同”则是指相异的两物同在一空间的情况，如时钟的齿轮与发条，同在钟室之内。而“类同”则是指在观点确立下的分类所属物之比较。如白马、黑马皆在“马类”的观点下相同。此外，《墨子·大取》：“有其异也，为其同也；为其同也异。”因此，所谓的“异”是相对于“同”而被确立。

惠施认为各种“物论”是可解的。要如何解开其中的内涵与意义？惠施提出了：“我知天下之中央，燕之北，越之南是也。”（《庄子·天下》）也就是预设、观点、立场等主观性因素的确立，相对于他所在的位置与观点就可以明白其所要表达的意义。这一点墨家也有相关的论述。《墨子·经下》：“通意后对，说在不知其谁谓也。”当一个人不知道对方所说的是什么时，就要通晓对方的语意，要通晓对方的语意就必须了解其前后文的关系脉络与观点下的意涵。

其实，名家的指物、历物，墨家的过物、论物等认知方式，都可以二元结构的认知方式加以理解，就是将认知物予以对象化、客体化的方式，在思想界中一步步加以分析、抽象、推理、评价、整合等处理，以把握其性质与各方面的认知结果，而墨家对于认知主体的能力有较完整的肯定，对于认知过程与结果的论述也更加细致。反观与此二元认知结构最不相同的，是庄子的“齐物论”。在《庄子·齐物论》“今者吾丧我”之中的“我”就是在主客二元对立结构中的认知主体，而“吾”则是主客合一的

① “遗”，原文作“贵”。根据王讃源主编：《墨经正读》，第119页校改。

② 张纯一：《墨子集解》，《墨子大全》第30册，北京：北京图书馆出版社，2004年，第353页。又王讃源主编：《墨经正读》，第120页。

体道者，也是之所以能“齐物”的后设者。①

庄子的“齐物”之论对于辩者“指不至”的解决方式，是使人意识到认知主体的存在状态与境界会影响到人的认知作用与结果。但是，仅仅追求境界提升、精神超拔，而以无知、无言、无法表达的态度处理，也有问题。就像《老子》的“道可道，非常道”。虽然“道”是不可言说，老子也还是留下了五千言的道德经。《庄子·知北游》借无始说：“道不可闻，闻而非也；道不可见，见而非也；道不可言，言而非也。知形形之不形乎！道不当名。”但也同样留下了《庄子》一书。若要以名言表达，概念、文字的构作就无法脱离指涉性的认知方式；主客二元模式的认知方式固然有其限制，但却有发展上的清晰性、可传达、可修正性，这也就是墨家所谓的“其知之也著”。在整个先秦哲学中，墨家的“论物”最富有对辩者这种“至不绝”的解释效力与理论上的发展潜力。

庄子“齐物”之知将“知”分为大、小，所谓“小知不及大知”（《庄子·逍遥游》）“大知闲闲，小知间间”（《庄子·齐物论》）；大知或真知是对于感官认知能力与心智的统合能力予以超越。超越的方法在于“心斋”“坐忘”的工夫，何谓心斋？庄子借仲尼说：“若一志，无听之以耳而听之以心，无听之以心而听之以气！听止于耳，心止于符。气也者，虚而待物者也；唯道集虚。虚者，心斋也。”（《人间世》）去除令人分心外务的感官之知，使心志专一，超越外感官如耳所得的知觉经验，返回内心的思考反省；由于这心的反省仍会受到感官经验的纠葛，应更进一步从“气”来领会。这与“坐忘”有相似的悟道过程，所谓：“堕肢体，黜聪明，离形去知，同于大通，此谓坐忘。”（《大宗师》）“堕肢体”就是“无听之以耳而听之以心”，“黜聪明”就相当于“无听之以心而听之以气”，“离形去知，同于大通”则相当于“气也者，虚而待物者也；唯道集虚。”这种心斋，坐忘悟道的过程有三个层次：一是感官认知层次，二是思虑反省层次，三是超越前两者层次。

庄子“思”的层次也可分为：“思其则”与“无思虑”，如“回尝闻之夫子曰：‘治国去之，乱国就之，医门多疾。’愿以所闻思其则，庶几其国有瘳乎！”（《庄子·人间世》）这是从感官的知觉所得作为思想进一步思考的材料；又如曰：“德人者，居无思，行无虑，不藏是非美恶。四海之内，共利之之谓悦，共给之之谓安。”（《庄子·天地》）这说明了有德之人是处于无思无虑的状态。再者，就无思无虑之知的结果来看，如黄帝曰：“无思无虑始知道，无处无服始安道，无从无道始得道。”（《庄子·知北游》）这是庄子从超越的向度所发展的物论认知思想；相较于墨家，墨家也有企向天志的修养境界，但是这种修养境界并不是停留在个人的超凡脱俗，还要向下造福人世间的平民百姓。

墨家也意识到认知主体的存在状态与境界会影响到人的认知作用与结果；在认知

① 由于庄子的体道者既然“登假于道”“与道合一”，很难再用含有与客体相对的“主体”之名表述，因此采此“后设者”之名代称。

主体的修养状态方面，《经上》："平，知无欲恶也。"《经说上》："平，惔然。"一个人虽然有"兴天下之利"的抱负，努力求知、实践，但是却必须经常保持心平气和。"平"就是指心的安定与宁静，而"知"是指与外物的接触，如《经上》所谓："知，接也。"当人在与外物相接触之时，总会受到外物的影响，进而引起情绪上的反应，甚至行为上的各种表现。但是，墨家却强调"知无欲恶"，也就是虽然我们认知了外界的事物，但并不受其影响而产生好恶之情，要能心平气和，这就是"平"。而所谓的"惔然"则是指恬淡自若的态度，这是进一步能合于天志的境界。①倘若无欲恶的"心"能同于天之所欲，具备事态整体的视野，关怀人类整体之利，为使事态朝正义的方向发展，如此必然会有更高层面的欲、恶情形，此时则需要做一些取舍或权衡，《经上》："欲正权利，且恶正权害。"《经说上》："权者，两而勿偏。"墨家认为："正"包括"欲"得其"正"和"恶"得其"正"两方面。"欲"得其"正"在于利之中取大，而"恶"得其"正"，则在于害之中取小；在动态权衡中以求"兴天下之利，除天下之害"。并且，墨家也提醒，认知主体在认识事物时不要心中充满既定的成见，如《小取》所谓："内胶外闭也，与心毋空乎？内胶而不解也。"不可内心固执，对外封闭，内心已无空间，不能接受新的知识。如此就无法客观正确地推理与思维了。

以上我们可以看到墨家"论物"思想与先秦各家"物论"的比较，与对各家问题相关的响应，从这些对比、响应中，也可以看到先秦各家"物论"在认知层面理论的差异性与相互关联性。

结　论

本文从墨家对于"物"的相关论述，所呈现出人对事物的各阶段理解与各种表达方式，凡涉及"物"概念者，都与"认知"有密切的关系。在认知对象上有：客观经验之物、内心思想之物、人为造作而有之物与言说之物，这些有形、无形之物，都是人的认知结果，也可以成为人的认知对象。墨家论"物"的类型包括：具体的、俱然的及事态之物。事态之中又可分可数之物、大小之物与乱、难之物。墨家察觉到，人的认知结果有深浅程度的不同，在认知对象与作用上来看：理性思维的"论物之知"要比感官接触的"过物之知"更为深入。从认知对象与结果上看，具普遍性的"俱然之物"较"具体之物"的认知更为深入。再者，事态的评断较事态的认知更为深入；评价以事态的认知为基础。从认知的方式上看，一般而言，亲临其境的认知要比他人间接传达的"闻知"深入。从认知所发挥的作用和影响力上看，能够潜移默化而实践的"为知"最深入。在"其知之也著"的判准上，可根据的要素包括：知识的广度、

① 墨子也说："必去六辟。嘿则思，言则诲，动则事，使三者代御，必为圣人。必去喜，去怒，去乐，去悲，去爱，而用仁义。手足口鼻耳，从事于义，必为圣人。"（《墨子·贵义》）要去除各种偏颇的情绪反应，而以仁义作为一切判断、言行的准则。

深度、知识之所以然的周延性及知识内容本身的价值性等。从价值上来看，越能够符合天志，符合社会正义，能兴天下之利、除天下之害的知识，越有价值、越深入。

在各家“物论”方面，公孙龙的“指物论”关注认知之结果，论及“物莫非指，而指非指”（《公孙龙子·指物论》），含有对所知与对象物之比较，是一种怀疑的不可知立场。辩者的“指不至，至不绝”（《庄子·天下》）虽然不至于物的究竟，但却可不断加深其理解，为乐观的不可知立场。惠施的“历物”是一种概念间同异的比较，透过厘清立场、说明观点构成相对主观性的认识结果。庄子的“齐物”，强调一般之“物”乃“谓”之而然，与个人表达上的意图、立场、观点有关，这种主观相对性的认知、表达结果，唯有“登假于道”才能超越。[①]这些“物论”与墨家的“论物”思想相当不同。

墨家在“人是否能有真正完全的认知问题”方面，墨家的答案是肯定的：“可知”，但也明确指出认知结果有“其知之也著”的程度差异。墨家虽然并未采取怀疑论、相对或超越向度，但在现有《墨子》文本中，具有开展更全面“物论”的可能性。从墨学义理资源所能发展的现代“物论”更有机会与在现代自然科学与科技视野下的“物论”进行对话与融通，甚至可以发扬墨学中人文、伦理及人类心灵的超越向度，来认识这个世界，更深入了解人及万物，以引导或平衡现代“科技物论”所产生的诸多问题。

要发扬墨家思想必须要充分理解墨家的义理内涵，充分理解墨家的义理内涵必须要将其置于整个当时的时代脉络与背景之下来考察，本文从“物论”的角度切入，将先秦时期思潮中之“物论”的认知问题，透过多方对比呈现出墨学的独特性，指出在先秦时代“论物”的问题意识中，相较于各家的思想发展，墨家处理了哪些问题，处理到什么程度；墨家对于各家“物论”的响应为何？墨家所未触及的领域为何？经由上述问题的思考，或可提供我们规划未来墨学发展的方向。

A Comparison Between the Mohist “On Things” and the Pre-Qin “Theory of Things”

Lee Hsien-Chung

Professor Lee Hsien-Chung, Department of Philosophy, Taiwan University (106319)

The so-called “theory of things” refers to relevant discussions and theories with “objects” as the core concept. For example, there are three kinds of “theories of things” in the Pre-Qin ancient classics: the *Gongsun Longzi's* theory of “referring to things, ” Hui Shi's theory of

---

① 参见李贤中:《中国古代物论探析》,《文史哲》2022年第6期。

the "ten theses of things, " and the *Zhuangzi's* theory of the "equality of things." While the Mohists do not have a clear expression of "theory of things, " they have rich thoughts "on things." This article starts from the cognitive issues raised by the pre-Qin debaters who raised the question of "the referent cannot be reached, the reach is inexhaustible, " and explores the responses to this issue and the comparison between the Mohist "on things" and various pre-Qin schools' "theories of things." Mohism's thoughts "on things" includes cognitive objects: objects of objective experience, objects of inner thought, objects of human evaluation, objects of speech, etc. It puts forward the idea that in differences in degree of understanding "one's knowledge of it is apparent." The *Gongsun Longzi's* "referring to things" adopts a skeptical agnostic stance, Hui Shi's "ten theses of things" advocate the cognitive grasp of relative perspectives, and the *Zhuangzi's* "equality of things" strives for an integration of subjective and objective within the transcendent dimension. Although the Mohists did not adopt a skeptical, relativistic, or transcendental perspective, there is the possibility of developing a more comprehensive "theory of things" from the extant text of the *Mozi*.

（责任编辑：高深）

墨家社会政治观及其现当代意义探析

——兼议传承优秀传统文化需重视墨家思想研究

朱传棨

摘　要：墨家学派是中华优秀传统文化的重要组成部分，特别是其科技思想与成就，为先秦诸学派所不及。其社会政治观，既有历史进步意义，又有现当代借鉴价值。“兼爱”“非攻”是墨家治国利民、变革旧制度的理论基础；“尚贤”“尚同”是治国利民的核心内容和根本要旨；建立兴万民之利的平民民主制度是变革旧制度的根本目的；“强本节用”“节葬”“非乐”是反对贵族奢侈腐败生活方式、净化社会习俗的重要举措。以马克思主义为指导，坚持创造性转化、创新性发展原则，是发掘阐发墨家社会政治观的科学指南；传承弘扬中华优秀传统文化、增强文化自信、践行马克思主义与中华优秀传统文化相结合，是研究墨家思想的基本要求和根本目的。

关键词：墨子　兼爱　非攻　尚贤　尚同　强本节用

作　者：朱传棨，武汉大学哲学学院教授、中国墨子学会顾问（武汉 430072）。

一、传承中华优秀传统文化要重视墨家思想研究

墨家学派是中华优秀传统文化的重要组成部分，该学派创始人，是当时最具有创造性、实践性和人民性的墨子，其学说是觉醒的小生产者和手工业者的要求和愿望的反映。墨子早年修儒学之业，受孔子之术，后因不满儒家倡导周礼宗旨，实行亲疏尊卑等级制度，自立学派，提出“兼相爱、交相利”的宗旨，主张采用夏政，为“万民兴利、除恶民之害”，针对时弊具体提出“治国利民”的十大主张：兼爱、非攻、尚贤、尚同、节用、节葬、非乐、非命、天志、明鬼等，产生了积极的社会影响，墨家与儒家并称显学。如《韩非子·显学》篇称：“世之显学，儒墨也。儒之所至，孔丘也；墨之所至，墨翟也。”清俞樾为《墨子间诂》作“序”中说：“韩非以儒墨并为世之显学，至汉世犹以孔墨并称。”足见西汉之前，墨家学说的社会影响是广泛的。当时对《韩非子》《庄子》《孟子》《荀子》等都有影响，而且都或多或少传承了墨家学说。墨家的“兴利除害”十大主张，在当时虽未实现，但其积极的进步意义和富有跨时空的现当代价值是很鲜明的，如“兼爱”“非攻”的和平共处国际观，“尚贤使能”的治国

利民社会政治观，“强力从事”的发展经济社会劳动观，“强不执弱、富不侮贫”的国际平等观，“节用”“节葬”“非乐”的崇尚节俭观以及积极防御的军事观等等，均值得传承和弘扬。因此，我们认为，当前中华优秀传统文化研究中，要重视墨家思想研究。

习近平总书记多次引用《墨子》中的原话，如他在第二届世界互联网大会开幕式发表主旨演讲中，引用《墨子·兼爱上》的话说：“‘天下兼相爱则治，交相恶则乱。’完善全球互联网治理体系，维护网络空间秩序，必须坚持同舟共济、互信互利的理念，摈弃零和博弈、赢者通吃的旧观念。”① 又如，习近平总书记在2013年全国组织工作会议上讲话中说：“我们党历来高度重视选贤任能，始终把选人用人作为关系党和人民事业的关键性、根本性问题来抓。治国之要，首在用人。也就是古人说的：‘尚贤者，政之本也。’”② 这是《墨子·尚贤上》篇中的原话。习近平总书记对墨家思想的重视和赞扬，为我们挖掘和阐发墨家思想作出了示范，我们要遵照习近平总书记的指引，对墨家思想进行深入研究。为此，本文现将墨家社会政治观作初步探析。

二、建立以“农与工肆”为主体的平民民主社会制度

“兼相爱、交相利”既是墨家学说的根本宗旨，也是墨家社会政治主张的理论基础和指导思想。墨家学说的创始人墨子对于儒家倡导的以周礼为宗旨的思想原则，主张沿袭“亲亲”“尊尊”血缘关系为社会基础的贵族专制制度，是坚决反对的。墨子提出，要变革这种以周礼为指导的旧制度，效法夏禹时代利民的社会制度，建立起“爱利百姓”“为万民兴利除害”的平民民主的政治制度。这种社会制度不以血缘关系为社会基础，不按照君王天子的意志有利于贵族制定的，而是以农与工肆万民的根本利益和社会需求制定的。墨子认为，这种平民民主性质的社会制度，在昔日先王时代曾存在过。他在《墨子·尚贤中》指出：“故古者圣王甚尊尚贤而任使能，不党父兄，不偏贵富，不嬖颜色，贤者举而上之，富而贵之，以为官长；不肖者抑而废之，贫而贱之，以为徒役。”③ 这里深刻表明，既要变革世袭贵族制的要求，也要积极推行社会地位低下“农与工肆之人”及其知识分子参与社会变革，进行其他社会政治活动。墨家根据其群体自身都是劳动者这一特点，以及通过劳动创造的成就，意识到了平民劳动者是社会历史的主体，农与工肆的劳动创造是社会发展的根本动力，是国家稳固和前进的基础，也是社会财富的源泉。没有农与工肆的劳动创造，社会和国家难以存在和发展。所以，墨家对农与工肆的历史作用，不仅从人学理论上予以论证，而且还着重从“天志”的内涵上进行深刻而具体的阐明。

---

① 《习近平谈治国理政》第二卷，北京：外文出版社，2017年，第533页。

② 《习近平著作选读》第一卷，北京：人民出版社，2023年，第129—130页。

③ 孙诒让：《墨子间诂》卷二，孙启治点校，北京：中华书局，2017年，第49页。

依据人学理论言，墨子关于人本质的思想观点，首先是从人与禽兽的对比中言起的。墨子认为，人与禽兽为自身的生存，虽然存在为衣食活动的共同点，但二者却有本质的区别。禽兽的生存活动，是在适应外界条件下本能性的消极活动，禽兽既不能改变生存环境，更不能创造适宜自身生存的环境。人的生存活动与此相反，人是根据自身存在和发展的需要主动性的积极活动，是有目的、有意志的创造性的活动。人不仅能改变生存的外界环境，还能创造宜居的外部环境。因为，人的本质属性是劳动，劳动本身就具有创造性。人的生存和发展靠自身的劳动创造，故人人必须劳动。王公贵族不劳而获，为墨家所反对的。墨子说："今人与此异者也，赖其力者生，不赖其力者不生。君子不强听治，即刑政乱；贱人不强从事，即财用不足。"[①]就是说，不论是天子还是庶人，不同于禽兽的根本点，就在于必须从事耕织和听政等各种不同的劳动，才能够有安逸的生活和适宜生存的美好环境，才有社会的稳固和发展。因此，全社会的人尽管从事的活动相异，但都必须各从其事，各尽其责。"王公大人，蚤朝晏退，听狱治政，此其分事也；士君子竭股肱之力，亶其思虑之智，内治官府，外收敛关市、山林、泽梁之利，以实仓廪府库，此其分事也；农夫蚤出暮入，耕稼树艺，多聚叔粟，此其分事也；妇人夙兴夜寐，纺绩织纴，多治麻丝葛绪，细布縿，此其分事也。"[②]这里不仅说明了从事不同行业的人要各司其责，而且也显示其深层思想，是强调农与工肆是社会的主体，他们的劳动是社会存在和发展的根基与动力，是创造社会财富的主要来源。

其次，依据《天志》的要求而言，墨子认为，人是现实的从事感性活动的人，是与其生存环境和谐相处的人，由于不同群体的人所处社会地位和环境的不同，他们的认识与活动就有差异。但这不是命定的，而是人自身所从事活动对象的性质与要求决定的，是后天能动性的表现。这在《墨子》的《兼爱》《天志》《非命》等诸篇的论述中，都有反对命定论的思想观点。不过，我们认为，对《天志》中的"天"需要进一步说明，墨子在《天志》中说的"天"，既不是所谓具有创造世界万物的神性之天，也不是自然世界之天，而是体现"万民之利"的思想原则，是"农与工肆"群体政治诉求意志的外化。那么，墨子为什么要用"天"的观念呢？这要以历史地从彼时的具体境况予以说明。在古代，自周代以来，人们都把"天"看作是具有赏善罚恶、决断是非之最高权威性的神圣观念。墨子依据当时人们存在"天"的传统观念，沿用了这种普遍被信仰的"天"观念。不过他把"天"的内涵实质赋予了万民的意志，称为"天志"，不称"上天"，也不称"天子"。认为"天志"的根本意愿是"兼相爱""交相利"。"然则何以知天之爱天下之百姓？以其兼而明之……以其兼而有之。"并且认为，"义"是"天志"不可或缺的一个重要原则。《天志上》就明确提出："天下有义则生，无义则死；有义则富，无义则贫；有义则治，无义则乱。"

---

① 孙诒让:《墨子间诂》卷八,第256页。

② 孙诒让:《墨子间诂》卷八,第256页。

规定执政者要实行“义政”，社会成员要遵守“义行”，即要积极践行社会义务，承担社会职责。《墨子·贵义》篇最能体现墨子对“义”重视，其中强调指出：“万事莫贵于义。”墨子以“天志”作为当政、为人的最高指导原则，是与其群体和小私有者为了生存和生产生活的经验分不开的，是他们政治诉求意志的反映。强调“天志”的核心内涵，为万民“兴天下之利，除天下之害”。爱利百姓是天之意愿，只有顺天意，才能使为政者实现“义政”，才能更好地发扬农与工肆和小私有者生产的积极性，使社会的存在发展稳固、和谐和有序前进。因此，对《天志》不能作孤立的研究和阐述，必须与《兼爱》《贵义》《非命》等诸篇结合起来作整体地系统深刻研究和阐明。同样，对墨子提出的“事天明鬼”思想的研究和说明，也必须结合《兼爱》《天志》《贵义》《非命》等诸篇的内涵进行研究和阐明，不能简单地把“事天明鬼”以“宗教迷信”论之。

三、“尚贤”“尚同”是平民民主制度的稳固与发展的坚强基础

墨子认为，平民民主制度建立与发展，既要有贤良主政，又要有共同的社会价值观，因而提出“尚贤”和“尚同”的主张，这是平民民主社会制度存在、稳固和发展的基础与前提。但是墨子提出的尚贤主张与儒家的“举贤才”主张是不同的。儒家是从没落的、失势的贵族中“举贤才”，“农与工肆之人”被视为“贱者”，不在举贤之列。墨子的尚贤则相反，认为“虽在农与工肆之人，有能则举之”。这里“能”的内涵是多方面的，既有具备为政的才能，又有对“兼爱”“非攻”的宗旨的坚定信仰，更有践行社会公共的价值观、即“尚同”的品格。这样的贤能其成效肯定是优良的。对取得成效优良者，就实行“高予之爵，重予之禄，任之以事，断予之令”[①]。墨子认为，“尚贤使能”是治国为政的重要原则，是关系国之富强、万民得利的具有决定性的重要措施。强调指出，若求“国家之富，人民之利，刑政之治”，必须实行“尚贤”为政的原则。他说：“国有贤良之士众，则国家之治厚；贤良之士寡，则国家之治薄。故大人之务，将在于众贤而已。”[②]贤良之士为政对社会治理、国家富强具有特别重要的意义。

墨子之所以再三强调“尚贤”的重要性，就在于他所认为“贤良之士”是具有墨家的政治理念，是才能超群、道德高尚的智者。他说：“贤良之士，厚乎德行，辩乎言谈，博乎道术者乎！此固国家之珍，而社稷之佐也。”[③]贤良之士为政，既有爱民之心，又有利民之行。就如同古圣王治政那样，“其为政乎天下也，兼而爱之，从而利之，又率天下之万民”[④]。墨子不仅提出尚贤为政的重要性，而且还规定贤良之士为官，要具有

① 孙诒让：《墨子间诂》卷二，第46页。
② 孙诒让：《墨子间诂》卷二，第44页。
③ 孙诒让：《墨子间诂》卷二，第44页。
④ 孙诒让：《墨子间诂》卷二，第60页。

举义和法治的品格，要做到“不义不富，不义不贵，不义不亲，不义不近”。如同“古者圣王之为政，列德而尚贤。……以德就列，以官服事，以劳殿赏，量功而分禄，故官无常贵，而民无终贱”①。从而表明，只有贤良之士出来“治邑”“治国”，才能从根本上保护“农与工肆”及小私有者的切身利益。因此说，墨子的“尚贤”主张具有历史进步意义和现当代价值。

墨子的“尚贤”主张是与社会公共价值观“尚同”的原则分不开的。学界对“尚同”内涵的理解和诠释存在很大的歧义。有些学者认为，“尚同”具有专制主义色彩，他们说墨子一方面追求兼爱平等，另一方面又主张专制统治，是墨子思想体系中的矛盾；还有的学者认为“尚同”具有宗教迷信的成分。对“尚同”内涵的这两种理解和诠释偏离了“尚同”的原意，是不能成立的。我们认为，对“尚同”内涵的理解，既要与“尚贤”结合起来诠释，更要与“天志”结合起来进行阐明。那么“尚同”内涵的实质为何？“尚同”是依据“天志”制定的社会公共价值观，是具有根本主导性的原则规范，它既不是依据最高权位的君王天子的意志制定的思想原则，也不是令人信仰的抽象观念，而是治国利民的原则规范，是全社会公共的价值观。“天志”主导原则的核心，是“爱利百姓”。贤良之士为政必须坚守与践行“爱利百姓”、为民兴利除害的原则，即“尚同”。所以说，“尚贤”是以“尚同”为前提，各级贤良之士为政要遵守的政治纪律是：“上之所是，必皆是之；所非，必皆非之。”②是实现总天下之义，以“天志”来统一规范全社会的思想和行令的重要举措。由此表明，“尚同”内涵的实质是全社会的公共价值观，是规范全社会和谐有序运行的主导意识形态，不是行政体制，更不是政治制度。所以，墨子十分强调自天子、王公、诸侯，直至基层的乡长、里长都必须“尚同”于“天志”。按照“天志”的“爱利百姓”原则规范，建立起贤良治世的平民民主政治制度，这种平民民主体制的政治制度，既体现了天民之间的民为本的方面，同时也体现了君民之间的民为主导方面。这样，为实现既有存爱民之心，又有利民之行的“天志”，就有了政治保证。

四、“非攻”“非乐”“强本节用”“节葬”的社会政治意义

墨子提出“非攻”“非乐”“节用”“节葬”主张，具有深刻的社会政治诉求。它通过批判贵族统治者奢侈淫乐的腐朽生活方式，坚决反对攻伐杀掠的暴政，要求当局减免劳动人民不堪忍受税赋和徭役的沉重负担，让平民百姓得以安居乐业，是主张“非攻”“非乐”“节用”“节葬”的初衷。深刻表明，这些主张对治国利民是有积极意义的。

墨子时代，诸侯国家间攻伐兼并战争的兴起，给社会发展和人民生活造成难以忍

① 孙诒让：《墨子间诂》卷二，第46页。

② 孙诒让：《墨子间诂》卷三，第74页。

受的灾难，这是和墨子倡导的“兼相爱、交相利”的根本宗旨相背离的。要践行“兼爱”“非攻”，维护万民之利，必须反对和揭露发动掠夺性的战争，不仅有害于被侵略国家的人民，同时也有害于本国人民，侵略他国是得不偿失的。他指出：“计其所得，反不如所丧者之多”①，“则是弃所不足，而重所有余也”②。但是，墨子主张“非攻”，却不主张废除“征诛”。墨子把战争分为两类：一谓之“攻”，是指非正义性战争，如大国侵略小国，强国侵略弱国；二谓之“诛”，是指正义性的战争，如禹征有苗、武王伐纣。这和他倡导的“兼爱”原则“非攻”相符合的。他认为，为民除害的“征诛”之战就是“兼爱”的一种表现。所以，他完全赞同：“禹之征有苗也，非以求以重富贵、干福禄、乐耳目也，以求兴天下之利，除天下之害。即此禹兼也。”③墨子的这种战争观，有历史进步意义和现当代借鉴价值。

在先秦诸学派中，崇尚节俭，珍爱劳动，是墨家的突出特征。在其学说中，“非乐”也是“节用”内容的组成部分，墨家对劳动的珍爱和尊重，为其他学派所不及。墨子从当时社会生产发展水平和劳动者的实际情况出发，提倡“非乐”和“节用”是很有积极意义的。主张“非乐”，并非是反对音乐本身，而是反对为满足贵族统治者的淫乐享受所从事的音乐活动。认为专门为满足贵族寻欢作乐、淫荡不羁的音乐活动，必然耽误劳动生产，加重人民的负担。统治者为满足奢欲而制作众多的乐器，“将必厚措敛乎万民”，为了演奏众多乐器而征集大批青年男女，这不仅使他们脱离生产劳动，还要供给他们美衣美食，势必更加重了人民的负担。在当时的战乱形势和人民困苦生活的状况下，从事音乐活动，不仅无任何益处，而且是十分有害的。在《非乐》中写道：“姑尝厚措敛乎万民，以为大钟、鸣鼓、琴瑟、竽笙之声。以求兴天下之利，除天下之害，而无补也。”故结论：“为乐，非也！”有研究者认为，墨子对音乐的认识是有缺欠的，断言墨子否定了音乐在社会精神文明建设和培养人民的高尚情操中的积极作用。我们认为，这种断言是一种主观苛求，误解了墨子提出“非乐”的初衷，是非历史主义的研究方法。墨子提出“非乐”的主旨是针对贵族淫乐放荡，浪费社会劳动，影响社会生产，危害万民之利，他主张“非乐”，是完全合理的。所以，我们认为，对墨子的“非乐”主张的分析研究，不能脱离其历史的具体情境。“非乐”的主旨是积极的，有其历史的进步意义。

墨子提出的“节用”和“节葬”的主张，是针对统治者骄奢淫逸、横征暴敛的腐败生活方式提出来的，是他倡导兼爱利民的一个基本内容，并借“天志”的名义要求统治者能仿效古代“圣王”的生活方式。他指出古圣王节用的原则，是以能否有利于人民的利益为基点的。凡是有利于人民的就做，无益的就不做。他说，古圣王的生活方式和“饮食之法”是：“足以充虚继气，强股肱，耳目聪明，则止。不

---

① 孙诒让：《墨子间诂》卷五，第131页。

② 孙诒让：《墨子间诂》卷五，第131页。

③ 孙诒让：《墨子间诂》卷四，第121页。

极五味之调、芬香之和，不致远国珍怪异物。”①《节用中》还说“节葬之法”：“衣三领，足以朽肉，棺三寸，足以朽骸，堀穴深不通于泉，流不发泄则止。死者既葬，生者毋久丧用哀。”

墨子提出的“节用”并不是消极地缩衣节食，而是积极地同增加生产、发展经济相结合的。特别注重“强本”，其中又强调农业生产的优先地位，把粮食看作国中之宝。粮食生产关系到国家的盛衰与存亡，是治国利民的首要大事。所以，墨子认为粮食安全得不到保障，百姓缺衣少食，国家就会面临亡国之祸，而人民有了充足的粮食准备，国家安全就有了支撑。他说：“凡五谷者，民之所仰也，君之所以为养也。故民无仰，则君无养；民无食，则不可事。故食不可不务也，地不可不力也，用不可不节也。”②他还借用古贤人重视农事的做法，进一步强调了注重农时，提出节约用粮，搞好农业生产的重要性。所以说，墨子的“节用”不是消极的缩减之举，而是增加生产，崇尚节俭的导向。这是很有现实意义的思想，值得弘扬和传承。

墨子“节葬”是“节用”的一个重要方面，是“节用”和“兼爱”思想的拓展，是对统治者奉行厚葬久丧恶俗的严厉批判。墨子主张“节葬”，但不反对正常的葬礼及其悼念活动。他所针对的主要是统治者实行高规格奢侈的葬礼。统治者和贵族不惜动用大量的人力财力，举行极奢侈的礼俗，修建大规模的坟墓，并杀人殉葬及随葬金、玉等珍贵物品等习俗，浪费国家的珍贵资源，从而制约了社会经济发展，助长了腐败的风气，造成严重的社会恶果。他指出：“以厚葬久丧者为政，国家必贫，人民必寡，刑政必乱。”③由此深刻说明，“厚葬久丧”不仅是对人力和财力的巨大浪费，也严重损害了人们的身体健康，而且加深了社会矛盾，引起社会和国家的动乱，必须予以反对和制止。从而彰显出“节葬”的主旨，就是变革这种社会习俗，树立良好风尚。这种革新精神，是富有历史进步意义的。时至今日，墨子的这些主张，对于我们进行反腐倡廉、净化社会风尚、发展生产、勤俭建国等方面，都具有直接的借鉴意义。

综上所述，墨家的社会政治观，强烈要求变革以周礼为主导的贵族等级专制制度，主张建立为万民兴利除害的平民民主制度，并以“尚贤”“尚同”的规则，予以治理，使之稳固和繁荣发展；强调“强本”“节用”，突出农事的重要性，是“国富利民”的根本基础；崇尚节俭，“非乐”“节葬”，消除贵族奢侈腐败遗风，是优化社会风尚，高扬平民民主制度先进性的原则举措等等政治主张，均具有历史意义和现实意义，值得深入发掘和研究，传承和弘扬。

---

① 孙诒让：《墨子间诂》卷六，第162页。

② 孙诒让：《墨子间诂》卷一，第25页。

③ 孙诒让：《墨子间诂》卷六，第175页。

An Analysis of The Social and Political Views of the Mohist and Their Contemporary Significance

—With a Discussion on the Importance of Paying Attention to the Study of the Mohism in Inheriting Fine Traditional Chinese Culture

Zhu Chuanqi
School of Philosophy, Wuhan University (Wu Han,430072)

The Mohist School is an important part of fine traditional Chinese culture, especially its scientific and technological ideas and achievements, which better than any other schools in the Pre-Qin Times. Its social and political views have both historical progress significance and contemporary reference value. In Mohism, “universal love” and “denouncing unjust wars” were the theoretical foundations of governing the country and benefiting to the people, and reforming the old system; “exalt the worthy” “conform upwardly” were the core content and fundamental gist of governing the country and benefiting to the people; establishing a civilian democratic system that benefits to the people and brings prosperity to all was the fundamental purpose of reforming the old system; “Enhancing agricultural production and economize expenses” “moderation in funerals” and “oppose and ban music” were important measures to object to the luxurious and corrupt lifestyle of the nobility and purify social customs. Guided by Marxism, adhering to the principles of creative transformation and innovative development, is the scientific guide for unearthing and expounding the social and political views of the Mohist; Inheriting and promote fine traditional Chinese culture, enhancing cultural confidence, and practicing the combination of Marxism and fine traditional Chinese culture are the basic requirements and ultimate goals of studying the Mohism.

（责任编辑：蒋威）

从墨子到“秦墨”——兼论墨法异同及其影响

秦彦士　郭　凯

摘　要：墨学成为“显学”之后，其“巨子”制度虽然凝聚了墨家的力量，但也显露出致命的弊端。与“东方之墨者”“南方之墨者”相比，秦国的墨者在战国中后期显示出更大社会影响的同时，其内部也产生了明显的思想分化。尤其是后期的领袖人物由于未能区别墨家与法家的根本差异，导致了“秦墨”逐渐消融于秦国政治之中。证以《备城门》诸篇，我们可以看出后期的墨者与秦国军政的复杂关系。结合先秦史料与出土文献记载的考证，更有助于更加深入地认识墨家由“显学”成为“绝学”的内外因素。反思这一历史悲剧能够为我们提供深刻的教训。

关键词：墨子　秦墨　《备城门》　墨法异同

作　者：秦彦士，四川师范大学教授，山东大学儒学高等研究院特聘教授（济南250100）；郭凯，四川大学历史学研究生（成都610065）。

引　言

在中国历史上，墨学由盛极而衰到成为“绝学”，再到两千年之后的复兴，成为学术史上的一个极为特殊的案例。学术界一般多从古代主流学术形态特点与中国社会对墨学的排斥入手进行探讨，但对与此相关的墨家后学演变这一重要内因，尚缺乏全面深入的研究。尤其是对战国后期影响甚大的“秦墨”与墨家学派“中衰”之间的关系，包括墨家与法家的思想异同，至今的探索还是比较粗略的，而这恰恰是一个非常重要的关键因素。从这个问题入手，我们可以清楚地看到墨家学派是如何一步一步由显赫走向衰败的。

作为草根代表的墨子所创立的墨家学派，本来是一个代表平民利益的学术团体，这与以法家为指导思想的秦国本来具有天然的对立和排斥，但“墨离为三”之后，何以大量的墨者争相进入秦国，甚至在秦国取得相当的地位。这里既有秦国实行“客卿制”和彻底变法对墨者的吸引，也有墨家后学弟子对墨家与法家思想观念差异的混淆，

【基金项目】本文为“儒家文明省部共建协同创新中心”重点项目《“兼爱非攻”与“天下大同”》的前期成果。

特别与“秦墨”将君主集权论与“尚同”理念的混同有直接的关系。在战国中后期，秦国的墨者一方面以其“技术主义”的特征对秦国的统一战争作出了独特的贡献，尤其是凭借“墨守”的优势在秦与东西方敌对力量的斗争（尤其是与义渠、匈奴的战争）中起到了特殊的作用。但不幸的是，在秦国的墨者不断融入秦国军政活动的过程中，他们也从学派立场的坚守逐步走向了消融于秦国法家的认同之中。加之以秦国统一之后中国社会形态的变化，墨家“中绝”的命运也因此不可避免地发生。

结合历史记载与出土文献的相关信息，今天我们重新审视这段历史，不仅可以对墨子“尚同”思想的内在矛盾有更为深刻的认识，也能够对墨家与法家的异同有更加清晰的认知，从而得到墨家中衰内因的重要启示。

一、历史资料记载的墨家后学演变

自从墨子创立墨家学派之后，由于它反映了社会上绝大多数“农与工肆之人”的利益，这个历史上的平民学派迅速地成为“显学”。然而，墨子在世的时候，墨家内部就出现了足以引发后世危机的因素。《墨子》书中不仅有弟子质疑老师的学说，《贵义》诸篇更记载墨子严厉斥责过“禄胜义”的弟子。依据《墨子》以及战国中后期史料的记载，墨家后学弟子既有发扬墨子大义的禽滑厘、高石子等孜孜行义的墨学中坚力量，又出现了对墨子学说持怀疑态度的弟子，甚至还有个别背离墨家思想的“禄胜义”者。这个复杂的情况对于墨家后来的演变产生了重要影响。除了《墨子》之外，先秦诸子的许多著作都有大量的记载。

《庄子》一书中就有不少相关的重要资料值得我们注意：首先，《天下》篇将墨子与禽滑厘并称，并将他们共同视为墨家领袖：“不侈于后世，不靡于万物，不晖于数度，以绳墨自矫，而备世之急，古之道术有在于是者，墨翟、禽滑厘闻其风而说之。”本篇作者还站在道家的立场，认为“墨子、禽滑厘之意则是，其行则非也”[①]。其次，在叙述他们“形劳天下”舍生忘死的行为之后，接着又记载了墨家“巨子”集团的分化情况：“相里勤之弟子”等人因对墨子的教义的不同理解而互相对立，并指责对方是“别墨”，尤其是这些墨家后学弟子“以巨子为圣人，皆愿为之尸，冀得为其后世，至今不决”，[②]更显示了墨家命运的内在危机，这些重要信息为我们认识墨家曲折历史命运的内在因素提供了重要的启示。

战国时期墨学被称为“显学”，这首先是在《韩非子》书中出现的：“世之显学，儒墨也。儒之所至，孔丘也；墨之所至，墨翟也。”（《韩非子·外储说左上》，书中还记载楚王的相同观点：“楚王谓田鸠曰：‘墨子者，显学也。’”）同时《韩非子·显学》

---

① 郭庆藩：《庄子集释》，北京：中华书局，1989年，第1072、1080页。

② 但《庄子》这里所说的墨家后学“以‘坚白’‘同异’之辩相訾，以觭偶不仵之辞相应”，却是将墨家与名家的名辩问题之争与墨家后学弟子的思想利益纷争混为一谈。关于这个问题的考辨详见秦彦士：《〈庄子·天下〉论墨考辨》，《东吴哲学学报》2003年第4期。

更对墨家后学的分裂情形作了具体的论述：“自墨子之死，有相里氏之墨，有相夫氏之墨，有邓陵氏之墨。故孔墨之后，儒分为八，墨离为三。取舍相反不同，而皆自谓真孔墨。”[①]此外，《韩非子》还对墨家三派的一些具体墨家弟子人物的事迹有所记载，《庄子》一书也有相同的记载。而除了后者之外，“相里氏”“相夫氏”应与《庄子》中的“相里勤”有关（后来托名陶潜的《群辅录》也有相关的记载）。

在先秦诸子著述中，对墨家后学事迹记载最多的是《吕氏春秋》，书中的《去私》《尊师》《去宥》《不侵》《务大》《顺说》等大量篇章中都有墨子后学弟子的记述，而最为珍贵的是这些记载很多都涉及到“秦墨”的活动。正是在这些墨者的言行中，我们看到了墨家后学的思想变化。在《首时》篇中就记载了墨者田鸠见秦王的曲折过程：“墨者田鸠欲见秦惠王，留秦三年而弗得见。客有言之于楚王者，往见楚王，楚王说之，与将军之节以入秦，至，因见惠王。告人曰：‘之秦之道，乃之楚乎？’”[②]这一则记录包含了许多重要的信息：田鸠为了见到秦王，居然在秦留居了三年，可见秦国对他的吸引力，对田鸠来说，秦国一定是个能够实现墨子“大义”的地方。证以荀子在亲自考察秦国之后对其政治清明、上下一心等良好社会治理的赞美，我们可以推想正是这种近乎实现了墨子“尚同”理想的国家，成为最吸引墨者的地方。篇中的记载还透露出一个重要信息：田鸠一定是个具有相当能力的人物，才能够让楚王“与将军之节”代表楚国出使秦国。可惜的是，文章并没有记载他与秦王对话的内容，也没有透露事情的结果以及对秦国的影响。

幸运的是，在《去私》篇中我们得到了更多的信息。文中既有事实的记述，也有作者的评论：“墨子有巨子腹䵍居秦，其子杀人，秦惠王曰：‘先生之年长矣，非有他子者，寡人已令吏弗诛矣，先生之以此听寡人也。’腹䵍对曰：‘墨者之法曰“杀人者死，伤人者刑”，此所以禁杀伤人也。夫禁杀伤人者，天下之大义也。王虽为之赐，而令吏弗诛，腹䵍不可不行墨子之法。’不许惠王，而遂杀之。”[③]作者的评价是：“子，人之所私也，忍所私而行大义，巨子可谓公矣。”然而，我们却从中看到更多墨家后学的重要信息：首先，这是以“巨子”腹䵍为首的秦国墨家弟子已经为秦国作出了很大贡献之后，才能享受如此法外施恩的特殊待遇，况且朝中大臣也没有人提出异议，说明秦王的说法也得到他们的赞同。这在以“严刑峻法”治国的秦国绝对是一件不同寻常的事情。其次，腹䵍以墨家的私法公开对抗秦国的国法，说明此时的“秦墨”还能够坚守自己的学派立场（能够不顾私情而行“天下之大义”，这与后来的唐姑果与同门师兄弟之间的私怨之争有根本的差异）。其三，文章虽然没有记载此事之后秦王对腹䵍与墨者态度的变化，但一个以“法不阿贵”治国的君王是决不允许以私法干扰公法的。惠王并不会因为腹䵍所谓行“墨者之大义”而对“秦墨”有更多的好感，反而会对墨

① 王先慎：《韩非子集解》卷十九，钟哲点校，北京：中华书局，1998年，第456-457页。

② 陈奇猷：《吕氏春秋新校释》卷十四，上海：上海古籍出版社，2002年，第773页。

③ 陈奇猷：《吕氏春秋新校释》卷一，上海：上海古籍出版社，2002年，第56-57页。

者产生内心深处的排斥。这虽然是一种推测，但从“秦墨”消亡的事实可以得到证明。

除了《吕氏春秋》的记载之外，墨者对秦国的贡献我们也可以根据其他相关的史料找到一些蛛丝马迹。在很长一段时间里，西北的匈奴、义渠等边患一直是秦国的心腹大患：早在《诗经》中就有不少西戎威胁周王室的记载，《史记·周本纪》还记载古公亶父时代，就有“薰育戎狄攻之”，周文王时也曾经“伐犬戎”。而秦也正是在保护周王的建功活动中得到了诸侯的地位。只不过周天子封赏的土地大部分都是秦战胜西北的强敌之后才得到的。到战国时代，秦国一方面要对付东方各国的军队，另一方面则依然需要抗击西北方向游牧部落强悍军队的威胁。《史记·六国年表》就记载了大量秦与西戎交战的事例：公元前471年，“义渠来赂”，前444年，“伐义渠，虏其王”，前430年，即躁公十三年，“义渠伐秦，侵至渭阳”，秦惠文王七年（前331年），“义渠内乱，庶长操将兵定之”，更元五年（前320年），“王北游戎地”，十一年，“侵义渠，得二十五城”。以后虽然灭了义渠，但此后边患仍然没有彻底消除，直到秦始皇34年（前213年，即统一中国之后），我们还看到他在“明年又巡狩，外攘四夷”。考古发现文物也提供了许多相关的证据：秦兵符“虎符铭文”中就可以看到不少与边防作战有关的“烽燧”的记载。陈直先生的《秦兵甲之符考》就考证有相关的两件“秦兵甲之符”，其年代“当为秦始皇八年以前之物”。[①]为了应对严重的边患，秦对于擅长城防的墨家青睐有加也就顺理成章了。

根据《史记》的《匈奴列传》等史料记载，“秦墨”最为活跃的秦惠王、秦昭王时期，也正是与西戎少数民族之战最激烈的时期：“其后（指“魏有西河、上郡，以与戎界边”之后）义渠之戎筑城郭以自守，而秦稍蚕食，至于惠王，遂拔义渠二十五城。……秦昭王时义渠戎王与宣太后乱，有二子，宣太后诈而杀义渠戎王于甘泉，遂起兵伐残义渠。于是秦有陇西、北地、上郡，筑长城以拒胡。”[②]在《史记》的《范雎蔡泽列传》中，还记载了秦昭王对范雎说明自己未能及时召见他的原因：“会义渠之事急，寡人旦暮自请太后。今义渠之事已，寡人乃得受命。”[③]“秦墨”也正是在这种背景下受到秦国数代君王重用的。

《备城门》诸篇中也正好明确记载了墨家的“备御”之术针对西北边防的内容：“数使人行劳，赐守边城关塞、备蛮夷之劳苦者。举其守率之财用有余、不足，地形之当守边者，其器备常多者。边县邑，视其树木恶则少用，田不辟，少食；无大屋草盖，少用桑（孙诒让校为“乘”，言其意为：食恶民贫，则少用车乘）。”[④]（《墨子·号令》）《墨子》还记载了大量的“烽燧”的内容，这些都是与西北边防战事有直接关系的。李学勤《秦简与〈墨子〉城守各篇》在考证了《备城门》诸篇与秦国边防战争关系之后说：“《墨子》城守各篇，当即在此种需要下应运而生，其烽表守防等技术传于汉世，

① 详见陈直：《秦兵甲之符考》，《文史考古论丛》，天津：天津古籍出版社，1988年，第310页。

② 《史记》卷一百一十，北京：中华书局，2014年，第3483页。

③ 《史记》卷七十九《范雎蔡泽列传》，北京：中华书局，2014，第2920页。

④ 孙诒让：《墨子间诂》，孙启治、孙以楷点校，北京：中华书局，2001年，第587页。

因而与西域汉简有许多相同之处。”[①]王子今教授也曾经有论文考证墨家发明的“连弩”等重武器与军事技术对秦国的影响。[②]海外学者也有相关的论述。[③]

然而，墨者在对秦国作出巨大贡献之后并没有兴盛起来，反而产生了内部的进一步分裂。就“秦墨”而言，在腹䵍坚守墨子的“天下之大义”以后，墨家由于再也没有这样的领袖人物，墨家的“中绝”也就成为必然的结局，《吕氏春秋》中的唐姑果与谢子的悲剧成为这一历史转折的标志性事件。《去宥》篇记载的具体经过是这样的：“东方之墨者谢子将西见秦惠王，惠王问秦之墨者唐姑果，唐姑果恐王之亲谢子贤于己也，对曰：‘谢子，东方之辩士也，其为人甚险，将奋于说以取少主也。’王因藏怒以待之。谢子至，说王，王弗听。谢子不说，遂辞而行。”[④]在《吕氏春秋》的后文中，作者对“惠王失所以为听”的行为显然是不满的，同时还认为这是惠王“人之老”“形与智皆衰”之后，才昏聩如此不辨是非。而我们则由此引发更多的思考：惠王即位时间是公元前337年，他对腹䵍的重视和礼遇一定是在经历了“秦墨”有功于秦国之后才有可能发生的事情，而此时距离他在位的晚年也不过只有二十年左右的时间（当然，在腹䵍之前墨者就应该有帮助秦国的事迹）。换句话说，从腹䵍时代秦国墨者声名显赫到唐姑果、谢子之争事件的发生，只不过产生于极短的时间。这一历史悲剧不能不令人深思。而更值得注意的是，唐姑果作为在秦国具有不小影响的人，对自己的同门师兄弟不仅没有应有的引荐，反而为了自己的私利而诋毁同仁，这就不能不更让我们思考：为何墨子缔造的行天下之大义的墨家集团会在极短的时间就出现了如此纷争甚至厮杀的悲剧？学术界虽然已经有人对此进行了探讨，但有两个重要的问题尚未引起足够的重视：一是墨子的思想有何内在矛盾？其所坚持的墨家大义是如何被后学弟子曲解的？二是作为引发“秦墨”悲剧的墨家与法家的思想区别何在？后期的墨者混淆两家的根本立场差异所产生的误区在墨家“中绝”的历史命运中产生了什么样的重要作用？这些问题值得我们深入探讨。

二、墨子思想的内在矛盾与墨法思想的异同

谈及墨家后学弟子对先师学说的理解，我们还必须从墨子思想本身说起，尤其是对“尚同”理念的内在矛盾更需要认真辨析。墨子最早是从大禹一类的圣王身上体会到榜样的巨大力量，并试图以其舍身行义的社会效应来突出自己的主张，特别是提出“一同天下之义”的“尚同”思想来结束“一人一义”带来的社会纷争。然而，墨子并

① 李学勤：《简帛佚籍与学术史》，南昌：江西教育出版社，2001年，第132页。

② 详见王子今：《论墨学技术理念与秦文化的关系——以“连弩”为标本》，《史学月刊》2022年第5期。

③ 著名学者威廉·麦克尼尔就认为，秦国通过与西北外敌的战争提升了军事技术，并在秦统一中国中起到了重要的作用。他的名著《西方的兴起：人类共同体史》中就曾经这样说：“秦国运用在对抗草原民族的边境战争中完善的军事技术征服了全中国。”（《西方的兴起：人类共同体史》，北京：中信出版社，2018年，第314页，第876页注释42）。而墨者的技术在其中产生了重要的作用。

④ 陈奇猷：《吕氏春秋新校释》卷十六，上海：上海古籍出版社，2002年，第1023—1029页。

没有想到如何来“选天下之贤可者”，即谁来选、如何选的问题，更没有思考怎样才能对权力进行制约，更没有想到这样的主张会被帝王用来实行集权政治的问题。而在社会实践中，由于墨子的巨大权威而形成的墨家“巨子”集团，也在没有解决这些重要问题的时候，就形成了巨子之所是而是之、巨子之所非而非之的局面。[①]这样的思想弊端不仅引发了墨家集团内部的分化，也导致了墨家有生力量的不断丧失。墨子在世的时候，我们看到墨家“三百弟子持臣（墨子）之守器在宋城上，以待楚寇”的强大实力，而到了孟胜为阳城君“死难”的时候，墨子弟子“百八十人”的精锐部队在一次战斗中就完全丧失。许多人称赞这场战斗显示了墨家的大义，但对比墨子对“义”的阐释，这个悲剧实际上显露了墨子的后学弟子极其缺乏“辩义与不义”能力的事实：孟胜与阳城君只是私交，而且这场战斗并没有涉及维护百姓利益的问题，但这位“巨子”的首领却为了个人的交情无谓牺牲了墨家弟子的性命。将孟胜之死与墨子辨析王子闾的“难”与“义”的事例进行比较，墨子与后学弟子的根本思想差异立刻凸显出来。

《鲁问》篇曾经记载：“孟山誉王子闾曰：‘昔白公之祸，执王子闾，斧钺钩要，直兵当心，谓之曰：“为王则生，不为王则死。”王子闾曰：“何其侮我也！杀我亲而喜我以楚国，我得天下而不义，不为也，又况于楚国乎？”遂死不为。王子闾岂不仁哉？’子墨子曰：‘难则难矣，然而未仁也。若以王为无道，则何故不受而治也？若以白公为不义，何故不受王，诛白公然而反王？故曰难则难矣，然而未仁也。’”[②]按照当时大多数人的理解，王子闾拒绝了绝大多数人期望得到的王位，这是一种难得的美德。然而墨子却并不赞同王子闾的行为，原因就在于，这样做的结果并没有解决宫廷政变给国家百姓带来的动乱祸害。墨子认为：与个人的名节相比，“国家百姓之利”更为重要，接受王位虽然有损名誉，但却可以利用权力“诛白公”来结束乱政所带来的祸乱。所以墨子“辩义与不义”的重要原则，亦即判断是非的标准并不是看是否有益于个人的名声，而是要看它能否有利于“国家百姓之利”（这也正是墨子“三表法”的最重要标准）。对比孟胜：他和阳城君只是个人的私交，并不是墨家集团要为百姓守城，这与墨子“止楚攻宋”有本质的区别。根据《吕氏春秋》的记载，孟胜是因为“善荆之阳城君”，才被“令守于国”，而事情的起因则是阳城君参与了楚国内部的权力之争（“荆王薨，群臣攻吴起，兵于丧所，阳城君与焉”），虽然孟胜将自己对个人的“师友”承诺说成是“行墨者之义”，但这和《公输》篇记载的墨子为了振救宋国民众而止楚攻宋的行为完全是两回事。不仅孟胜未能辨别义与不义，提出不同意见的墨家弟子徐弱也说“死而有益于阳城君，死之可矣”。在孟胜拒绝了徐弱的劝谏之后，徐弱的回答是：“若夫子之言，弱请先死以除路。”可见此时的墨家集团已经在原则问题上丧失了墨家

① 由于中国古代缺乏古希腊城邦的公民社会“五百人议事会”那样的民主实践，墨子也就和诸子一样，不可能提出像亚里士多德那样的权力制约思想。详见秦彦士《墨子新论》《墨子考论》等论著的具体辨析。

② 孙诒让：《墨子间诂》，孙启治、孙以楷点校，第478页。

应有的“辩义与不义”的立场。

《吕氏春秋》的记载还向我们展示了一个重要的事实：墨家“巨子”集团领导权的承继是由首领指定的（而没有集体的协商），即孟胜所说的“我将属巨子于宋之田襄子”，尽管孟胜认为他所指定的接班人是“贤者”，但田襄子这位继承人却并没有在历史上留下任何值得称颂的功绩。甚至在他接受巨子之位时，虽然明令传达孟胜指令的墨者不要“反死孟胜于荆”，但他的命令却并没有被听从。由此我们也看到此时墨家巨子的权威性已经丧失的事实。墨家后学的领导人既缺乏思想的辨别能力，也失去了对墨家大义的坚守。这样，后来发生唐姑果与谢子的内斗事件导致墨家逐步退出历史舞台的悲剧，也就成为不得不发生的事情（唐姑果能够在秦王身边作为具有影响力的人物存在，其身份也绝不是一般的普通墨者，而必然是集团的领袖）。联系孟胜带领墨家弟子百八十人为阳城君死难以及唐姑果之类的秦国墨者的一系列行为，也令我们不能不深思：为何一个“兴天下之利”的平民“显学”会发生如此巨大的变化，墨子思想有着怎样的内在矛盾，特别值得我们反思的是，墨家后期代表性派别“秦墨”是如何因其思想混乱而导致墨学命运变化的。

要理解这个复杂的历史变化，墨家与法家的思想异同是一个首先需要辨析的重要问题。就共通性而言，墨法两家都有一些相同或相近的观点。比如，墨子的价值观特别是他提出的“三表法”都注重思想的社会效应，这种重“用”的主张与法家的注重思想的社会实际效果是一致的。韩非子就明确地说：“观容服，听辞言，仲尼不能以必士；试之官职，课其功伐，则庸人不疑于愚智。故明主之吏，宰相必起于州部，猛将必发于卒伍。夫有功者必赏，则爵禄厚而愈劝；迁官袭级，则官职大而愈治。夫爵禄大而官职治，王之道也。”（《韩非子・显学》）正因为如此，在法家人物的著作中我们可以看到他们对墨子思想的承继。比如墨子说：“用而不可，虽我亦将非之。”（《墨子・兼爱上》）这对韩非子的“无用之辩，不急之察，弃而不用”有明确的影响；墨子的“以官服事，以劳殿赏”的责任制也被学者视为影响了申不害“法者见功而与赏，因能而授官”的观点；[①]而墨子的“尚同”主张更是通过改造而发展为法家君主专制的集权理论；墨子的刑法要符合是非标准的观点也对韩非产生了影响。台湾学者王讃源在他的《中国法家哲学》一书中还认为，韩非的法不阿贵以及法的平等观念“受墨子影响很大”。[②]此外，墨子的“参验”即对思想观念必须要检验、验证的观点也影响到韩非的思想。[③]

但墨子与法家思想的几个重要的区别，却是墨子的弟子没有注意到的：首先，墨

① 顾立雅：《申不害：公元前四世纪中国的政治哲学家》，南京：江苏人民出版社，2019年，第82页。该书的220页更明确地说：“申子言韩昭侯说：‘法者，见功而与赏，因能而受官。’这与墨子有异曲同工之妙。”

② 王讃源：《中国法家哲学》，台北：东大图书公司，1989年，第44页。

③ 王讃源：《中国法家哲学》，第24—25页。

子“尚同”的目的是基于“农与工肆之人”的立场而“兴天下之利，除天下之害”，[①]而韩非则是要为君王“设法度以齐民”（《韩非子·八经》），两者的思想立场存在明显的差异。前者的着眼点是“发以为行政，观其中国家百姓之利”，而后者则发展为“一民之轨”的思想，并成为帝王统治臣民的利器。其次，墨子认为需要对君主的权力加以制约：“君有过则旁谏之”，这样的方法虽然缺乏可操作性，但墨子至少是意识到了不可以无限制的任由君主恣意妄为。而韩非则主张赤裸的集权论，甚至说“人主虽不肖，臣不敢侵也”（《韩非子·忠孝》）。前者的目的是为百姓谋取福利，而后者却是为君主打算。其三，韩非基于人性极端自私的思想，讲究“法术势”的结合，而其“势”则为“威势”，是“足以屈贤”的制臣手段，而“术”的定义则是“操生杀之柄，课群臣之能”（《韩非子·定法》），是“藏之于胸中”“而潜御群臣”的阴谋术（《韩非子·难三》）。其“法术势”论的依据则是韩非的极端人性恶论。而墨子的人性论是“习染”论（即人性可善可恶，关键是环境的影响因素），注重的是良好道德人格的教育培养。但对于韩非子等法家人物来说，礼仪仁德的教育是无效的，只有实现严格的刑惩才能够推行法治：“严家无悍虏，而慈母有败子。吾以此知威势之可以禁暴，而德厚之不足以止乱也”（《韩非子·显学》），所以必须“严刑以威之”才可以治国。此外，墨子大力主张“尚贤”，并认为尚贤是治“政之本也”（《墨子·尚贤上》）。而韩非则明确反对，《韩非子·二柄》就说：“人主好贤，则群臣饰行以要君欲。”总体而言，墨子是理想主义者，其“兼爱”理论主张是良性的投桃报李的人性善良的理论。而法家只看到人性的恶，否认人性的善。商鞅就认为：“人情好爵禄而恶刑罚，人君若设二者，以御民之志，而立所欲焉。”（《商君书·错法》）这种人性恶的理论必然主张君主“操权”的集权理论，韩非就说：“权势不可以借人”，“势重者，人主之渊也；臣者，势重之鱼也。鱼失于渊而不可复得也，人主失其势重于臣，而不可复收也。”[②]

尽管墨子思想与法家理论有重大的区别，但由于墨子的“尚同”论的内在矛盾，又极易产生墨家与法家的混淆，墨子后学的思想混乱和实践弊端也就由此产生了复杂的纠葛。在墨子看来，只要选择了天下贤能的君王来治理国家，一切事情就很容易朝着理想的方向发展。至于国君如果滥用权力，臣民如何加以制约，墨子对此却缺乏必要的考虑，只是认为“君有过则规劝之”就够了，但“规劝”之后无效怎么办，对这

---

① 墨子明确主张设立政府的目的是服务百姓的，《尚同中》就说：“古者上帝鬼神之建设国都立正长也，非高其爵，厚其禄，富贵佚而错（置）之也，将以为万民兴利除害，富贵贫寡，安危治乱也。故古者圣王之为政若此。”但这一重要的思想却不仅没有引起“秦墨”的重视，他们反而因忽视墨子重“义”的原则而与专制统治者日益靠近。当墨家后学失去原则性之后，其衰落也就只是时间的问题了。

② 王先慎：《韩非子集解》，第244页。弗洛姆曾经对这种集权论和独裁论者有深刻的分析，他说：“独裁主义依据其最高的权力得到力量，这个权力是永远不可反抗也不可改变的，……在独裁者的哲学里根本就没有平等的观念，……他们认为世界上只有两种人，一种是有权的，一种是无权的。有权的在上，无权的在下。”（弗洛姆《逃避自由》，台北：志文出版社，1962年，第118、119页）。商鞅、韩非等法家理论阐释者正是这样的人物，其理论与墨子的“兼爱”“尚贤”平民政治论有根本的区别。

样的重大问题墨子却并没有深入思考（中国历史证明，在政治实践中“规谏”往往是无效的）。墨子只是天真地认为，只要选择了“兼君”，那么这种国君的良好榜样可以使百姓“听国君之善言”，学“国君之善行”。在这一点上，墨子的确没有韩非对人性的复杂性那样有更深刻的洞察（更不用说对权力的危害性、腐蚀性的认识）。墨子曾经说过，“父母”“学”（师）“君”都“不可以法”（《墨子·法仪》：“天下为君者众，而仁者寡，若皆法其君，此法不仁也。”），那么，既然现实中的君王都是“仁者寡”的，则君主滥用权力就是不可避免的事，但墨子为何却很少探讨如何制约这些不仁之君甚至是暴君呢？这与中国古代缺乏雅典“城邦”公民社会有直接的关系（对这样一个重大的问题需要专文研究，此处暂不能展开论述）。

这样，在缺乏权力制约的情况下，强调“上之所是皆是之”，“上之所非皆非之”，则“辩义与不义”的原则也就必然模糊与消减。进入秦国的墨者只看到墨子尚贤论中的贤者“举而上之，以为官长”，不肖者“抑而废之，以为徒役”与商鞅变法的“有功者显荣，无功者虽富无所芬华”，“宗室非有军功论，不得为属籍”表面的相似性，[①]而忽视了墨子“尚贤”“尚同”的目的是要实现“百姓暖衣饱食，便宁无忧”的理想世界，秦王所要建立的则是从“始皇帝”到“二世、三世”以至万万世的帝王一姓王朝。正是忘记了这个根本的区别，秦国的墨者在与秦王合作的同时，也逐渐丢失了墨家应有的大义（如果说腹䵍还能坚持墨子一再强调的墨家“大义”的话，那么唐姑果之流则完全成了“背义向禄”者）。当一个学派失去根本立场的时候，它的存在价值也就随之而消失。

但另一方面，由于“秦墨”在帮助秦国防御东方各国特别是在抵御西北方向的戎狄义渠的侵扰中，积累了大量的实战经验，而其中重要的思想与方法是直接传承自墨子与禽滑厘的，所以经由东西方墨者最后由“秦墨”整理的《备城门》诸篇，也就保存了墨家“备御”的宝贵资料。[②]

由于上述复杂的背景，我们在《墨子·备城门》诸篇中就看到了墨者尤其是“秦墨”与秦国军事政治的诸多纠葛。概括而言，有以下几个方面值得我们特别关注：

首先，《备城门》诸篇反映了从墨子、禽滑厘到后学弟子对“城守”军事技术的专门研究，其中不仅有人们注意到的墨家“备御”技术与大量武器的记载，更有作为防御军事学的全面考虑。所以《备城门》诸篇中，当弟子禽滑厘询问怎样抵御敌人使用十二种攻城方法的时候，墨子并不是马上教弟子如何排兵布阵、安排各种守城器械，而是明确告诫弟子，在学习守城技术之前首先要注意“上下相亲”，争取“得四邻之

---

① 《史记》卷六十八《商君列传》，北京：中华书局，2014年，第2710页。

② 李学勤先生结合《商君书》与大量秦简中的职官、习用语，考证《备城门》“很可能是惠文王及其以后秦国墨者的著作”。这个观点得到了学术界普遍的认同。参见李学勤：《简帛佚籍与学术史》，南昌：江西教育出版社，2001年，第132页。不过，史党社考证的这部分文献的作者也有齐国等东方之墨者的贡献，这大体符合事实。《文史哲》2023年第5期刊登的张伟《银雀山汉简〈守法〉〈守令〉与〈墨子〉城守诸篇的关系——兼论战国东方墨学的学术地位》又提出了不同的观点。看来这个问题还需要进一步探讨。

救”等政治外交问题（在《备梯》篇中墨子还告诫禽滑厘说，如果掌握了城守技术而“内不亲民，外不约治”，甚至只知道“以少间众，以弱轻强”，则其后果只能是“身死国亡，为天下笑”）。此外，在指导学生具体学习守城方法之前，墨子一再强调战前的各种准备，而且针对自己所说的“十四不守”，即注意城防守御的“城”“地”“人”等多方面情况，强调说：“十四者无一，则虽善者不能守矣。”[①]墨家的军事防御思想之重视战略，我们于此可以窥见一斑。这些内容不仅显示了以“兼爱”“非攻”为指导思想的墨家防御军事学特点，以及墨子作为第一流的思想家、战略家的高瞻远瞩之处，同时，结合墨子与禽滑厘在《备城门》《备梯》诸篇中的对话，我们可以看到墨子、禽滑厘这样的精神领袖在思想境界上与“秦墨”首领中的唐姑果之流在为人行事上的明显差异。

其二，《备城门》诸篇有不少内容体现了墨者和秦国军政的密切相关性：诸如大量的秦国职官、用语以及军队部署军令“旗帜”诸方面相同或相似的内容。这些记载也得到考古发现的证实。例如，《备城门》等篇中的“守”“太守”“公乘”等职官，在秦简中都有记载；《号令》篇所载的“欲以受赐爵禄者赎出亲戚，所知罪人者，以令许之”，这种归爵赎免的制度在秦简中同样有记载：《军爵禄》就说：“欲以归爵二级以免亲父母为隶臣妾者一人，……谒归公士而免隶臣妾一人者，许之。”此外，《墨子》中有不少与秦简中相同的习用语和特殊用语，在《备城门》诸篇中也有反映，比如《号令》“不从令者断,”《秦律十八种·田律》：“有不从令者有罪。”《号令》中的“端失火”意为故意放火，秦简的《法律问答》同样有“端盗”“端失火”。再如《号令》中有“离署而聚语者断”，“离署”即“去署”（秦简又作“窦署”），指擅离岗位，秦简的《法律问答》也有：“可（何）谓‘窦署’？‘窦署’者去也，……即去署殹（也）。”除此之外，墨家城守的武器配备、攻守方法、军政军令中与秦汉简帛相同相近的记载还有不少，限于篇幅难以详述。[②]

其三，从《备城门》诸篇中的记载，我们还能够清楚地认识到墨家发明的当时堪称高科技的强大武器对秦的统一大业发挥的巨大作用。除了《史记》中有秦国与三晋应对北狄、西戎、义渠的大量记载之外，中国的历史学家和海外学者也有相关的论述，比如英国著名历史学家伊懋可在论及应对西北游牧民族边患时，就说汉民族国家的军队“不得不依赖城墙和弩来进行防御”，而“弩机是一个很复杂的青铜器械，需要很高的技艺才能制造”。[③]而在战国时代，恰恰正是墨家具有在城墙建筑防御和弩机制造方面“很高的技艺”。比如在《备高临》中就曾记载墨家发明的独一无二的强大守城器械“连弩”：“备（高）临以连弩之车，材大方一尺，长称城之薄厚，两轴三（孙诒让校为“四”）轮，轮居筐中，重下上筐。左右旁二植，左右有衡植，衡植左右皆圜内，

① 孙诒让：《墨子间诂》，孙启治、孙以楷点校，第494页。
② 详见秦彦士：《〈墨子·备城门〉诸篇综合研究》，北京：人民出版社，2008年，第57–84页。
③ 伊懋可：《中国的历史之路：基于社会和经济的阐释》，杭州：浙江大学出版社，2023年，第13页。

内径四寸。左右缚弩皆于植，以弦钩弦，至于大弦。弩臂前后与筐齐。筐高八尺，弩轴去下筐三尺五寸。连弩机郭用铜一石三十斤。”[①]这种可以一次发射六十支箭的大型武器（而且还能够回收：“出人六十枚。”），在当时无疑是最具有杀伤力的利器。除了墨家的工匠之外，在先秦史料中还没有其他地方记载有这种武器（此外，墨家的“城守”诸篇还有同类的“籍车”“转射机”等多种威力巨大的武器）。这也正是秦国重用墨者的一个重要方面。

然而，“成也萧何，败也萧何”，秦国的重用使得“秦墨”在短暂的历史上名重一时，却也因此造成了墨家“中绝”的悲剧。但实事求是地评价“秦墨”的作用，我们看到尽管他们没有如墨子那样坚守墨家的大义，但他们仍然在历史上作出了特殊的贡献：除了扩大墨学的社会影响之外，他们还通过整理墨子禽滑厘的遗教而贡献了“墨守”理论著作，从而为后世留下了墨家防御军事学的宝贵文献。[②]此外，由于他们贡献的墨家军事技术和军事力量，也为助力秦国的统一大业起到了独特的作用（著名学者何炳棣先生曾经对“秦墨”在秦国的统一大业中所起的作用有过分的评价，但事实上这样的作用是不能与“商鞅变法”相提并论的）。不过，从“秦墨”那里，我们也看到了墨家“中绝”的内在原因。对于学术史上的这个“大事因缘”，已有的研究还是不够的。

三、墨家思想分化与“显学”“中绝”的关联

学术界对墨家后学思想的分析大多是从一些零星的现象入手，但如果不结合墨子到墨家后学近两百年社会历史的变迁，我们很难对此有深入的了解。

根据史料与《墨子》一书的记载和孙诒让等学者的考证，墨子生活的时代社会环境与战国中后期墨家后学的时代相比，其变化是非常大的，这种社会的变化也是造成墨学演变分化的重要原因。墨子曾经亲自见证了三家分晋的历史，齐晋秦楚大国争霸战争造成的巨大破坏更是刺激墨子提出他著名“非攻”主张的重大原因。此后他在本国接受鲁君的询问，回答如何应对齐国等大国的入侵的问题时，充分认识到弱小国家在强大外敌侵略下灭亡的现实，这也使得墨子不能不研究小国怎样以实力去有效对抗大国入侵的问题。为了宣传自己的“兼爱”等主张，墨子游历齐、楚、吴、越各国，但他并没有因为声名卓著而追求个人的利益，反而毅然拒绝了越王的“五百里”封地（这与墨家后学弟子为了个人私利争斗形成鲜明对比，而墨子的“兼爱”“非攻”思想实践则在《备城门》诸篇有直接的反映）。

对比墨子时代与战国后期的战争规模，其参战的人数与死伤的情况也发生了很大

---

① 孙诒让：《墨子间诂》，第536—537页。

② 关于这部分著作的内容与价值，详见秦彦士：《墨家军事思想与智慧》，《墨学十二讲》第六讲，北京：商务印书馆，2018年。

的变化：墨子时代即使是大国之间的战斗，参战的数量大多也只有数万人，而战国后期一场战争双方动辄就是一二十万，甚至在秦赵之战时坑杀的人居然达到四十万之多（虽然海内外都有学者质疑《史记》记载的战争死伤人数有夸张，但参战与死亡人数比过去大大增加却是事实）。为了避免在大规模战争中的破坏死亡，从各国的君主到纵横家都为了战胜敌人而使用各种阴谋诡计，包括欺瞒诈骗等手段无所不用其极。如果说从前天子诸侯的“礼仁”主张还有现实依据的话，到后来则每况愈下，比如《史记》就记载：“（周）厉王继位三十年，好利，近荣夷公（《墨子》将“厉王染于荣夷公”视为反面的典型）。王行暴虐侈傲，国人谤王，不听，”最后的结果是（王）“出奔于彘”。后来的周幽王更是变本加厉，以至于“伯阳甫曰：‘周将亡矣！’”西周最后果然亡于此人。到了东周之时，王权虽然得以苟延残喘，但对于过去因违背“征伐自天子出”而应该受到谴责的大国，也只能屈尊承认。另一方面，争霸的君主为了实现自己的愿望，不断加大了对人才的吸引力度，包括各种权势利禄等赏赐也不断增加，由此“朝秦暮楚”的说客充斥各国。这样的社会现实导致了道德的普遍下降。墨家后学的自私争斗正是在这种世风之下出现的。

在今存的墨家后学著作中，我们也能够清楚地看到墨子弟子的分化。虽然《汉书·艺文志》将《墨子》的作者著录为“墨翟”，但根据本书各部分内容（即所谓“墨论”“墨经”“墨守”）反映出不同历史时期的事实，学术界的大多数人认为，《墨子》一书实际上是一部墨学丛书，其中除了有大量（弟子整理的）墨子思想之外，还包括了后期墨家的大量科学逻辑学内容的《墨经》以及墨家城守军事学的《备城门》诸篇。此外，还有几乎没有多少人注意的著录于《汉书·艺文志》的墨家后学著作《尹佚》（二篇）、《田俅子》（三篇）、《我子》（一篇）、《随巢子》（六篇）、《胡非子》（三篇）等。但在这些著述中，除了少数内容涉及到墨子的兼爱非攻思想之外，今存的大部分文字都是一些荒诞不稽的鬼神之说：比如“史皇产而能书”，“三苗将亡，天雨血”等。[①]由此可见，除了《墨经》对科学逻辑学的创造性研究成果之外，墨子后学已经丧失了理论创新的能力。“秦墨”在思想上的走向正是这种历史趋势的典型反映。

结合时代社会的变迁，我们能够清楚地看到墨家学派逐渐衰落的内外因素，特别是“三墨”分化之后，实力最为显赫的秦国墨者消亡的社会背景的影响尤为显著。而其变化的内因也与墨子思想内在的矛盾有深刻的联系。对于上述两个方面的变化，我们可以总结如下：

就外部因素而言，首先值得注意的就是墨家“尚同”思想与秦国主流政治思想的异同所产生的影响：墨子认为天下大乱的根源在于“一人一义”以及“是其所义而非人之义”带来的社会混乱，要结束这种混乱必须以“圣王”“兼君”来统一人们的思想。而秦国的思想统一与政令统一带来的国力强盛为墨者显示了这种“尚同”理念形成的巨大社会效应。大儒荀卿在亲自考察秦国之后也大为赞赏，其对墨家的吸引力也

① 参见孙诒让：《后语·墨家诸子钩沉》，第756页。

就可想而知了。但“秦墨”忘记了墨子“尚同”的终极目的是为了“最大多数人的最大幸福”，它与缔造“万世一姓”王朝的秦国统治者“壹”同天下之义的目的具有根本的区别。由此“秦墨”也就自动地在思想上放弃了应有的独立（回顾这个令人遗憾的历史悲剧，我们会对墨子“尚同”理论的弊端有更为深刻的认识）。

其二，大一统帝国不允许墨家“私兵”存在。战国后期的秦国执政者虽然利用“客卿制”吸引大量墨者来为自己服务，尤其是墨家的技术与军事力量更是对秦国军事力量的壮大起到了很大的作用。但当秦国完成了统一大业之后，必然就不再允许墨家“巨子”集团再拥有自己独立的武装（后来的汉代帝国更是如此）。随着秦汉社会对墨家的必然排斥，墨家的“中绝”也就不可避免。

其三，在一个帝制农耕宗法社会里，选择儒法思想是一种社会历史的必然：法家的专制集权主张最适合帝王的需要，而儒家的“仁亲”“修身齐家治国平天下”的主张特别适合“家国一体”的政治实践（汉宣帝所说的“汉家制度，霸王道杂之”正是这一现实的高度概括）。此外，农耕社会对科学技术的需求与商业社会相比，也是差异极大的。这样也就必然产生主流文化对墨家科学、逻辑的排斥。墨家正是在这种社会背景下消失的。这也正好解释了何以墨家的复兴必须等待中国社会发生“二千年未有”之巨变以后才能够出现的根本原因。

就墨学“中绝”的内因而言，其中一个重要的原因就是墨子、禽滑厘之后没有出现具有凝聚力的精神领袖，墨家也因之丧失了思想的指引，由此造成的墨家集团缺乏政治理论指引的弊端成为墨家“中绝”的一个根本因素。墨子曾经把墨家的大义看得比生命更加宝贵（《墨子·贵义》有“万事莫贵于义”，《墨经》也有“任：士损己以利人”的定义），但到了“秦墨”那里，这个比生命更加重要的墨家大义却不断被抛弃。从唐姑果对同门师兄弟谢子因私利而排斥的事实，我们看到了墨子最担心的墨家后学弟子“禄胜义”带来的悲剧。上述思想的堕落造成了墨家队伍的分裂，其结果必然是曾经名震一时的“显学”在历史中消失。这个深刻的历史教训值得我们进一步反思。

From Mozi to“Qin Mo”——Also on the similarities and differences between the Mohist and the Legalists

Qin Yanshi　Guo Kai

Advanced Institute for Confucian Studies, Shan dong University (Ji Nan 250100)

School of History and culture, SiChuan University (Cheng Du,610065)

Abstract: After Mohism became a “Famous school” , its “Giant” system not only gathered the Mohist’s strength, but also showed its fatal disadvantages. Compared with the

“Eastern Mohist” and “Southern Mohist” , the Mohist in Qin showed greater social influence in the middle and late period of the Warring States period, at the same time, there were obvious internal ideological differentiation.In particular, the late leaders failed to distinguish the fundamental differences between the Mohist and Legalist schools, which led to the gradual melting of “Qin mo” in Qin politics. We can see the complicated relationship between the late Mohist and Qin’s military and political. The textual research combined with the historical data of pre-qin dynasty and the unearthed documents will be helpful to further understand the internal and external factors of Mohism’s transformation from “Outstanding learning” to “Unique Learning” . Reflecting on this historical tragedy can provide us with profound lessons.

（责任编辑：蒋威）

早期儒家与墨家民本思想构建的不同理论向度

——以郭店儒简为中心的考察

刘光胜

摘　要：郭店儒简与墨家民本思想的差异，主要体现在以下三个方面："天志""明鬼"是墨子重民思想建构的基点，而早期儒家承袭春秋时期的人文精神，其民本理论的建构已不再依赖鬼神。墨家借助鬼神之罚，督促国君重民、爱民，凸显的是一种外在的强制性。战国时期心性论兴起，郭店儒简民本思想呈现出内转化趋势，爱民出自国君的主动体认与道德自觉。墨子强调民众要服从天子的治理，但在早期儒家那里，国君治理民众要顺应民心、民性，不能威逼、强迫。和墨学相比，早期儒学更具理性自觉精神。郭店儒简与墨家皆重视民众，都以济世安民为目标，但由于汲取的思想资源不同，关注点不同，以致他们的民本理论建构迥然不同。

关键词：墨子　郭店儒简　民本思想

作　者：刘光胜，山东大学儒家文明省部共建协同创新中心教授，"古文字与中华文明传承发展工程"协同攻关创新平台团队成员（济南250100）。

战国时期儒、墨两家同属"世之显学"，他们之间的理论对立乃至互相攻讦，揭开了百家争鸣的序幕。墨家以鬼神之罚督促天子重民，而儒家则把重民看作是国君之德的自然呈现。儒家、墨家思想皆认可民众是邦国之根本，强调利民、惠民，但为何他们民本理论的塑构却迥乎不同?

郭店儒简成书于孔孟之间，与墨子生活的年代较为接近。目前学界儒墨思想比较者甚多，涵盖哲学、伦理、夷夏观念等方面①，但将郭店儒简与墨家思想比较者尚不多见。笔者试以郭店儒简为主要抓手，以此比较儒、墨两家民本思想的差异，展现战国

【基金项目】本文系国家社科基金冷门绝学研究专项学术团队项目"先秦两汉出土易类文献汇纂通考与话语体系建构研究"（23VJXT002）阶段性成果。

① 相关研究成果众多，参见张景云：《先秦儒墨哲学思想比较分析》，《北方论丛》2005年第6期；郭齐勇：《儒墨两家之"孝"、"丧"与"爱"的区别和争论》，《哲学研究》2010年第1期；唐超：《人文与技术：先秦儒墨尚贤思想比较》，《郑州大学学报（哲学社会科学版）》2013年第4期；黄太勇、郭培培：《先秦儒墨夷夏观念比较》，《吉林师范大学学报（人文社会科学版）》2013年第3期。

时期诸子民本理论建构的复杂性与多样性。笔者行文不当之处，敬请方家不吝批评、指正。

一、“天志”“明鬼”：墨子民本理论建构的逻辑起点

自西周以降，中国古代社会就形成了重德的治政理念。但道德不能解释人的生死寿夭、病患祸福，于是在道德之外，人们依然有鬼神信仰的存在。战国时期诸子之中，墨子明确宣扬“天志”“明鬼”，坚信鬼神真实存在。

面对学者对鬼神的质疑，墨子以先王之书——《夏书》《商书》《周书》等文献为据，力证鬼神的存在及其绝对权威。[①]《墨子·明鬼下》说：“《周书·大雅》有之。《大雅》曰：‘文王在上，於昭于天。周虽旧邦，其命维新。有周不显，帝命不时。文王陟降，在帝左右。穆穆文王，令问（闻）不已。’若鬼神无有，则文王既死，彼岂能在帝之左右哉？”[②]文王去世后，陪伴在上帝左右。如果人死后没有鬼魂，文王怎么能够陪伴在上帝的身旁？墨子以此证明鬼神真实存在。《墨子·明鬼下》曰：“故尚者《夏书》，其次商周之《书》，语数鬼神之有也，重有重之。此其故何也？则圣王务之。以若书之说观之，则鬼神之有岂可疑哉？”[③]《夏书》《商书》《周书》多处记载鬼神之事，墨子据此证明鬼神确实存在。

在墨子那里，鬼神不仅存在，而且具备赏善罚恶的权能。《墨子·明鬼下》记载：“故鬼神之明，不可为幽间（涧）广泽、山林深谷，鬼神之明必知之。鬼神之罚，不可为富贵众强、勇力强武、坚甲利兵，鬼神之罚必胜之。”[④]不管是山林幽谷，还是广大的湖泊沼泽，鬼神明察秋毫，必然知之。不管是人数众多，还是装备精良，鬼神之罚必然能战而胜之。墨子宣扬鬼神无处不在，能明察善恶、伸张正义，强调其“祸淫福善”的必然性与普遍性。

需要说明的是，墨子之所以相信鬼神，是着眼于“用”，着眼于“国家百姓人民之利”。[⑤]战国初期，礼崩乐坏，周天子对诸侯国的控制力不复存在。当时诸侯国之间征战不断，死者遍野，民众生活困苦。墨子非常重视民众的利益，他依托鬼神展开自己的理论建构，把鬼神当作自己理论建构的起点。

---

① 墨子证明鬼神之明的方法不止一种：利用众人耳目的感觉的方法，利用古代圣王事迹及其记录的实证的方法，以及提出祭祀实效性的功利性的方法。参见李承律：《上博楚简〈鬼神之明〉鬼神论与墨家世界观研究》，《文史哲》2011年第2期。

② 孙诒让：《墨子间诂》卷八《明鬼下》，北京：中华书局，2001年，第236–237页。

③ 孙诒让：《墨子间诂》卷八《明鬼下》，第241页。

④ 孙诒让：《墨子间诂》卷八《明鬼下》，第242页。

⑤ 《墨子·非命上》：“有本之者，有原之者，有用之者。于何本之？上本之于古者圣王之事。于何原之？下原察百姓耳目之实。于何用之？废以为刑政，观其中国家百姓人民之利。”“三表法”，是墨子衡量某种理论是否可信、可行的根本原则。墨子“三表法”之一，便是符合“国家百姓人民之利”。

战国时期社会动荡不已，墨子把鬼神赏罚当作维护社会稳定的“工具”，督促诸侯国君勤政爱民。《墨子·明鬼下》：“今若使天下之人，偕若信鬼神之能赏贤而罚暴也，则夫天下岂乱哉！”[①]如果天下之人都相信鬼神能赏贤而罚暴，社会秩序便会因此得到重建。庶民无权无势，如何保障自己的利益呢？《墨子》强调“鬼神之明”，“为善者富之，为暴者祸之”，[②]正是由于鬼神赏罚的震慑，在位者不敢为非作歹，天下才可实现大治。

上天择取恤民、爱民之人，担任国君、官长。《墨子·尚同中》：“古者上帝鬼神之建设国都立正长也，非高其爵、厚其禄、富贵佚而错之也，将以为万民兴利除害、富贵贫寡、安危治乱也。”[③]上帝、鬼神设立国君和官员的目的，不是让其享受荣华富贵，而是为民众兴利除害。墨子笃信《诗》《书》，尊天事鬼。他将赏善罚恶之权系诸鬼神，以无所不在的鬼神之罚来约束道德人心。禹、汤、文、武爱民利民，上天赏赐他们，让其成为圣王，一生富贵尊荣。桀、纣、幽、厉残贼庶民，上天惩罚他们，使他们身亡国丧，受世人唾弃。墨子以三代兴亡教训为鉴，强调凡是国君利民、爱民的行为，皆会受到鬼神的褒奖和赐福；凡是国君虐民、害民的行为，皆会遭到鬼神的惩罚与报复。在墨子那里，上帝、鬼神的存在，是他重民思想展开不可或缺的理论前提。

墨子宣扬“天志”“鬼志”“神志”，其实质就是将利民、爱人观念神格化。《墨子·天志上》：“且吾言杀一不辜者，必有一不祥。杀不辜者谁也？则人也。予之不祥者谁也？则天也。若以天为不爱天下之百姓，则何故以人与人相杀，而天予之不祥？此我所以知天之爱天下之百姓也。”[④]王公贵族如果滥杀百姓，上天、鬼神则会予以惩罚。墨子据此断言上天慈爱天下之百姓。上帝、鬼神是民众意愿的代表，上天庇佑百姓，可谓民众利益的化身。他以上天（帝）、鬼神作为重民理论建构的终极理据。

周人讲天子有德受天命，无德失天命。《墨子·天志上》云：“顺天意者，兼相爱，交相利，必得赏。反天意者，别相恶，交相贼，必得罚。”[⑤]顺天明鬼者得赏，逆天行事者受罚，国君的行为要受到天鬼的制约。国君以民为本，爱利天下，才能得到天鬼的福佑。“兼爱”的中心内容，就是“爱利庶民”。墨子将周人之“德”巧妙地置换为“兼爱、互利”，所以他的民本思想，可以看作周人保民思想的变型。

总之，在威权消亡的时代，周天子无力约束各地诸侯。墨子不得不借助天鬼以制约诸侯国君，阐发其重民的主张。“上尊天，中事鬼，下爱人”，天帝、鬼神的地位在国君、庶民之上。墨子利用了国君畏惧鬼神惩罚的心理，尊天明鬼，其理论建构的宗教色彩格外浓重。战国时期，重民思想建构不是与宗教完全脱离，而是在某些诸子那里脱离，在某些诸子那里不脱离。在墨子那里，重民与尊神之间并非是紧张、对立的

① 孙诒让：《墨子间诂》卷八《明鬼下》，第220页。
② 孙诒让：《墨子间诂》卷一二《公孟》，第462页。
③ 孙诒让：《墨子间诂》卷三《尚同中》，第85页。
④ 孙诒让：《墨子间诂》卷七《天志上》，第194页。
⑤ 孙诒让：《墨子间诂》卷七《天志上》，第193页。

关系，而是互相兼容、密不可分。墨子强调鬼神赏善罚恶的效验，以上帝、鬼神作为自己重民思想展开的理论支点。外为鬼神（宗教），内为“兼爱”“利民”，墨子“天志”“明鬼”论，可谓当时宗教重民主义的典型代表。

二、以德化民：郭店儒简民本理论建构的向内转化趋势

国君是君民关系的核心，早期儒家以君德作为民本理论建构的枢机。在君民关系建构中，早期儒家突出国君的率先垂范，发挥带头、示范作用。郭店简《唐虞之道》说：“必正其身，然后正世，圣道备矣。”[①]国君治世（国）的前提是修身，百姓信任国君与否，主要取决于他是否身正德修。为国者谨慎自己的行为，改变自己执政的不良做法，“正己以正人”，则会引发民众风气的改变。

教化民众，以德化民，是儒家不同于墨家的重要思想表征。简本《缁衣》篇云：“伥（长）民者衣服不改，从颂（容）有常，则民德一。”[②]在位者爵服的规格不改变，礼容有常态，那么百姓的德行就会整齐一致。为政者注重自身德性修养，“有国者章好章恶”，自己身先士卒、以身作则，则民众自然会遵从礼制的规定。郭店简《成之闻之》：“故君子之立（莅）民也，身服善以先之，敬慎以守之，其所在者内矣。”[③]国君率先行善，敬慎导民，则民众自然会跟随。郭店简《成之闻之》曰：“上苟身服之，则民必有甚焉者。”[④]国君要以身作则，为民众树立学习的榜样和楷模，百姓会加倍仿效。郭店儒简作者强调加强国君的道德修养，以实际行动带动民德的转化[⑤]。

和“言”相比，早期儒家更注重国君的“行”。郭店简《尊德义》记载：“下之事上也，不从其所命，而从其所行。”[⑥]百姓侍奉国君，不从其所下达的命令，而会模仿其行为。和国君的命令（言语）相比，国君的身体力行更为重要。郭店简《成之闻之》云：“君子之于教也，其导民也不浸，则其淳也弗深矣。是故亡乎其身而存乎其词，虽厚其命，民弗从之矣。”[⑦]国君教化民众，关键在于自己要身体力行，“以身服善”。如果自己不先施行，只是命令庶民，则百姓也不会顺从，不会按照国君说的去做。

和“外”相比，早期儒家更强调“内”。春秋时期，精英阶层既对国君的职责进行限定，又强调国君的道德境界。至战国时期，更多地转向对国君内心道德修养境界的提升。国君想要以德教民，自己必须先有德。郭店简《尊德义》云：“为古率民向方者，

---

① 释文、句读有改动，参见荆门市博物馆编：《郭店楚墓竹简》，北京：文物出版社，1998年，第157页。

② 荆门市博物馆编：《郭店楚墓竹简》，第130页。

③ 释文有改动，参见荆门市博物馆编：《郭店楚墓竹简》，第167页。

④ 荆门市博物馆编：《郭店楚墓竹简》，第167页。

⑤ 郭店简中类似的表述很多，例如，简本《缁衣》曰：“故君民者，章好以示民欲，慎恶以御民淫，则民不惑矣。”国君彰显美德导民向善，杜绝恶的行为以防范民众的贪欲，则百姓就不困惑了。

⑥ 荆门市博物馆编：《郭店楚墓竹简》，第174页。

⑦ 释文有改动，参见荆门市博物馆编：《郭店楚墓竹简》，第167页。

唯德可。”[1]道德是国君为政至关重要的品质。率领百姓的国君，必须是德行出众之人。

“忠”，即尽职、无私[2]，是国君执政的重要道德品格。郭店儒简《六德》曰：“聚人民，任土地，足此民尔，生死之用，非忠信者莫之能也。”[3]汇聚民众，尽土地之利，满足百姓的生计之用，只有忠信的国君才能做到。郭店简《忠信之道》作者更是把忠信当作国君必备的政治素质。该篇说：“忠积则可亲也，信积则可信也。忠信积而民弗亲信者，未之有也。”[4]国君讲忠信，而民众不亲近，是不可能的事。

“信”是国君执政莅民的重要基础，早期儒家非常重视“信”。郭店简《成之闻之》云：“行不信则命不从，信不著则言不乐。民不从上之命，不信其言，而能含德者，未之有也。”[5]简文强调国君言而有信，必须有“信”德。国君有德，是其教化民众的前提。

郭店简《唐虞之道》曰：

> 闻舜慈乎弟□［象］，□□□□□［知其能］为民主也。故其为瞽盲子也，甚孝；及其为尧臣也，甚忠；尧禅天下而授之，南面而王天下，而甚君。[6]

舜为瞽瞍之子时，非常孝顺。他为帝尧之臣，非常忠诚。所以尧禅让其为君。据《唐虞之道》作者看来，舜有德，忠孝是舜成为天子的主要原因。“孝之[illegible]（杀），爱天下之民”[7]，只有天子为人孝悌，才能扩充德性以爱天下之民。儒家强力美化尧、舜、禹、汤，呈现出泛道德化的色彩，但这并不是说儒家真认为上古时期是“黄金世界”，而是为时王树立效法的道德榜样。

战国时期，与国君对应的德目较为繁多。郭店简《六德》：“义者，君德也。”[8]《六德》作者将六德与六位对应，认为国君之德应为“义”。国君的品格直接关系到国家治理的成败，因此国君要具备仁义、孝悌、忠信、慈惠、宽容、恭敬等多种品格，俨然是至于圣人境界的道德表率。[9]在君民关系中，国君始终处于核心和主导地位。国君高德高尚、以身垂范，会引发民众的效仿，此为儒家民本理论建构的基本原理。

郭店儒简所建构的民本学说，归根结底是一种“道德境界论”。简本《唐虞之道》

---

① 荆门市博物馆编：《郭店楚墓竹简》，第174页。

② 《左传》成公九年：“无私，忠也。”

③ 荆门市博物馆编：《郭店楚墓竹简》，第187页。

④ 荆门市博物馆编：《郭店楚墓竹简》，第163页。

⑤ 荆门市博物馆编：《郭店楚墓竹简》，第167页。

⑥ 荆门市博物馆编：《郭店楚墓竹简》，第158页。

⑦ “杀”字释读，取陈伟先生之说。参见荆门市博物馆编：《郭店楚墓竹简》，第157页；陈伟：《郭店竹书〈唐虞之道〉校释》，《江汉考古》2003年第2期。

⑧ 荆门市博物馆编：《郭店楚墓竹简》，第187页。

⑨ 中山王方壶铭文说“慈孝宽惠，举贤使能”，慈爱子女，孝养父母，宽惠爱民，任用贤能，皆是从不同角度界定对国君的道德要求。

说“必正其身，然后正世”[①]，对于国君而言，国家治理，同时也是国君个人的修身成圣之路[②]。郭店简《成之闻之》曰：“不求诸其本而攻诸其末，弗得矣。”[③]所谓“本”，是指克己修身，即提升国君的道德修养。

国君提升道德境界的方法，是“反求诸己”。郭店简《成之闻之》记载：“古之用民者，求之于己为恒。”[④]在位者当以反身修己为当务之急。为政者“求己”，要持之以恒。《成之闻之》云：“古之用民者，求之于己为恒。行不信则命不从，信不著则言不乐。民不从上之命，不信其言，而能含德者，未之有也。”[⑤]这种对国君反求诸己的要求，乃春秋以前所未见。

战国时期郭店儒简的核心语汇，是要求国君“求己”“反本”。简本《穷达以时》说“君子反己”，《性自命出》曰“闻道反己”，“反己”“求于己”“求本”“正其身”等术语的反复出现，都是指向国君的道德自觉，强调国君修身内省、提高自身道德境界的必要性。战国时期儒家虽有对国君职责的要求，但民本思想建构的重点，却转向在位者的道德品质。国君汇集仁义、礼智、忠信、慈爱等诸多美德于一身，是完美的理想人格化身。他以道德引导、教化百姓，尚贤使能，使国家臻于“善治”。

总之，战国时期郭店儒简民本主义建构的经典范式，是道德君主、仁政爱民。所谓“道德君主”，教化民众的前提，是为政者修身正己、以身服善。身体力行重于空口说教，“求己”重于“求诸他人”。早期儒家反复强调反求诸己，以身作则，提升国君的道德境界，以君德带动民德的转向[⑥]，正己以正人，从而实现国家的治理，“民德归厚”。此是从道德层面要求国君修德，“治一国如同治一身”。[⑦]所谓“仁政爱民”，国君要爱民、利民、富民，减轻百姓的赋税，不违农时，不骄奢淫逸。不能僭越礼制，修建超规格建筑浪费民力。此是从职责层面要求国君恪尽职守。

三、早期儒家、墨家民本理论建构的差异及其成因

先秦时期，儒、墨两家已认识到了民众的重要性，“饥者得食，寒者得衣，劳者得息”是他们共同期待的社会愿景。以往学界多从社会阶层、地域文化的视角，分析儒、墨思想的差异。[⑧]如果说墨子代表的是小生产阶层的利益，那么子思、庄子、韩非子、

---

① 荆门市博物馆编:《郭店楚墓竹简》,第157页。

② 《荀子·君道》篇曰:“闻修身,未尝闻为国也。”

③ 荆门市博物馆编:《郭店楚墓竹简》,第167页。

④ 荆门市博物馆编:《郭店楚墓竹简》,第167页。

⑤ 荆门市博物馆编:《郭店楚墓竹简》,第167页。

⑥ 郭店简《缁衣》:“上好仁,则下之为仁也争先。”国君好仁,则百姓争相效仿。

⑦ 《孟子·离娄上》:“天下之本在国,国之本在家,家之本在身。”

⑧ 参见冯友兰:《三松堂全集》第7卷,郑州:河南人民出版社,2000年,第155-157页;黄阳华:《墨子伦理思想的“民本”精神——从儒、墨比较谈起》,《内蒙古农业大学学报(社会科学版)》2008年第4期。

孙膑代表的又是哪个阶层的利益呢？这是很难说清的。因此，我们更多地聚焦于思想建构本身，从学术理路的角度，管窥儒、墨两家的不同。我们将郭店儒简和《墨子》比较之后，发现早期儒家、墨家民本理论的差异主要体现在以下几点：

一是对待鬼神的取舍态度不同。自春秋时代开始，疏离天道，亲近人道，鬼神色彩渐趋弱化，重民的理念日趋彰显，已经成为一股思想解放的潮流。《左传》鲁昭公十七、十八年，连续两年记载宋、卫、陈、郑等国遭遇火灾。大叔、裨灶等人建议子产拿出“瓘斝玉瓒”等宝物祭祀以禳灾。子产却予以拒绝，他说：“天道远，人道迩，非所及也，何以知之？灶焉知天道？”①人道切近，容易体察，而天道悬远，高深莫测。裨灶怎能知道天道、鬼神之事？和天道相比，子产主张亲近人道，火灾的原因要向人事去寻找，他反对拿出宝器祭神。火灾后来也未再次发生。《左传》定公元年士弥牟说：“薛征于人，宋征于鬼，宋罪大矣。”②薛国以典籍记载中的人为证，而宋国以鬼神为证，宋人之罪莫大焉。

战国初年，儒墨两家围绕鬼神之有无，展开了激烈的辩论。《墨子·公孟》篇曰：

> 公孟子曰：“无鬼神。”又曰：“君子必学祭祀。”子墨子曰：“执无鬼而学祭礼，是犹无客而学客礼也，是犹无鱼而为鱼罟也。”③

与上博简《鬼神之明》作者相比，公孟子说“无鬼神”，明确否认鬼神的存在，属于“执无鬼者”。墨子对此反驳说，不相信鬼神而学习祭祀之礼，如同没有客人却学习待客之礼，没有鱼却要制作渔网一样。墨子强烈抨击儒家“以天为不明，以鬼为不神”，既然不相信鬼神存在，为何却要学习祭祀之礼？④鬼神有无之争，进而演变为儒、墨两派之争，呈现出迥然不同的学术分野。

春秋时期，虽然尚无思想家真正否定鬼神的存在。⑤但至墨子生活的战国初年，儒家弟子如公孟子、董无心等，较为激进，直接强调鬼神并不存在，⑥可谓思想领域一次重要的飞跃和提升。

郭店简《唐虞之道》记载：

> 夫圣人上事天，教民有尊也；下事地，教民有亲也；时事山川，教民有

---

① 杜预注，孔颖达疏：《春秋左传正义》卷四八，阮元校刻：《十三经注疏》，第2085页。

② 杜预注，孔颖达疏：《春秋左传正义》卷五四，阮元校刻：《十三经注疏》，第2131页。

③ 孙诒让：《墨子间诂》卷12，第456页。

④ 儒墨相争，亦见于《论衡》。《福虚篇》记载：“儒家之徒董无心，墨家之役缠子，相见讲道。缠子称墨家佑鬼神，是引秦穆公有明德，上帝赐之九十年。[董]子难以尧、舜之不赐年，桀、纣不夭死。”

⑤ 参见晁福林：《先秦民俗史》，上海：上海人民出版社，2001年，第360页。

⑥ 《墨子·公孟》记载：“公孟子曰：‘无鬼神。’”参见孙诒让：《墨子间诂》卷一二《公孟》，第456页。

敬也；亲事祖庙，教民孝也。[①]

圣人祭祀鬼神，是教民内心有所尊崇；祭祀土地神，是教育民众有所亲爱；按时祭祀山川之神，是教民心存敬畏；祭祀祖庙，是教民孝顺父母。在郭店儒简作者那里，虽然没有明确否定鬼神的存在，但它和先师孔子一样，走的是“神道设教”的路径。祭祀礼仪，是为提升民德，导民向善服务的。

周人相信“天”有意志，宣扬上帝具有绝对的公正性与权威性。自春秋以来，人文理念勃兴，上帝、鬼神的影响趋于减弱。墨子的鬼神观同于三代，他推崇“天志”，把鬼神惩罚当作民本思想展开必不可少的手段，而较少地受到春秋以降人文思潮的影响。孔子“敬鬼神而远之”，则深受春秋时期人文思潮的浸染。郭店儒简承袭孔子的思路，突出民众的价值和地位，在民本理论建构中已经不再把鬼神当作必需的载体与媒介。

二是存在外在强迫性与内在自觉性的区别。战国时期，社会秩序混乱，墨子试图以鬼神之赏罚重建社会秩序。他主张国君只有以民为本，善待庶民，才能得到神祇的庇佑、降福。《墨子·尚同中》记载：“故古者圣王，明天鬼之所欲，而避天鬼之所憎，以求兴天下之利，除天下之害。”[②]在墨子那里，国君必须“尚（上）同”于天鬼，按照“天志”来处理政事。

《墨子·天志中》：“爱人利人，顺天之意，得天之赏者有之；憎人贼人，反天之意，得天之罚者亦有矣。”[③]爱民乃上天之意，国君不爱利百姓，不兴利除害，忤逆天鬼之意，就会受到天鬼的惩罚。墨家宣扬鬼神之罚，以外在的强制力约束国君，督促其爱民、利民。国君重民是出自鬼神外在的逼迫与威慑，出自虐民后果的恐惧与担心，而不是出于自我认识和主动情愿。

孔子发明“仁”，孔门后学主张向内挖掘，重民理论源自国君对民众作用的深刻体认与道德自觉。郭店儒简作者强调君德，认为爱民是国君之德的自然呈现。郭店简《成之闻之》：“古之用民者，求之于己为恒。行不信则命不从，信不著则言不乐。”[④]“反己”是儒家自我道德修养的重要方法之一。所谓“反己”，一是反己之政。郭店儒简强调国君要行仁政，先正己然后推及他人，落实为社会层面的爱民举措。二是反己之心。国君自觉反思自己的内心，自我修身，提升道德修养，将内心的“真情”“美情”转化为爱民的实际行动。

三是对君民关系的不同规定。《墨子·尚同上》：“上之所是必皆是之，所非必皆非之。”[⑤]在墨子看来，民众顺从国君，而国君则是对天鬼负责。虽然天鬼反映的是民众的

---

① 荆门市博物馆编:《郭店楚墓竹简》,第157页。

② 孙诒让:《墨子间诂》卷三《尚同中》,第81页。

③ 孙诒让:《墨子间诂》卷三《天志中》,第202页。

④ 荆门市博物馆编:《郭店楚墓竹简》,第167页。

⑤ 孙诒让:《墨子间诂》卷三《尚同上》,第74页。

意志，但在君民相对待的关系之中，国君具有绝对的权威。墨子强调“尚同”，民众要绝对服从国君的命令。①

与墨家相比，郭店儒简作者在肯定君主权威的同时，特别强调国君制定政策要因民之性、顺民之意，实施教化。郭店简《尊德义》：“民可使道之，不可使知之。民可道也，而不可强也。”②民众可以教导，但不能逼迫、压制。在早期儒家那里，国君要顺从民性、民心，不能强迫民众服从。战国时期心性论兴起，郭店儒简作者将民本论与心性论深度融合，更多地凸显以教化民，顺民心而为。墨子虽与郭店儒简作者的时代接近，却似乎未受到心性论的影响。

四是重民、利民措施的差异。在社会财富既定的情况下，统治阶层挥霍的财富多，则民众分得的实际利益就少。因此，墨子特别强调要限制统治阶层奢侈浪费。《墨子·非乐上》：“今王公大人，唯毋为乐，亏夺民衣食之财，以拊乐如此多也。是故子墨子曰：‘为乐非也。’”③演奏鼓乐之音，离不开民力的支持。统治阶层痴迷音乐享受、贪于安逸，必然会浪费资财，荒废百姓的农事。音乐并非是不美，而是“不中万民之利”，不符合民众的利益。

《墨子·节葬下》记载：

> 此存乎王公大人有丧者，曰棺椁必重，葬埋必厚，衣衾必多，文绣必繁，丘陇必巨。存乎匹夫贱人死者，殆竭家室……若送从，曰：“天子杀殉，众者数百，寡者数十。将军大夫杀殉，众者数十，寡者数人。”④

王公大人如有丧事，棺椁必然厚重，埋葬土层深，陪葬物像文绣等必然繁丽，坟墓高大。普通民众如果厚葬久丧，必将资产耗尽。天子去世，人殉多达数百人，少者也数十人。将军大夫陪葬的人殉多者数十，少者数人。当时丧期久，长达三年。“厚葬靡财而贫民”，久丧厚葬，耗费大量人力物力，造成民众生活贫穷，无益于改善民生。墨家鉴于礼乐浪费民众资财的一面，所以主张厉行节约，强调“非乐”“节葬”“节用”。

礼乐固然耗费资财，但也有导人向善的一面。郭店简《性自命出》把美乐作为培育民德的重要途径。该篇记载：

> 凡声，其出于情也信，然后其入拨人之心也厚。闻笑声，则鲜如也斯喜。闻歌谣，则陶如也斯奋。听琴瑟之声，则悸如也斯叹。观《赉》《武》，则齐如也斯作。观《韶》《夏》，则勉如也斯俭。⑤

---

① 《墨子·尚同上》记载：“天下之百姓皆上同于天子。”

② 荆门市博物馆编：《郭店楚墓竹简》，第174页。

③ 孙诒让：《墨子间诂》卷八《非乐上》，第255页。

④ 孙诒让：《墨子间诂》卷三《节葬下》，第169-171页。

⑤ 释文有改动，参见荆门市博物馆编：《郭店楚墓竹简》，第180页。

音乐出自人情，所以演奏时能深入人心，感染、教化民众。让民众听美乐《赉》《武》等，则可以陶冶其道德情操。郭店儒简作者认识到礼乐教化功能的重要性，他和墨家学派截然相反，特别重视乐教。郭店简《尊德义》说“君民者治民复礼”，它认为国君治民的目的，在于恢复西周时期的礼乐制度。

早期儒家认为礼乐可以熏陶、教化民众，所以大力弘扬，主张“为国以礼”。而墨家则鉴于厚葬久丧浪费民财，影响民众生产生活，因此极力予以反对。儒墨两家皆重民，都强调为民众的利益着想，但由于思想观念的不同，侧重点的差异，导致他们利民、爱民的措施明显不同。

综上，墨子以“天志”“明鬼”作为民本思想构建的基点，但鬼神却是不切实际、虚幻的存在。春秋时期人文理念升腾，儒家接续“民先神后”的理路，民本理论建构已经不再依赖鬼神。墨子极力宣扬天鬼的权威，以鬼神的赏罚督促国君勤政爱民。在墨子那里，国君爱民、利民，是迫于外在鬼神之威的不得已。孔子发明“仁”，郭店儒简作者致力于向内挖掘，寻找国君爱民的价值本源，利民、惠民已经转化为国君的道德自觉。墨家却强调“尚同”，凸显民众对国君的无条件顺从。而随着心性论兴起，早期儒家强调国君应顺应民情、民性，以教化民众。和墨学相比，郭店儒简凸显人文关怀，其民本思想建构显得更为圆融。由于早期儒家、墨家对当时思想资源汲取的不同，致使两派理论风格迥异，成为战国时期两大对峙、耸立的学术高峰。

Different Theoretical Dimensions in the Construction of Confucianism and Mohism

Liu Guangsheng

The Shandong University Confucian civilization of the provincial ministries to jointly build a collaborative innovation center (JiNan,250100)

The differences between Guodian Confucian Bamboo Slips and Mozi’s people-oriented ideology are mainly reflected in the following three aspects: “Tianzhi”（天志）and “Minggui”（明鬼）are the basis for Mozi’s construction of people-oriented ideology, while early Confucianism inherited the humanistic spirit of the Spring and Autumn period, and its construction of people-oriented theory no longer relied on ghosts and gods. The Mohist school used the punishment of ghosts and gods to urge the monarch to respect and love the people, highlighting an external compulsion. During the Warring States period, the theory of Human nature emerged, and Guo Dian’s Confucian philosophy of putting people first showed an internal transformation trend. Loving the people came from the active recognition and moral consciousness of the monarch. Mozi emphasized that the people should obey the governance of the emperor, but in early Confucianism, rulers governing the people should conform to the will and nature of the people, and should not be intimidated or forced. Compared with Mohism, early Confucianism had a more rational and conscious spirit. Both Guodian Confucianism and Mohism attach great importance to the people, with the goal of benefiting the world and the people. However, due to different ideological resources and focus, their construction of people-oriented theory is vastly different.

（责任编辑：蒋威）

《墨子》政治哲学研究

解启扬　王福仲

摘　要：本文以《墨子》文本为中心，分别从国家起源思想、政治权力的合法性、政治中的正义、社会目标等几个方面研究墨子的理想国特征。文章认为，墨子的国家起源思想类似于霍布斯的国家观，但后者是近代契约精神的产物，而前者是农业文明社会小生产者的思想反映。其理想国的政治合法性集中表现在“尚贤”与“尚同”的思想。其政治正义的伦理根据是“兼爱”，实现途径是“贵义”，政治保障是“法仪”，体现了功利主义的政治伦理观。墨子的理想国作为思想资源部分地被儒家、法家所吸收，但作为体系的“理想国”在中国历史上从未实行过。

关键词：墨子　兼爱　正义　理想国

作　者：解启扬，中国政法大学教授（北京100088）；王福仲，中国政法大学研究生（北京100088）。

墨家是先秦思想史上极为重要的思想学派，《韩非子·显学》篇有言：“世之显学，儒墨也。”可见其思想学术在先秦的地位与影响。墨家为我们留下了《墨子》这部思想巨著，内容宏富，探讨了政治学、伦理学、逻辑学、军事学、物理学等诸多方面，当时社会所有全部学术内容几乎都有所涉略。尤其是政治学，更是墨家关注的内容，《墨子》描绘出一个社会正义、民生幸福的理想社会画卷。学术界对墨子政治思想的研究一般以“尚贤”“尚同”为中心，作为墨子思想体系的一部分来考察，较少把墨家政治思想作为一个相对完整的系统来研究。本文聚焦《墨子》政治哲学，认为墨家政治思想是一个相对完整的形态，姑且借用柏拉图“理想国”之表达，把《墨子》的政治哲学系统称作“理想国”。墨子作为出身“第三阶层”手工业者，[①]从自己所处的社会环境与地位出发，为国家安定、民生幸福开出了自己的药方，其“理想国”系统而完备。

【基金项目】本文系国家社会科学基金项目“墨学的创造性转化与创新性发展研究”（项目编号:22BZX064）的阶段性成果。

① 先秦时代，社会阶层分为士农工商四个阶层。《管子·小匡》引管子与齐桓公对答：“士农工商四民者，国之石民也。”即士农工商是社会的基本阶层。中国传统是重农的社会，从社会阶层来说，士与农社会地位较高，手工业者与商人社会地位较低。这种思维在中国传统社会有较大影响。墨子作为手工业者，属于第三阶层。

一、《墨子》国家起源思想

墨子虽然生活在2400多年前，早于近代英国思想家霍布斯约2000年，但是他的国家起源学说有些类似于霍布斯的学说。在霍布斯的政治学巨著《利维坦》中，自然状态并非美好，有三种可能的原因导致人们的争斗，就是竞争、猜疑和荣誉。由于这一切，在没有一个共同权力使大家慑服的时候，人们便处于所谓的战争状态下。这种战争是每一个人对每一个人的战争。理性使得人们订立了契约，成立了国家。不过，"一大群人相互订立信约、每个人都对它的行为授权，以便使它能按照其认为有利于大家的和平与共同防卫的方式运用全体的力量和手段的一个人格。承当这一人格的人就称为主权者，……其余的每一个人都是他的臣民。取得这种主权的方式有两种：一种方式是通过自然之力获得的（引者注：丛林法则）……另一种方式则是人们相互达成协议，自愿地服从一个人或一个集体，相信他可以保护自己来抵抗所有其他的人。后者可以称为政治的国家。"[①]"按约建立一个国家的人，由于因此而受信约束缚必须承认某一个人的行为与独断。"[②]《墨子》与《利维坦》有近似的记载，古代国家没有产生时的社会状况是纷乱的，《尚同下》说："古者天之始生民，未有正长也，百姓为人。若苟百姓为人，是一人一义，十人十义，百人百义，千人千义。逮至人之众，不可胜计也；则其所谓义者，亦不可胜计。此皆是其义，而非人之义，是以厚者有斗，而薄者有争。"[③]社会的无序状态有损每一个人的利益，出于本能的、自我保全的需要，人们就想统一天下的意见以结束乱象，于是就选择贤能的人，将他立为天子。由此看来，国家的产生，是因为人民出于自我保全的需要而结束这种纷乱的、无政府状态的产物。人们不得不坐下来协商，寻求最佳的解决方式。《墨子》认为，最佳的方式就是人们选择有才能且德性高尚的贤人来做"政长"，由"政长""一同天下之义"，从而结束纷乱的状态，于是，就产生了国家。在国家起源的学说上，墨子与霍布斯虽然生活在不同的时间与空间中，却提出了非常相似的内容。

墨家后学进一步推进了前期墨家的国家起源思想，《经上》说："君，臣萌通约也。"[④]把"尚同"思想又向前推进了一步，认为君主是人民经由选举并立约而产生的，君主的权力来源不是自然，不是德性，更不是神授，而是人民缔结契约并让渡权力的结果。既然君主是人民立约产生的，权力来源是人民的让渡，我们可以合乎逻辑地推导出如果君主不符

---

① 霍布斯：《利维坦》，黎思复、黎廷弼译，北京：商务印书馆，1985年，第138页。

② 霍布斯：《利维坦》，黎思复、黎廷弼译，第139页。

③ 本文所援引《墨子》皆依据谭家健、孙中原注译：《墨子今注今译》，北京：商务印书馆，2009年。

④ 孙诒让认为，"萌"通"氓"，"尊卑上下等差不一，通而约之"。参见孙诒让：《墨子间诂》（下），北京：中华书局，2001年，第315页。梁启超把《墨经》第三十四条读为："君，臣萌（同'氓'）通约也。"指出"言国家之起源，由于人民相约置君，君乃命臣，与西方近代民约说颇相类"。见梁启超：《墨经校释》，《梁启超全集》，北京：北京出版社，1999年，第3221页。梁启超用近代政治学说训释《墨经》，本文立足于传统思想的现代诠释，采用梁启超观点。

合人民的愿望或需要，人民就可以通过重新立约选择新的君主。这样的推导把前期墨家的国家学说向前大大推进了一步。后期墨家的国家起源思想与近代西方的民约论思想有较为相似的一面。梁启超先生《墨子学案》对墨子的国家起源思想褒扬有加，他说：

> 这种议论，和欧洲初期的“民约论”很相类。“民约论”虽大成于法国的卢梭，其实发源于英国的霍布士和陆克，他们都说，人类未建国以前，人人都是野蛮的自由，漫无限制，不得已聚起来商量，立一个首长，于是乎就产出国家来了。墨子的见解，正和他们一样。他说：“明乎天下之乱生于无政长，故选择贤圣立为天子使从事乎一同。”什么人“明”？自然是人民“明”。什么人“选择”？自然是人民“选择”。什么人“立”？什么人“使”？自然是人民“立”、人民“使”。这种见解，和那说“天生民而立之君”的一派神权起源说，和那说“国之本在家”的一派家族起源说，都不相同。他说，国家是由人民同意所造成，和“民约论”同一立脚点；《经》上篇说：“君臣萌通约也。”正是这个道理。①

我们无需夸大墨家国家起源思想的近代意义，近代西方的社会契约学说是在文艺复兴的思想背景下，个人主体意识觉醒在社会政治上的直接反映，其结果导致了近代国家的产生。而墨家学派是中国古代农业文明社会的小生产者利益的代表，在变动的社会中，他们的思想学说为了打破贵族阶层对政治统治权力的垄断和社会阶层的固化，寻找美好的生活方式而建立，其思想学说从生产和生活经验出发，破除贵族世袭制的传统，②为其社会阶层找到一条通往权力的理想道路，这才是墨家国家起源学说的社会思想根源。近代西方社会契约学说的国家理论，是建构在个人主义基础之上的契约机制。而先秦墨家则具有群体主义的特征，其“尚同”学说是对个人主义的排斥。

站在历史的视角看待墨家的国家起源论，有着相当的积极意义，与墨家同时代的儒家与道家均无完整的国家起源的描述。墨家的国家起源论被韩非子汲纳，成为其中央集权国家理论的基本精神。

二、政治权力“合法性”探讨

谁来管理国家？也就是由谁来“合法”地行使国家权力的问题，《墨子》提出了“尚贤”思想，也就是选择贤人来统治。“自贵且智者为政乎愚且贱者则治，自愚贱者为政乎贵且智者则乱。”（《尚贤中》）尚贤是政治治理的根本要求，唯有贤人治理国家才会社会有序，否则就可能出现社会混乱。在具体的政治实施中，《墨子》提出“选择天下贤良、圣知、辩慧之人，立以为天子”（《尚同中》）。“天子立，以其力为未足，

---

① 梁启超：《梁启超全集》第11卷，第3275页。

② 《墨子·尚贤上》：“虽在农与工肆之人，有能则举之。”有利于冲破社会等级制度。

又选择天下之贤可者，置立之以为三公。天子、三公既以立，以天下为博大，远国异土之民，是非利害之辩，不可一二而明知，故画分万国，立诸侯国君。诸侯国君既已立，以其力为未足，又选择其国之贤可者，置立之以为正长。”（《尚同上》）从天子、三公、诸侯到正长，国家最高领导乃至政府各级官员莫不是“选”出来的。选择的标准是“贤”，因为“国有贤良之士众，则国家之治厚”（《尚贤上》）。既然确定“贤人”治国，那么，判断贤愚的标准又是什么呢？《墨子》提出，“贤”的标准是看其是否“厚乎德行，辩乎言谈，博乎道术”（《尚贤上》），即把高尚的德行，理性的知识讨论，通晓治理国家的方法作为“贤人”的标准，涵盖了德性与知识，理论与实践诸多方面。贤能的人才既要品德高尚，又要具有实践的经验。如此，墨家的贤人政治与儒家的重德性而轻实践的圣人政治就区隔开来了。“古之圣王，发宪出令，设以为赏罚以劝贤。”（《非命上》）选择贤人的渠道也非常广博，“古者圣王之为政，列德而尚贤。虽在农与工肆之人，有能则举之”（《尚贤上》）。这是要打破贵族垄断权力与等级固化的古代传统，“官无常贵，民无终贱”，“不党父兄，不偏富贵，不嬖颜色”（《尚贤中》），更是“唯贤是举”。既然是贤人统治，那就应该做到“高予之爵，重予之禄，任之以事，断之以令”。让贤人政治权责相符，政令畅通，贤人的价值更好的实现，也让社会体现出尊贤的传统，唯有如此，贤人才能脱颖而出。

《墨子》的尚贤说对古代“四民”等级社会是个巨大的冲击，[①]为社会各阶层流动提出了可行的方法，符合战国时期社会变革的需要与时代发展的趋势。在那样的时代，原有的等级秩序由于社会的变动逐渐解体，新的社会关系尚未形成，新旧观念杂陈，保守与革新势力在思想与现实中的冲突日益激烈。《墨子》的思想为政治革新提供了思想的支持。这种古代社会的举贤制是对儒家贵族世袭制的一种制度上的反对。在贵族世袭制度那里，政治权力的来源是家族传统、血缘关系；在举贤制那里，贤人获得国家管理权力的来源是民众的让渡。不过，在《墨子》文本中，并没有解释具体的举贤方法，这种程序操作性的匮乏若在实践中运用可能会损害举贤制度的效率与公正。墨子与孔子一样，言必称三代，远在墨子之前，中国古代社会曾经有过禅让的政治传统，这种选举贤能制度大概受到古代禅让传统的影响，或者类似于古代社会的禅让传统，是对禅让传统的继承与具体化。

由谁来统治的问题解决了，墨子及墨家学者又思考权力运行机制的问题。在《墨子》中，可以把“尚同”思想看作是“尚贤”合乎政治逻辑的发展。既然是贤人政治，社会应该有个尊贤使能的传统，并体现到政治统治中。由于先天或后天的各种因素，人们的才智是有差别的，这是个简单不过的常识，并非每个人都是贤能之人。如何体现这样的传统呢？“尚同”就是最好的应对方法。既然天子是选举出来的“贤人”，那

---

① 《管子·小匡》：“士农工商四民者，国之石（柱石）民也。”《淮南子·齐俗训》：“是以人不兼官，官不兼事，士农工商，乡别州异，是故农与农言力，士与士言行，工与工言巧，商与商言数。”在中国古代，士农工商不仅是职业分途，更是社会等级关系。在《论语》中，孔子说“士志于道”，把“士”看作知识阶层，定义为文化伦理与社会价值的守护者与传承者。“士”还有另一层含义，即士大夫。在墨子之前的时代，社会重等级，只有“士”才可能晋升为统治阶层。

就应该让天子“一同天下之义”(《尚同中》),达到上行而下效。具体的做法是逐个层级的“同”,由下至上每一层级同于政长、诸侯、三公乃至天子,“唯以其能一同天下之义,是以天下治”。墨家所说的“同”,既是统治方式,也含有观念形态的内容。选举贤人,信任贤人,所以就要把社会的思想方法、政治治理都交给贤人,人们都安心于自己的事情,这样每个人各安其位,社会也就做到了秩序化了。《墨子》的“尚同”思想与霍布斯所言“按约建立一个国家的人,由于因此而受信约束缚必须承认某一个人的行为与裁断”有着非常相似之处。①

与墨子时代相近的古希腊思想家柏拉图的《理想国》中,统治国家的“哲学王”有点类似于墨子的“天子”。哲学王是受过良好教育与训练的最富有智慧的一个等级,国家的统治交给哲学王,社会才能秩序化。从生产者、士兵,再到哲学王,这是个金字塔式的权力结构,哲学王高踞权力的顶峰。《墨子》的普通人、贤人,再到天子,也是一种金字塔式的权力结构。只不过,在柏拉图那里,哲学王不是一个,可能有若干个。在墨子那里,并没有对天子数目明确的说明,但从文本推断,天子很可能只是一个。英国思想家卡尔·波普尔在《开放社会及其敌人》中,认为柏拉图的理想国是现代极权主义的思想源头。②在我看来,墨子的“尚同”思想何尝不是呢?

不过,波普尔是从现代政治哲学的层面来批判柏拉图的理想国。而在柏拉图的理论那里,现象世界的国只不过是理念世界的摹本,理念世界是绝对的善,不可能有极权主义的思想温床,极权主义是现实政治善缺乏的产物。如果按照这样的思想逻辑来理解墨子“尚同”的政治观念,就可以合乎逻辑地认为,墨子的“尚同”国家理念在形而上层面是美好的。或者说是善的,毕竟天子的意志是上天的意志(“天志”),“天之行广而无私,其施厚而不德,其明久而不衰”(《法仪》)。全善的“天”怎么可能产生出恶呢?形而上的“尚同”国度理所当然是美好的。可是,落实到现实世界的政治,墨子还是有所顾虑的,因为墨家是经验主义者,贤人的经验也是有限的,社会应该有个为贤人政治提供更多治理良方的渠道,“上有过则规谏之,下有善则傍荐之”,这是一个非常理想化的、上情下达的渠道,做到全社会群策群力,以最小的管理成本获取最大的社会效益。墨家不愧为效益主义者,在社会管理上也尽可能体现“节用”的原则,节约社会运营的资本。

三、政治正义论

政治正义论是现代政治哲学的重要课题,但其思想根源古已有之,无论是柏拉图的理想国,还是中国先秦的政治思想,无不对政治正义作了严肃的探究,因为只有正义的政治,才可能建立一个善的社会。墨子对政治正义着力尤多。权力来源的合法性

---

① 霍布斯:《利维坦》,黎思复、黎廷弼译,第139页。

② 参见卡尔·波普尔:《开放社会及其敌人》第6章,陆衡等译,北京:中国社会科学出版社,1999年。

只是解决了权力的正当性问题，但并不能够保证政治是正义的。符合正义的政治才是善的政治。墨子希望政治的正义像大道一样流行。为此，正义的政治必须以“兼爱”作为伦理根据，政治正义的标准是“贵义”，保障政治正义的方法是“法仪”。

（一）政治正义的伦理根据——“兼爱”

墨家认为，正义的政治必须体现墨家“兼爱”的根本精神。“兼爱”是墨学的根本观念，与儒学的“仁爱”观念相对标。仁爱是宗法社会的产物，在方法上是由近及远的推爱，维系宗法社会等级与血缘伦理；“兼爱”则要打破这种宗法与血缘关系，做到无等级差别，无血缘亲疏，无上下之分，是一种平等的、无差别的爱。为什么正义的政治要体现“兼爱”的伦理精神呢？墨子从当时社会浓厚的尊天传统中寻找支持，认为是天的意志要求，《法仪》说：“天欲人相爱相利，而不欲人相恶相贼。”顺天法则是中国古代思想对天道的基本认知，墨子把这种天道的认知进一步发展为以“天志”为基本内涵的准宗教。之所以说是准宗教，是因为墨家的“天志”思想与学术界对宗教的定义有着一定的区别，墨家的准宗教没有现实世界与彼岸世界的区分，缺乏严格意义的教理、教义与宗教仪轨以及外在的宗教组织形态。但是，墨子把“天”人格神化，“天”是主宰之天，要求人们归顺，即顺从天意会受到奖赏，违背天意将受到惩罚。[①]从德性上讲，“天”是全善的，也具有赏善罚暴的意志能力。这种准宗教是对中国思想传统天鬼敬畏观念的进一步发展。在墨家那里，敬畏天鬼的思想演变为神道设教的准宗教，反映的是墨者及底层人对公平的渴望以及力量上的无助感，从而援引神鬼之力，以达到自身的政治诉求。

什么样的行为才能体现“兼爱”的原则呢？《兼爱中》对“兼爱”有具体的界说：“视人之国，若视其国；视人之家，若视其家；视人之身，若视其身。”“兼爱”的思想与基督教的博爱精神描述非常相似，《圣经·马太福音》第7章12节：“无论何事，你们愿意人怎样待你们，你们也要怎样待人，因为这就是律法和先知的道理。”由于文字限制，本文无意探究“兼爱”与“博爱”的比较意义。“兼爱”不仅是个体之间关系的要求，也是群体关系、国家关系的基本原则。遵循着“兼爱”伦理原则，就会实现“诸侯相爱，则不野战；家主相爱，则不相篡；人与人相爱，则不相贼；君臣相爱，则惠忠；父子相爱，则慈孝；兄弟相爱，则和调。天下之人皆相爱，强不执弱，众不劫寡，富不侮贫，贵不敖贱，诈不欺愚。凡天下祸篡怨恨，可使毋起者，以相爱生也”（《兼爱中》）。

如同巫马子对墨子的质疑，[②]“兼爱”诚然是善的法则，在现实具有可行性吗？《兼爱下》对“兼爱”的可行性用类比的方法作了详细的论证，并从经验主义的视角指出古代圣王运用“兼相爱，交相利”的伦理法则，且获得了人民的拥戴。墨家的“兼爱”伦理不仅仅表现在爱人上，还体现在利人上，“兼相爱，交相利”是对“兼爱”的功利

---

① 《墨子·天志上》说：“顺天意者，兼相爱，交相利，必得赏；反天意者，别相恶，交相贼，必得罚。”

② 参见《墨子·耕柱》。

主义伦理诠释，即人与人、群体与群体之间的互爱互利。墨家后学对“兼爱”伦理的阐释则更明确：“仁，爱也；义，利也。”（《经说下》）“利”是先秦思想一个非常重要的伦理范畴，先秦诸子对“利”的界说与认知有着较大的差别。孟子在见梁惠王时就直言：“何必言利，亦有仁义而已矣。”（《孟子·梁惠王上》）就从义务论的伦理观念出发，①把“利”定义为自私自利的私利或集团之利，从而予以贬低和排斥。墨家从不讳言利，甚至把利推上了一个理想的高度，摩顶放踵利天下，利不再局限于个人之利，而是涉及相关的群体的公共利益，利体现了仁的精神，符合正义的原则。《鲁问》篇提出“合其志功而观”，《大取》篇的“志功为辩”，都表明了墨者非常注重动机与效果的有机结合，表现出极其鲜明的功利主义伦理特色。在墨者那里，正义的政治也应该有利于民众，这是一种功利主义的政治哲学。

在社会政治生活中，“兼爱”还体现了对人的基本权利的尊重，《兼爱下》说：“饥即食之，寒即衣之，疾病侍养之，死丧葬埋之。”衣食、疾病、死亡都是最基本的生存问题，关切到人的最基本生活，是人的生存权利，必须受到切实的关心与保护。墨家的思想学说是以人为中心而展开的，其全部的思想关切都是以人为中心，什么样的政治是善的政治、什么样的生活态度与生活方式是善的生活方式，墨家以人的基本权利为基点并展开其学说而给予回答，浸淫着古代人文精神的光辉。

（二）政治正义之标准：义

“义”是墨学的价值范畴，《贵义》有言：“万事莫贵于义。”“义”是墨家的生命线，也是墨家理想国的价值尺度，“天下有义则生，无义则死；有义则富，无义则贫；有义则治，无义则乱”（《天志上》）。正义的政治应该是标举墨家所言“义”的旗帜。

何为“义”？在《墨子》文本中，“义”是个多义词，在《尚同中》篇墨子认为国家没有产生的时候，“一人一义”，在此处“义”的内涵是观点或意见的意思，不是本文考察重点。在《墨子·贵义》篇，“义”的含义有别于个人的观念或意见，而是上升到社会公义或社会正义层面的意涵。《耕柱》篇说：“所为贵良宝者，可以利民也，而义可以利人，故曰：义，天下之良宝也。”“义”的内涵是对他人有利。在《墨经》中，墨家认为：“义，利也。”（《经上》）《经说》则作了进一步的阐释：“义：志以天下为分，而能能利之。”明确指出，仁义就是给人以利益，并且不仅是主观上想对人民有利，在客观效果上也必须对人民有利。义利合一，利于大众，是墨家之“义”的最重要内涵，也是墨家之义有别于儒家之义的特色。墨家对于“义”的诠释体现了“义”“利”合一的特征，反映了墨者一贯的功利主义伦理观念。

“义”之所以重要，与墨家的天道观有关。《天志中》有言“今天下之君子之欲为

① 义务论认为，判断行为或人之道德与否，不考虑、实际上也不应该考虑结果。而是看行为本身所依据的原则。凡是行为者所依据的道德原则是善的，则不论结果如何，都被认为是正确的。参见雅克·蒂洛、基思·克拉斯曼：《伦理学与生活》第3章，北京：世界图书出版公司，2008年。

仁义者，则不可不察义之所从出”“义不从愚且贱者出，必自贵且知者出”。墨子反对人之间天生的等级差别，那么，与“愚且贱者”对比的“贵且知者”必然不是普通意义上的“人”，而是“天”，因为“天为贵、天为知而已矣”。“义从天出”如同儒家所言“道之大原出于天”（《汉书·董仲舒传》），赋予墨家之“义”神性的意义。“天欲义而恶不义”（《天志上》），墨子神道设教，一方面为“义”找到了形上的根据，另一方面，“义”则反映了普通民众的愿望与要求。

既然“义”从“天”出，具有神性的“义”就成为判断政治善恶的根据。“义者，善政也”（《天志中》），符合墨家所言的“义”的政治才是善政。“天下有义则治，无义则乱。”在具体的政治操作层面，墨家认为体现政治正义的是“尚同”的政治管理思维与模式，《天志上》说：“且夫义者，政也。无从下之政上，必从上之政下。[①]是故庶人竭力从事，未得次己而为政，有士政之；士竭力从事，未得次己而为政，有将军、大夫政之；将军、大夫竭力从事，未得次己而为政，有三公、诸侯政之；三公、诸侯竭力听治，未得次己而为政，有天子政之；天子未得次己而为政，有天政之。天子为政于三公、诸侯、士、庶人，天下之士君子固明知；天之为政于天子，天下百姓未得之明知也。”从这段文字中，我们可以看到这样一个由下而上的层级关系：庶人→士→将军、大夫→三公、诸侯→天子→天，这种层级的政治秩序就是墨家所言的“正义”的政治秩序。

从“兼相爱，交相利”的伦理观出发，墨家认为，国家之间的关系也应该符合政治正义的哲学原则：“顺天意者，义政也；反天意者，力政也。然义政将奈何哉？子墨子言曰：处大国不攻小国，处大家不篡小家。”（《天志上》）正义的政治在国家关系上的体现就是反对一切侵略战争，主张和平，也就是墨家“非攻”的思想主张。

（三）政治正义的必要保障：“法仪”

《墨子》贤人政治与尚同思想有机结合，成为墨家理想的社会统治方式。这种统治方式固然看起来很美，但在现实的社会政治运营中，其潜在危机是非常明显的。因为这种政治图像是金字塔式的权力结构，从下到上形成了层层服从的权力关系结构。若是儒家，这比较好理解，儒家相信德性政治，统治者以身示范，形成全社会的向善效应，岂不美哉。可是，墨家对于人性没有儒家那么大的信心，《墨子》虽然没有明确表明自己的人性观念，但在《染丝》中提出了“染于苍则苍，染于黄则黄”，人性如染丝，后天的习染会让人性变化，既可能向善，也可能作恶。贤人难道就永远不会做恶吗？权力是非常诱人的双刃剑，政治体现的毕竟是现实社会中人们的关系，现代政治学告诉我们，绝对的权力必然导致绝对的腐败。[②]墨家式的贤人政治显然蕴藏着巨大的

---

① 此处与墨子“尚同”思想一致。《墨子·尚同上》：“闻善而不善，皆以告其上。上之所是，必皆是之；所非，必皆非之。上有过则规谏之，下有善则傍荐之。上同而不下比者，此上之所赏而下之所誉也。”

② 英国思想家阿克顿在《自由与权力》中指出：“权力导致腐败，绝对的权力导致绝对的腐败。”阿克顿：《自由与权力》，北京：商务印书馆，2001年，第286页。

统治危机，墨家的政治图景设计本意是建立一个节约效能的、开放的政治系统，上通下达，运行有序。但这种不完善的开放系统非常有可能因为人性的缺陷而越来越封闭，演变成一个封闭的政治系统，极有可能由贤人政治走向极权政治。

《墨子》对这种贤人政治潜在的危险性与危害性也有深刻的认识与反省，并且提出了制约危害，降低统治危险的机制与方法。《墨子》试图以“法仪”降低滥用权力运行的政治风险，“天下从事者，不可以无法仪；无法仪而其事能成者，无有也。虽至士之为将相者，皆有法。虽至百工从事者，亦皆有法”（《墨子·法仪》）。《墨子》从经验主义的视角认识到规矩的重要性，在工匠的生活中，规矩可以裁量材料，判断是非。上升到社会政治层面，工匠的规矩演变成社会的法度即“法仪”，有准则、法度的意义，已经具有我们今天所指的法律、国家制度的初步意涵，反映《墨子》已经认识到外在的具有强制力的规范对国家和社会的重要性了。《墨子》认为无论从事哪种劳动都要依照一定的法度才能获得成功，“故百工从事，皆有法所度”（《法仪》）。进而指出天子、诸侯治理天下和国家更要有准则、有法可循，倘若“无法所度，此不若百工辩也”（《法仪》）。也就是说，治理国家如果无法可依，还不如工匠们能明辨事理。这种把法当做治理国家最有效的手段，极大地提高了法律的权威，也隐含着法律至上的思想。

既然必须有准则，那么该用什么来作为准则的依据呢？与时人日常生活政治活动关系密切的无非是父母、师长与国君了。假设把父母、师长、国君作为治国的准则会怎么样呢？《法仪》说：“当皆法其父母奚若？天下之为父母者众，而仁者寡，若皆法其父母，此法不仁也。法不仁，不可以为法。当皆法其学奚若？天下之为学者众，而仁者寡，若皆法其学，此法不仁也。法不仁，不可以为法。当皆法其君奚若？天下之为君者众，而仁者寡，若皆法其君，此法不仁也。法不仁，不可以为法。”父母、师长、国君皆不可以作为法仪，墨子从经验逻辑的视角罗列了现实社会中准则效用的有限性，进而提出了更高层次的法律准则依据——“莫若法天”。墨子把“天”推到一个至高无上的地位，认为“天之行广而无私，其施厚而不德，其明久而不衰，故圣王法之”。“天”是那么的仁慈公正，又是那么的神通广大，因此，人们都必须一切效法于天、“以天为法”，听命于天、服从于“天志”。墨家所言“法仪”可以理解为古代的法律与规则，法仪的神性根源在于“天志”，经验的根据则是墨家所谓的“三表法”：“子墨子言曰：必立仪。言而毋仪，譬犹运钧之上，而立朝夕者也，是非利害之辨，不可得而明知也。故言必有三表。何谓三表？子墨子言曰：有本之者，有原之者，有用之者。于何本之？上本之于古者圣王之事；于何原之？下原察百姓耳目之实；于何用之？废以为刑政，[1]观其中国家百姓人民之利。此所谓言有三表也。”（《非命上》）“三表法”既有历史的镜鉴、现实的观察，也有理论与实践结合的行为实际效果，与墨家的经验主义的哲学思维和功利主义的伦理观一脉相承。

墨子的“法仪”说虽与现代的法治思想不尽相同，但要求树立法律至上的权威却

① “废”通“发”。

是相近的。为何墨子打着“天志”的旗号来宣扬法律至上？历史的经验使墨子认识到君主擅断可能会出现弊端与危害，必须给予必要的制约。《墨子》能突破人治而崇尚法律是难能可贵的，况且他所崇尚的是与法家所不同的“仁法”，“法不仁，不可以为法”（《法仪》）。法律的根本不是统治者简单的统治工具，而是要保护民众的利益，因而可以说墨家的法律至上观是古代思想文库中的瑰宝。

如果说“法”源于“天”，法律至上是“法仪”的根本特征，那么，法律面前人人平等则反映了墨家法律的公义性，《吕氏春秋·去私》的记载可以得到印证：

> 墨者有巨子腹䵍，居秦，其子杀人。秦惠王曰：“先生之年长矣，非有他子也。寡人已令吏弗诛矣。先生之以此听寡人也。”腹䵍对曰：“墨者之法曰：‘杀人者死，伤人者刑。’此所以禁杀伤人也。夫禁杀伤人者，天下之大义也。王虽为之赐而令吏弗诛，腹䵍不可不行墨者之法。”不许惠王，而遂杀之。

墨家之法不分亲疏远近，一视同仁，是对法律平等与尊严的维护。墨家大概认识到，只有法律有平等有尊严了，社会秩序的维护才有可能实现。与“礼不下庶人，刑不上大夫”（《礼记·曲礼》）的有选择的传统法律观念有着明显的区隔。当然，这种法律面前人人平等的哲学根据是墨家的兼爱伦理，是一种素朴的愿望，没有资料证明君主与民众同样受到法律制约。恰恰相反，秦惠王对腹䵍之子的赦免理由并非充足，说明君主具有超越法律之上的政治权力。与源于契约精神的法律面前人人平等的近代法律观念有着根本的不同。

“法”源于“天”表明，墨家对统治者权力的制约方法仍然是理想化的德性政治。所谓的“法天”与上天的意志，显然来源于中国古代思想传统的宗教意涵。“天”是有人格的，是古代早期社会的普遍观念，并且成为先民的信仰。对“天”的信仰与期待，主要表现在扬善惩恶的政治更替上。《尚书·蔡仲之命》认为“皇天无亲，唯德是辅”，这种对人格天的期待是中国古代社会思想中较为流行的一种天命观念。墨家显然受这种人格天观念的影响，“天”仁民爱物，“天志”体现底层人对社会公正的期待。我以为，这只不过是个善良的愿望，震慑作用有限。这种神性的“裁判者”不能真正阻挡那些敢于逆天的统治者，毕竟“天志”是什么，缺乏统一的标准与尺度，人们可能对“天志”做出随意性的解释，统治者最有可能利用手中的政治资源与权柄对“天志”做出有利于自己的解释，而底层人由于政治资源的缺乏与知识的有限，丧失对“天志”的解释权。所以，墨家“尚贤”与“尚同”的思想学说极有可能是通向极权政治的途径，从良好的愿望看，可能是开明专制。

四、“理想国”的目标指向

大凡思想家的政治表达不过是要应对社会诉求与发展而提出自己的解决之道，其目的是要建立一个理想的社会。墨家思想的目标是建设一个“兼相爱，交相利”的理想社会，即墨子的“理想国”，它有两个层次，不妨套用儒家的小康与大同社会理想来描述：

（一）尚贤使能，各归其位，安居乐业的小康社会

《尚贤下》有言：“今惟毋以尚贤为政其国家百姓，使国为善者劝，为暴者沮。大以为政于天下，使天下之为善者劝，为暴者沮。然昔吾所以贵尧舜禹汤文武之道者，何故以哉？以其唯毋临众发政而治民，使天下之为善者可而劝也，为暴者可而沮也。然则此尚贤者也，与尧舜禹汤文武之道同矣。”在《尚贤》作者看来，尧、舜、禹、汤、文、武的时代是尚贤使能的时代，社会之恶得到有效制止，为义向善受到提倡和鼓励，这就是上古的圣王之道。这样的圣王之道还体现在统治者勤政爱民，《尚贤中》指出：“贤者之治国也，蚤朝晏退，听狱治政，是以国家治而刑法正。贤者之长官也，夜寝夙兴，收敛关市、山林、泽梁之利，以实官府，是以官府实而财不散。贤者之治邑也，蚤出莫入，耕稼树艺、聚菽粟，是以菽粟多而民足乎食。故国家治则刑法正，官府实则万民富。”这样的社会，统治者勤勤恳恳，国家井然有序，社会公正，人民安居乐业，政府财源充足，是一个其乐融融的小康社会。如此，则民众就能如同《耕柱》篇所言：“能谈辩者谈辩，能说书者说书，能从事者从事。”也就是社会大众做到人尽其才，各安其事，这样的国家就会“人民必众，刑政必治，社稷必安”（《耕柱》）。

（二）“兼相爱，交相利”的大同理想

然而，就《墨子》的最高社会理想来说，是在人间建立一个“兼相爱，交相利”的美好社会，在这样的社会，“有力者疾以助人，有财者勉以分人，有道者劝以教人。若此，则饥者得食，寒者得衣，乱者得治。若饥则得食，寒则得衣，乱则得治，此安生生”（《尚贤下》）。在这样的社会，“上有以洁为酒醴粢盛以祭祀天、鬼，外有以为皮币与四邻诸侯交接，内有以食饥息劳将养其万民，外有以怀天下之贤人。是故上者天鬼富之，外者诸侯与之，内者万民亲之，贤人归之。以此谋事则得，举事则成，入守则固，出诛则强。故唯昔三代圣王尧舜禹汤文武之所以王天下，正诸侯者，此亦其法已”（《尚贤中》）。在《墨子》所描的绘画卷中，从信仰层面看，敬天事鬼，灵魂安处；从伦理层面看互爱互利，人心向善；从社会生活层面看，社会安定，民生幸福；从国家间关系看，大道和平，没有战争。这是一个奉行“兼相爱，交相利”的美好社会。

结　语

综观《墨子》的理想国，有政治理念，有实现途径与方法，这是底层民众的经验王国与理想社会，其社会的设计及其理念充满着农业文明中底层民众的思考与智慧，集中体现了他们的美好愿望。

从社会历史观的视角来考量墨子的理想国，可以看到，一方面，墨子及墨家学者以为，禹、汤、文、武统治的社会才是一个兼爱的理想国。《尚贤中》说："故古圣王以审以尚贤使能为政，而取法于天。虽天亦不辩贫富、贵贱、远迩、亲疏，贤者举而尚之，不肖者抑而废之。然则富贵为贤，以得其赏者谁也？曰若昔者三代圣王尧、舜、禹、汤、文、武者是也。所以得其赏何也？曰其为政乎天下也，兼而爱之，从而利之，又率天下之万民以尚尊天、事鬼、爱利万民，是故天鬼赏之，立为天子，以为民父母，万民从而誉之曰'圣王'，至今不已。则此富贵为贤，以得其赏者也。"这是墨子经验主义方法论必然得出的逻辑结论，经验主义者重视过往的经验，认为经验是获取可靠知识与认识社会最重要的资源，从经验中来，到经验中验证。墨家的经验主义知识论与农业文明及墨者的职业特征有着非常重要的关系。在墨子知识论的"三表法"中，"上本之于古者圣王之事"，就是从古代经验的视角评判现实社会的合理性。另一方面，《尚同上》认为："古者民始生，未有刑政之时，盖其语'人异义'。是以一人则一义，二人则二义，十人则十义，其人兹众，其所谓义者亦兹众。……天下之百姓，皆以水火毒药相亏害，至有余力不能以相劳，腐臭余财不以相分，隐匿良道不以相教，天下之乱，若禽兽然。"对比两段文字，可以发现，墨子所崇之古，并非越古越好，而是圣王之时代。墨子颂古非今并希望重新回到圣王时代的政治模式，显然忽略了社会变迁对政治变革的诉求。墨子对其时代的认知是建立在颂古的历史观基础上的："逮至昔三代圣王既没，天下失义，诸侯力正，是以存夫为人君臣上下者之不惠忠也，父子弟兄之不慈孝弟长贞良也，正长之不强于听治，贱人之不强于从事也，民之为淫暴寇乱盗贼，以兵刃毒药水火，退无罪人乎道路率径，夺人车马衣裘以自利者并作，由此始，是以天下乱。此其故何以然也？则皆以疑惑鬼神之有与无之别，不明乎鬼神之能赏贤而罚暴也。今若使天下之人，偕若信鬼神之能赏贤而罚暴也，则夫天下岂乱哉！"（《墨子·明鬼下》）"往者不可谏，来者犹可追"（《论语·微子》）。

墨子的理想国图景虽然美好，但其历史观却是复古的。墨家崇古的历史观在先秦诸子中并不孤单，儒家、道家也大致如此[①]。与儒家一样，墨家认为古代社会才是美好的，社会的发展背离了圣王时代的法则，导致社会失范。只不过，孔子所推崇的西周及其之前的古代社会体现了圣人治国的道德理想，尤其是西周初年的社会，所以孔子说"郁郁乎文哉，吾从周"。墨子也一样，认为从周初追溯到古代的社会正是圣王禹、汤、文、武统治的时代，在他们的统治之下，兼爱流行，尚贤任能。墨家一方面主张变革传统社会的等级观念以适应社会流动的要求，另一方面在社会理想上言必称三代圣王。这是一个矛盾的历史观，也是退步的历史观，《墨子》的思想中类似矛盾之处并不少见。这种崇古的历史观在中国历史上有着深远的影响，成为阻碍社会变革的保守力量。

墨子理想国的实现途径也值得思考。也许在以农业文明为特征的古代社会，以伦

---

① 参见李零：《丧家狗：我读〈论语〉》，太原：山西人民出版社，2007年，第377页。陈鼓应：《老子今注今译》，北京：商务印书馆，2006年，第67页。

理为本位的社会生活变迁迟缓，以尚贤、尚同为特征的政治社会有一定的现实可能性，但兼爱的伦理观对血缘社会形成张力。要求突破血缘伦理，在农业社会似乎有点水土不服。墨家的本意是理想国中平等互利，正义流行，井然有序。可是，尚同在逻辑上必然要求思想一元化，在政治上要求绝对的服从，其结果可能是一种封闭的社会政治体系。按照现代思想家波普尔的观点，墨家的理想国必然走向一个封闭的系统与社会，从善的方面看，可能是开明专制的社会体制，从恶的方面看，将是一个极权社会。于此，我们应该有清醒的认识。

宛如柏拉图的“理想国”,《墨子》的“理想国”是一个成体系的系统，从国家起源到社会目标等诸多方面均有论述，在先秦诸子中并不多见。墨家的“理想国”中的部分思想作为思想资源被儒家、法家等吸收，在中国古代政治制度及国家治理中有所体现。但作为完整模式的《墨子》“理想国”，并未在中国历史上实行过，墨家的“理想国”终究是个乌托邦图景。

A Study on the Political Philosophy of Mozi

Xie Qiyang　Wang Fuzhong
China University of Political science and Law (BeiJing,100088)

This paper centers on the text of Mozi, and studies the characteristics of Mozi’s Utopia from the aspects of the origin of state, legitimacy of political power, justice in politics and social goals.The article holds that Mozi’s thought on the origin of state is similar to Hobbes’ view of the state, but the latter is the product of the spirit of modern contract, and the former is the reflection of the thought of small producers in the agricultural civilization society. The political legitimacy of Mozi’s Utopia is mainly embodied in the thought of advocating virtue and the identification with the superior.The ethical basis of Mozi’s political justice is the theory of universal love, the way to realize it is esteeming righteousness, and the political safeguard is legal instrument, which embodies the political ethics of utilitarianism.The ideological resources of Mozi’s Utopia are partly absorbed by Confucianism and Legalism, but as a system, the “Utopia” has never been implemented in Chinese history.

（责任编辑：史大丰）

论墨家“尚同”的政法思想

马　腾

摘　要：在墨学“十论”之一，“尚同”较为显著地展现墨家有关国家秩序体制及君臣民关系问题的政法论点。现代墨学复兴之际，梁启超曾将墨子“尚同”视为一种类似“民约论”的学说，郭沫若则特地撰文予以商榷。在当代有关墨子“尚同”的思想史篇章中，对于“尚同”是否民约、是否专制的问题，诸多知名学者也在梁郭之论的基础上形成多种诠解。综观前人见解仍可从关联篇章语义、国家起源逻辑、政法历史背景各面再予探赜。墨家“尚同”是否近于民约虽可能存疑，但显现的政治法律思想之神权色彩与专制特征，正是墨学作为先秦显学影响传统政法思想的意义所在。

关键词：墨家　尚同　民约　专制　政法思想

作　者：马腾，暨南大学法学院教授（广州510632）。

“尚同”是墨学“十论”之一，甚至被视为墨学核心，①主要展现墨家有关国家秩序体制及君臣民关系问题的政法论点。“尚同”说在政治架构组织方面以抽象天子充当新统一秩序与天下公义的象征，从而最能贯彻天道普遍兼爱，周延顾及社会全民尤其弱势群体的权益。如“一同天下之义”所揭橥，“尚同”与政治一元、集权专制等政治语词脉脉相通，期望归于天下国家一统有序的图景。墨子创立“天志”“明鬼”之论，“尚同于天”颇有传统神权法思想的特征。以其神道设教的理论起点推衍，墨子与荀子对统一社会“明分使群”的经验解释具有本质差异。②而从救时之弊的现实目标而言，墨子背周道而用夏政，实则预示新王政法秩序，与孔子从周复礼颇为不同，亦具有联接法家理论的理解向度。现代墨学复兴之际，学界对于如何诠解墨家“尚同”理论莫衷一是，仍属于现代诠释古典政法思想的一个显著议题。

① 杨俊光认为墨学的核心在于“尚同”，“兼爱”居于次要的地位。不过，这是一种少数观点。（杨俊光：《墨子新论》，南京：江苏教育出版社，1992年，第79页。）

② 梁启超认为：“荀子从物的方面观察以为非组织社会无以剂物之不赡；墨子从心的方面观察，以为非组织社会无以齐义之不同。”参见梁启超：《先秦政治思想史》，天津：天津古籍出版社，2003年，第152页。

一、墨子“尚同”说的基本宗旨分疏

通观《墨子·尚同》三篇，尚同说之要义可先从若干层面予以概说：

其一，“尚同”就是“上同”，旨在维系政治理念的一元性。“天子发政于天下百姓”，里长、乡长等各级官员“顺天子政而一同其里之义”，“一同其乡之义”。进而，“尚同而不下比”是申明权威向度的组织保证。世俗社会中一切都尚同于天子，这是墨子尚同说呈现集权趋向的重要理念。如冯友兰说：“墨子便是以侠士的精神，扩而充之。墨子又讲‘尚同’，即上行下效的铁律。”[①]这种上行下效的军伍秩序体制也能在“城守各篇”中窥见。当然，就《尚同》篇文而言，“上有过则规谏之，下有善则傍荐之”可视为对“上同而不下比”的平衡之道，则不至流于国家政府机械主义。

其二，“尚同于天”是尚同说的最终归宿，富有神权色彩。“天下之百姓，皆上同于天子，而不上同于天，则灾犹未去也。”（《墨子·尚同上》）尚同说与“天”紧密相连，作为墨家定义的超越权威，“天”的观念开辟“尚同”通往“天志”的路径，故有将“尚同于天子”上升到“尚同于天”之主张。同时“立天志以为法仪”，作为评价天子行为的尺度。《墨子·天志上》：“天子有善，天能赏之。天子有过，天能罚之。”[②]从而，尚同所构建之政治社会富有一种神道设教的意味，严格就其学说而论属于以教统政、政教合一形态的政府构设方式。

其三，“下情上达”“上下通情”可谓“尚同”的运转样态。《墨子·尚同中》曰：“古者圣王唯而审以尚同，以为正长，是故上下情请为通。上有隐事遗利，下得而利之；下有蓄怨积害，上得而除之。”“下情上达”和“尚同于上”合而达成“上下通情”。依循社会思想史视野，可以说这反映出底层民众、小生产者向王公大人表达自身利益、参政议政的诉求。当然，与其容易将它自然地等同于民主理念与机制，毋宁说更是应合了邦国集权的趋势。墨子也许设想的是如何因势利导扩而充之，成为可以实现其心目中“一同天下之义”的善政。“下情上达”不只是一种议政理念，还要求各级政府生成高效的信息传输机制，实现“天子之视听也神”。[③]

其四，“尚同”还塑造墨家关于法律体系的理念。在法律思想史的著述中，主要将“尚同”或“一同天下之义”提炼为墨家的法律起源论。[④]墨子主张制定法律，运用刑罚保障“尚同”，从而实现天下之治。“计上之赏誉，不足以劝善，计其毁罚，不足

---

① 冯友兰：《三松堂学术文集》，北京：北京大学出版社，1984年，第371页。

② 墨子还以史为鉴，以三代圣王暴君的正反事例为佐证。《墨子·法仪》：“昔之圣王禹汤文武，兼爱天下之百姓，率以尊天事鬼，其利人多，故天福之，使立为天子，天下诸侯皆宾事之。暴王桀纣幽厉，兼恶天下之百姓，率以诟天侮鬼，其贼人多，故天祸之，使遂失其国家，身死为僇于天下。”

③ 关于墨家“下情上达”之说，理解歧异显著。刘泽华认为是“特务系统”，徐希燕则理解为“智囊库系统”。参见徐希燕：《墨学研究：墨子学说的现代诠释》，北京：商务印书馆，2001年，第132页。

④ 一般倾向于肯定这种法律起源论的国家强制力，但否认这是将君权绝对化。参见李光灿、张国华总主编：《中国法律思想史新编》（一），太原：山西人民出版社，2000年，第377-378页。

以沮暴。此何故以然？则义不同也。”（《墨子·尚同下》）如果赏誉毁罚暴露出上下之义不同的弊病，那就应使之回归“尚同”的运转原理。为此，应当充分使用奖赏的引导力与刑罚的威慑力，即“赏誉以劝善，刑罚以沮暴”，“得善人而赏之，得暴人而罚之也。善人赏而暴人罚，则国必治矣。”（《墨子·尚同下》）由此可见，“赏”与“罚”是治理国家最重要的手段或措施，《墨经》更明确赋予赏罚以一种上下权利义务关系的解释，“赏，上报下之功也”，“罚，上报下之罪也”（《墨子·经上》）。赏刑功能框定于维系政治系统与君臣顺洽关系之“合同”义涵，其最终目的是保障“尚同”体制的形成与实施。在“城守”诸篇的军事法律实践中，也可看到依循“尚同”以明饬上下关系。

二、关于“尚同”类似民约论的争辩

“尚同说类似民约论”之争是墨学研究史上的一场重要论战，深富近代墨学复兴路途中的治学旨趣。这要从呼吁“学墨救国”的梁启超说起。梁氏认为墨家“尚同”与西方“民约论”相类似，在专门研究墨学的著作及其他论及墨学的语境中，一贯秉持这一观点：

（1）“天子……由万民选择而立”，不但天子由民选择，天子以下各级统治者也一概由人民选举：“其所谓公卿诸侯乡长里长家君者，果由上所命耶？抑由下所举耶？原文不甚分明，以全体理论推之，殆一出于选举也。”①

（2）墨子所说，与欧洲初期之“民约论”酷相类……其说是否正当，自属别问题，而中国二千年前之墨子，正与彼辈同一见解。②

（3）墨子……说：“明乎天下之乱生于无正长，故选择圣贤立为天子，使从事乎一同。”什么人“明”？自然是人民“明”。什么人“选择”？自然是人民“选择”。什么人“立”，什么人“使”，自然是人民“立”，人民“使”。这种见解，和那说“天生民而立之君”的一派神权起源说，和那说“国之本在家”的一派家族起源说都不相同。他说国家由人民同意所造成，和“民约论”同一立脚点。③

（4）言国家之起源，由于人民相约置君，君乃命臣。与西方近世民约说颇相类。④

① 梁启梁：《子墨子学说》，《饮冰室合集》专集三十七，北京：中华书局，1989年，第40页。

② 梁启超：《先秦政治思想史》，第152页。

③ 梁启超：《墨子学案》第五章《墨子新社会之组织法》，《饮冰室合集》专集三十九，北京：中华书局，1989年，第28页。

④ 梁启超：《墨经校释》，《饮冰室合集》专集三十八，北京：中华书局，1989年，第17页。

梁启超对墨学复兴功绩甚著，亦堪称墨学巨擘，以上著述多次以“民约论”比附“尚同”，以致“深入人心，至今牢不可拔”（郭沫若语）。后来也就不乏认同梁说之论者，如王桐龄、冯友兰、侯外庐等。

王桐龄于1922年撰《儒墨之异同》一书，顾名思义，致力于儒墨思想的比较研究。王氏认为，在国家起源问题上儒墨显著不同，儒家主张国家起源于家族，墨家主张国家由民意产生，类似西方“民约论”，甚至与欧美共和国政制暗合：

> 近世欧陆诸贤，若Hobbes，Locke，Rousseau等，皆以为国家制度未成立以前，人人恣其野蛮之自由而无限制。既乃不胜其弊，始相聚以谋辑睦之道，而民约立焉。墨子之论国家起源，与民约论派学说相近。所谓“一人一义，十人十义”者，即意欲自由之趋于极端者也。其谓“明乎天下之所以乱者生于无政长，故选择贤可者立以为天子”者，谁明之？民明之。谁选择之？民选择之。谁立之？民立之。此种理想与现今欧美各国所行之共和国体暗合。[①]

既然“十人十义”，又何以“民约”，为此冯友兰似乎试图用“后来的人”的叙述措辞缓解这一矛盾，以回避这一问题：

> “天下之乱，若禽兽然。”后来的人“明乎天下之所以乱者，生于无政长，是故选择天下之贤可者，立以为天子”。他认为这就是国家的起源。[②]

侯外庐则补充道，应当将民选民约与墨子“兼爱”论中的“思想试验”结合起来，即询问一般人们对“兼君”与“别君”、“兼士”与“别士”的选择，对应于尚同论中“选”的问题，从而形成这么一段富有启发的论述：

> 在“别”的社会，他想做出了选择“兼君”的故事，在不同的政治中，于是也想象出选择“同君”或同“天子”了。这里的“选择”，又是一个假定，忽然来了一群万民甄别试验统治者……《尚同上》还说：“选择天下之贤可者，立为天子。”因此，所谓“同”是“同意”之“同”，意指天鬼和人民都同意。如果略去天鬼的一句空话，剩下的就是天子由民选举……这里的说法或曾经其门人补足，或被后期墨家修正，如《经说》“君臣萌通约也”。但《兼爱》篇“择即取兼”之假定，与此说一贯。由此看来，墨子的“选择”政长论是进步的，我们不能因天志之说就否定其价值。[③]

---

① 王桐龄：《儒墨之异同》（《政治观念之比较·对于国家及主权者之观念》），《民国丛书》第四编第五册，上海：上海书店，1992年，第60页。

② 冯友兰：《中国哲学史新编》（上卷），北京：人民出版社，1998年，第234页。

③ 侯外庐、赵纪彬、杜国庠：《中国思想通史》（第1卷），北京：人民出版社，1957年，第214页。

另一方面，梁启超这种独出机杼的诠解也引发些许疑义，郭沫若率先发难。郭沫若在1923年已撰就一篇名为《读梁任公〈墨子新社会之组织法〉》的文章，[①]就专门对这一观点深加质疑。之后，方授楚、萧公权、刘泽华、李泽厚等著作中也承其余绪，提出与梁启超迥然不同的诠释观点。

郭沫若在《读梁任公〈墨子新社会之组织法〉》一文中与梁启超针锋相对："到底是什么人'明'，什么人'选择'呢？可惜文章没有主格。在民约论者看来，自然'明'者是人民，'选择'者也是人民，故尔墨子也就成为了二千年前的中国卢梭。"[②]进而，郭沫若把墨子尚同说定性为君权神授，认为"尚同与尊天相应，尚贤与明鬼相应"。[③]

方授楚也通过细致比较《尚同》诸篇语义而提出质疑，不过最终归于一种推断性的结论，认为是墨翟本人主天选，墨家后学主民选。方氏《墨学源流》一书中说：

> 然则选择天子者谁耶？此于选择上无主词，颇为暧昧，《尚贤下》（注：应为《尚同下》）则曰："是故天之欲一同天下之义也，是故选择贤者立为天子。"则选择者为天，乃王权神（天）授说也。故天子须对天负责。……天子既须对民负责，则选择之者亦人民欤？《尚同上》曰："是故选择天下之贤可者，立以为天子。"此或墨家后学，修正墨子之说，改天选而为民选也。[④]

萧公权更从历史文化背景与墨家话语成分的角度加以辨析，提出质疑：

> 墨子既无民选之明文，而其思想系统以及历史背景均无发生民选观念之可能……吾国古代传说有传贤禅位之事，然民选君长则绝未之闻……故曰民选之说为历史背景所不许也。若放弃臆说专就墨子思想之大体推论，则天子之创立出于天志，而非由民择。
>
> 墨子如果有此新说，岂不加以发挥，而只数语了之？[⑤]

刘泽华则以其传统政治思想的批判立场，认为墨子的思想体系不应具有民选观点：

> 墨子崇尚鬼神，认为天神主宰一切，并一再宣扬天子也要受天的指挥。所以从墨子的思想体系看，天子不是由民选举的，而是由天选举的。[⑥]

---

① 该文最初发表于《创造周报》，后编入《文艺论集》，也成为后来《青铜时代·墨子的思想》《十批判书·孔墨的批判》所持墨学批判观点之主体。

② 郭沫若：《青铜时代·墨子的思想》，《郭沫若全集》（历史编第1卷），北京：人民出版社，1982年，第467页。

③ 郭沫若：《十批判书·孔墨的批判》，《郭沫若全集》（历史编第2卷），北京：人民出版社，1982年，第112页。

④ 方授楚：《墨学源流》，北京、上海：中华书局、上海书店1989年影印，第84—85页。

⑤ 萧公权：《中国政治思想史》，北京：新星出版社，2005年，第93页。

⑥ 刘泽华、葛荃编：《中国古代政治思想史》，天津：南开大学出版社，2001年，第145页。

李泽厚侧重于以小生产劳动者的特征为立足点，分析墨家学说的基本性质（包括其他历史影响问题）：

> 尽管以现实功利为基础，墨子的社会政治原则并不建立在近代个人之间的平等契约论的原理之上，而是建立在每个人都必须服从人格神主宰的基础之上。[①]

尽管海外汉学家对墨家的理解往往带有尊儒辟墨的痕迹，却也从异域视野评判墨家“尚同”的政法理念。先看英国汉学家葛瑞汉的理解：

> 这使人们想起了西方原始社会的契约；但这里无论如何并没有用自由来换取政府公益的协议，且没有强调人民全体选举执政者。[②]

美国汉学家顾立雅显然直接视为“天选”，并从后来崩坏的角度进行质疑：

> 墨子提倡一种严丝合缝的国家组织，以其称之为“尚同”（在此似乎流露出对意愿与心志的认同）的原则黏合。墨子认为，人们最初生活在一种混乱的状态中，有如托马斯·霍布斯（Thomas Hobbes）的“原始状态”，作为主神的天为人们选立天子而摆脱混乱……墨子说古代确实如此，却没有怎么完整解释为什么后来就不行了，进而才导致天下弊病。按墨子尚同服从的要求，既然思想同步与上级保持一致，那么下级何以抗议恶的上级，对此人们可以质疑。[③]

从文本语义、话语比重、历史背景、思想体系、学说特征、契约论原理等诸多方面进行比较之后，民国以来持怀疑或反对意见的学者越来越多，均旨在阐明“尚同”论的神权与君权思想，从而揭示其与民约论的本质差异。“尚同”与民约论的关系如何理解，大概也就成为近现代思想史述及墨学的一个重要分野。

三、基于民约之争的“尚同”涵义再探

（一）“尚同”论的关联篇章语义

《墨子·尚同》有上中下三篇：

> 古者民始生未有刑政之时，盖其语，人异义。是以一人则一义，二人则

---

① 李泽厚：《新版中国古代思想史论》，天津：天津社会科学院出版社，2003年，第55页。

② 葛瑞汉：《论道者：中国古代哲学论辩》，张海晏译，北京：中国社会科学出版社，2003年，第58页。

③ 顾立雅：《中国思想》，马腾译，香港：香港三联书店，2023年，第66—67页。

二义，十人则十义……天下之乱若禽兽然。夫明乎天下之所以乱者，生于无政长，是故选天下之贤可者，立以为天子。(《墨子·尚同上》)

明乎民之无正长以一同天下之义而天下乱也，是故选择天下贤良、圣知、辩慧之人，立为天子，使从事乎一同天下之义。(《墨子·尚同中》)

是故天下之欲同一天下之义也，是故选择贤者立为天子。天子以其知力为未足独治天下，是以选择其次立为三公；三公又以其知力为未足独左右天子也，是以分国建诸侯；诸侯又以其知力为未足独治其四境之内也，是以选择其次立为卿之宰；卿之宰又以其知力为未足独左右其君也，是以选择其次而立为乡长、家君。(《墨子·尚同下》)

"天选"与"民选"两说之争论点在于《尚同》诸篇"选"之主语的厘定与理解。由于三篇版本大同小异，且《尚同上》与《尚同中》两句均无主语，主语应该是"天"还是"民"(或"天下")就成为争论的前提。

既然上、中二篇均未明主语，对主语的判断自然带有前见预设，难免取决于主观上对"尚同"理想的不同领悟。关于主语判断的分歧，还有待从几个方面对语义逻辑进一步厘清：

(1)"欲"的主语："天下"与"天"

《尚同下》言"是故天下之欲同一天下之义"，如此看来，主语应该是"天下"。然而，孙诒让认为，第一个"下"字是衍文，应改为"是故天之欲同天下之义"，并以先儒毕沅"《文选》注引作'古者(天下)同天之义'"为证。孙诒让《墨子间诂》一向被奉为《墨子》的权威注本，"天选君主"就成了墨家政治思想的基本认识。考察其它注解，曹耀湘《墨子笺》、张纯一《墨子集解》皆从孙诒让《墨子间诂》，视"下"字为衍文而删去。[①]不过，也有学者持不同看法。陈顾远便认为天选是说不通的，墨子这里讲的是民选问题，从而此处并不存在衍文。[②]此外还有一种新诂，即"是故天下"之后有"之人"两字脱文，应该是"是故天下之人欲同一天下之义"，或曰"天下"本可理解为"天下人"。[③]于是，根据这三种意见，"天""天下""天下之人"均有可能作为主语。如若无其他确证，则遵从原文，似不宜随意视"下"字为衍文，当属相对严谨的判断。不过，"天下之欲同一天下之义"虽未必直接突出"天选"，但是否就得以证成"民选"，仍然值得商榷。

(2)"选"的主语：?—天子—三公—诸侯—卿之宰

梁启超所说"以全体理论推之，殆一出于选举也"，他预设的前提是墨子言"新社会组织法"之时，从天子到家长的"选"是作为同一主体理解。言下之意，此"同一

① 王焕镳认为"墨子以天治天子，为其学说之要义"，故亦赞同前人注解。参见王焕镳：《墨子集诂》，上海：上海古籍出版社，2005年，第276页。

② 参见陈顾远：《墨子政治哲学》，上海：泰东图书馆，1923年，第42—43页。

③ 陈雪良：《墨子答客问》，上海：上海人民出版社，1997年，第198页。

主体”为“人民”更为合逻辑，因而才有日后《墨子学案》“自然是人民”的说法。

不过，注意《尚同下》之行文，“天子”“三公”“诸侯”“卿之宰”分别是每一句的主语，相应地，“三公”“诸侯”“卿之宰”“乡长、家君”由谁选，便一目了然。正如郭沫若所批判，梁氏完全不顾分句主语的层层递进，将“选”的主语整齐划一为“民”，显失其义。至于这些层层选拔是否本质上都出于“民选”，其实很难代替墨家说清。考察各句主语，更应发现的是主语由上级往下级递降的规律，“各下一级的政长都是由其上一级‘选择’决定的”[①]。那么，正如同“三公”由“天子”选择，“天子”是由“天”选择的。至于这个“天”是否有回归于“民”或“天下之人”的路数，则属更进一步的问题。

可见，梁氏欲以西方“民约论”比附墨子“尚同”，在对《尚同》篇语义分析方面显然有不周之处。“公卿诸侯乡长里长家君”等各级统治成员“殆一出于选举者也”的说法违背原文逻辑。自天子以下直至“乡长家君”，都是自上而下地由上一级统治者层层选择，并无民众选举之意。沿此“尚同”规律，天子应由作为其上级的“天”来“选立”。

（3）《尚贤》《天志》诸篇的旁证

《墨子》一书有关“天子”起源的表述不止见于《尚同》，这方面的旁证早已为郭沫若所察觉并运用。以郭氏之归纳整理为基础，我们可将其他篇章有关选立政长的表述胪列于下：

> 古者上帝鬼神之建设国都，立正长也。（《墨子·尚同中》）
>
> 昔之圣王禹汤文武，兼爱天下之百姓，率以尊天事鬼。其利人多，故天福之，使立为天子，天下诸侯皆宾事之。（《墨子·法仪》）
>
> 然则富贵为贤以得其赏者谁也？曰：若昔者三代圣王尧舜禹汤文武者是也。所以得其赏何也？曰：其为政乎天下也，兼而爱之，从而利之；又率天下之万民，以尚尊天事鬼，爱利万民。是故天鬼赏之，立为天子，以为民父母。（《墨子·尚贤中》）
>
> 三代圣王禹汤文武……其事上尊天，中事鬼神，下爱人，故天意曰：此之我所爱，兼而爱之，我所利，兼而利之……故使贵为天子，富有天下，业万世子孙。（《墨子·天志上》）
>
> 吾所以知天之爱民之厚者有矣，曰……为王公侯伯，使之赏贤而罚暴。（《墨子·天志中》）

以上散见于《墨子》各篇有关选立天子的表述，主语分别为“上帝鬼神”“天”“天鬼”“天意”。由此，郭沫若断言：“墨子是一位极端的神权论者，他的

① 杨俊光：《墨子新论》，第71页。

'天志'是他的法仪规矩。"[1]

毋庸讳言，这是《墨子》一书主张天子政长由天（鬼）选立的重要证据，一再提到"天意""天选"，如若反倒要说《尚同》主张天子政长应由民选，能否可以相容？方授楚认为，可能是前后期的不同主张，侯外庐坚持"择则取兼"之重要印证，或许"天选""民选"兼容可能无非是一种"天听自我民听"的古老逻辑。徐希燕则另辟蹊径，提出一种"民选+王选"的选举制解说。[2]惜乎综观其论述，重点不在于"民选"，甚至无"民选"成分，大抵只是众臣推举、众望所归之类的寡头政治。而且，近代疑古派认为禅让说起源于墨子，理据甚为充分，[3]因而，即便墨家巨子遵循禅让制而非世袭制，决定权仍归于巨子意志。

（4）《墨经》中"臣萌通约"与"以若名者"释诂

梁启超以民约论比附尚同说，不仅在《子墨子学说》《先秦政治思想史》《墨子学案》提及《尚同》义理，尚有一重要论据，即《墨经校释》中对《墨经》两句话的解释：

> 君：臣萌（同氓）[4]通约也。（《墨子·经上》）
> 君：以若名者也。（《墨子·经说上》）

孙诒让断句为"君、臣、萌，通约也"，解释为"尊卑上下等差不同，通而约之，不过此三名"。然而，梁启超《墨经校释》曰，"通约"为共同约定，"若"是"约"的意思，以佐证墨家主民约论之观点。主张王选"通约"即"共同约定"。故"君，臣萌通约也"意为"天子、国君是由臣民共同约定而立的"。[5]

郭沫若认为"通者统也，约者束也"，就是臣民统束；"君以若名"与其说"若疑当作约"，毋宁说"若疑当作莙"，进而举出《说文》"莙读若威"、《墨子·明鬼下》"敬莙以取羊（祥）"两个用例旁证，认为"君以威名者也"合乎墨子思想的实际。[6]

其实就"臣萌通约"一句，不仅"通约"的含义有分歧，"萌"的解释也有分歧。毕沅注："此释《经上》'君、臣，名通约也'。名，《经上》作'萌'，误。"孙诒让则注："《经》云'萌'，即氓字，不误。此言君之名，对臣民而立，故云'以若名'。若，即指臣民也，毕说非。"[7]而就"以若名者"一句，亦可见梁启超与郭沫若均对"若"另

---

① 郭沫若：《青铜时代·墨子的思想》，第468页。

② 参见徐希燕：《墨学研究：墨子学说的现代诠释》，第113–118页。

③ 参见顾颉刚：《禅让传说起于墨家考》，吕思勉编：《古史辨》（第七册下编），上海：开明书店，1947年，第30–109页。

④ 至于"萌"的释义，姜宝昌认为："萌同音假借为氓，氓又通民。"姜宝昌：《墨经训释》，济南：齐鲁书社，1993年，第55页。《说文》云："氓，民也。"又云："民，众萌也。"故"萌"当为"民"无疑。

⑤ 参见徐希燕：《墨学研究：墨子学说的现代诠释》，第114、115页。

⑥ 郭沫若：《青铜时代·墨子的思想》，第468–469页。

⑦ 孙诒让：《墨子间诂》，北京：中华书局，2001年，第338页。

行解释，而不同于孙《间诂》所释“若”之本义。

除以上两种大相径庭的解释外，詹剑峰把关于“通约”的两种解释统一起来，并将“若”解释为“顺”：

> 《经上》说：“君，臣萌通约也。”（萌通氓）
>
> 《说》解释：“君：以若民者也。”（若，顺也）

约是约定，也是约束。一经约定，就有约束的力量。所以“君，臣民通约”者，就是臣氓相约立君以“一同天下之义”，而君则行“天下同一的大义”，发宪布令，以约束臣氓，臣氓必须遵守宪令，服从约束。《说》则阐明君之发宪布令以顺乎人民的愿望。《尚同中》篇也指出：“夫建国设都，乃作后王君公……将以为万民兴利，除害，富贫，众寡（人口少，使之多），安危，治乱也。故古者圣王为政若此。”以证明“君，以顺民者也”。①

论者聚讼纷纭，在此仍有必要考察这些争议关键词在《墨子》一书的通常含义。“通”字在《墨子》中出现次数不少：

> 故古者圣王，唯而审以尚同，以为正长，是故上下情请为通。（《墨子·尚同中》）
>
> 汤奉桀众以克有，属诸侯于薄，荐章天命，通于四方，而天下诸侯莫敢不宾服，则此汤之所以诛桀也。
>
> 成帝之来，分主诸神，祀纣先王，通维四夷，而天下莫不宾。（《墨子·非攻下》）
>
> 行义可明乎民，谋虑可通乎君臣。（《墨子·非儒下》）

除“通维四夷”或有统治之意，“通”多为“通达”或“共同”之意。

“约”在《墨子》书中一般表示“节约”的意思，不见有“约定”或“约束”之义，在此不一一罗列。

“若”在《墨子·经上》有相似用例：“法，所若而然也。”毕沅、谭戒甫均释为“顺”；②“名”则要么为名义，要么以为“民”之讹，但都指明“君以顺民定名”之涵义。若如此，则与詹剑峰对“君：以若民者也”的统合解释相通。

综上，对“通约”与“若”歧见颇多，虽亦不乏统合解释，但仍有模棱两可、似是而非之感。尤其是“若”的解释，“不能保无夺佚，无法强解”（郭沫若语）。③因此，

---

① 詹剑峰：《墨子的哲学与科学》，北京：人民出版社，1981年，第71页。

② 参见谭戒甫：《墨辩发微》，北京：中华书局，1987年，第152页。

③ 郭沫若：《青铜时代·墨子的思想》，第469页。

希图《墨经》词义达诂以求达成《尚同》篇的确解，仍有勉强不足。

（二）"尚同"论的国家起源逻辑

《尚同》开宗明义，确是以墨子所欲描绘"古者民始生，未有政长之时"的初民社会形态为始："是以一人则一义……十人则十义……是以人是其义，而非人之义，故交相非也。是以内者父子兄弟作怨恶，离散不能相和合。天下之百姓皆以水火毒药相亏害……"一言蔽之即"天下之乱，若禽兽然"，与西方"民约论"者相比立于同一论旨，尤其较诸霍布斯以犹如虎狼争斗描述原始状态，可谓若合符节。[①]

"十人十义""交相非"的消极陈说为这种设想的"原始状态"涂上灰暗色彩，从而，国家天子法律的产生，就顺理成章地趋于一种积极向度的文明诠释。观其逻辑，墨子在对人类社会原始状态的认识上，具体是在对社会道德伦理之"义"的判断上，应当说是只论其异不言其同。实际上，"十人十义"这种理论假设的显著冲突，可能掩藏了异中有同的现实经验状况。所以乍看起来，墨子所言"十人十义"凸显人们出于自身利益的情感冲突，而不利于直接呈现"一同天下之义"所需的理性化路径，及其在秩序原则及根本问题上达成共识的可能。

进而言之，若墨子秉持天子由"民选"的观点，则必须要承认，原始状态中天下人对"贤良、圣知、辩慧"的认识已经具有统一标准。但这与"十人十义"状况的矛盾是难以化解的，郭沫若便指出这一症结，"一万个人可以选出一万个政长"，是不可能"共明、共选、共立、共使"的。[②]又或许可以说，在选择天子或政长之前，天下人既然已经在大是大非问题上实现天下同义，选立政长来"一同天下之义"的理论必要也就存疑了。因此，墨家在异同逻辑上似乎很难周全，既以极端消极的理论假设极言人类之差异"异中有同"，又要持"民选"这一颇费折衷调和的方案实现"一同天下之义"，如此一来，人们便不免指出"尚同"学说中存在这一显而易见的悖论。

或许认为包括霍布斯在内的一般"民约论"也可能存在这一"悖论"。原始状态下的人们在资源稀缺的情况下，出于保护自我的本能和生存的欲望陷入相互斗争的状态，又出于理性让渡自己的权利共同建立"利维坦"。虽西哲有关本能、欲望之言说不似墨家伦理上"义"的异同逻辑难题，而以政制层面上之"利维坦"统括统一政治社会的道德，但是所谓"共同遵守"的自然法仍会面对其契约论中斗争状态的原始人原先违反自然法的事实。[③]毕竟，如果墨子假设"十人十义"的目的是提出在主体上"天"具有超越性的"一同天下之义"，就并非趋向于从"人"或"民"来解决问题。

---

① 参见霍布斯：《利维坦》（第十三章《论人类幸福与苦难的自然状况》），北京：商务印书馆，1985年，第92—97页。

② 参见郭沫若：《读梁任公〈墨子新社会之组织法〉》，《创造周刊》第7号，1923年6月23日。

③ 霍布斯罗列其心目中的"自然法"，并总结为"己所欲，施于人"（中译本用语），这与霍布斯描述的斗争原始状态下人们的虎狼争斗截然反差。

冯友兰试图用“后来的人”之叙述策略为墨子的尚同论圆说。[1]冯友兰说，民选之“民”并非原始状态之民，而只是在国家状态之后的一种选举制度。究其意蕴，即其“民约论”旨在对“后来的人”的意愿有所影响，而非特为“之前的人”的转变做出解释。然而，“民约论”之“民”可否抽离该理论模式及原始状态的特定语境，视为经验性的已成国家政制格局下“后来的人”？“初民”与“后来的人”关系如何？这些问题可能颇有疑义。不过，依循这一前一后的变化逻辑，某种“由异而同”的理解方式得以浮出水面。

在此，应体察依循墨家义利论之显著思路，“十人十义”的差异性表述可能只是一种情境化的利益冲突，以之描绘影射人类社会广泛的矛盾斗争与相互侵夺。“一同天下之义”的可能正是因为墨子认为，人们能在“十人十义”的现实纷争情态中共同发现可以达成基本共识的原则。即便曾经“若禽兽然”，可人类社会总有异于动物丛林世界斗争状态的品性，而将追求一个和平尚同的理性世界。设想原始状态中，人们尽管以残酷的复仇体现那种矛盾斗争的关系，却仍可能最终达成化解纷争停止复仇的共识，那就是苦于无序与不安而寻求约定、规则的出路。究其逻辑原理，《墨子·经上》正有一语揭明奥义：“同，异而俱之于一也。”《大取》又云：“有其异也，为其同也，为其同也异。”正如陈孟麟所解：“‘同’是离不开‘异’的，离开异，无所谓同。所以，‘异’存在于‘同’之中，‘异’是‘同’的规定性，反之亦然，同异对立是相对的、双向的和灵活的。”[2]申言之，人类所以能形成社会共同体，便是这样一个摆脱丛林法则、建立理性规则、由异而同从而“一同天下之义”的过程，拯救或维系社会共同体也不外乎一个求同存异、合同共处的机理。如此，则从“十人十义”之“异”的逻辑，到“一同天下之义”之“同”的逻辑，隐含墨子及其后学建言立说、感化世人的苦心孤诣。诚然，“由异到同”的逻辑可能理顺，甚至还能呈现墨家对人类社会与法制起源的理性认识。但是，民选君主之说仍难以从中清晰反映。相反，不管学说思想还是历史事实，君或贤人的横空出世，反而是促成这种“由异到同”的关键。[3]

于是，既然墨子做出原始状态下“十人十义”的理论预设，就显露凭恃超越性的“天”之绝对权威与“天下公义”的公共价值，从而实现“一同天下之义”之意旨，“民约”也仅在共识之社会规范的意义上得到微弱呈现，而非真正破天荒地创造“民选

---

① 参见冯友兰:《中国哲学史新编》(上卷),第234页。

② 陈孟麟:《〈墨辩〉在哲学社会科学领域对墨子思想的突破》,张知寒、李广星主编:《墨子研究论丛》(二),济南:山东大学出版社,1993年,第96页。

③ 据《金史》记载,早期完颜部族交恶哄斗而萌生回归和平之愿,在始祖完颜函普引导下立约、建法、奉君的过程,堪称后世正史中关于这一逻辑的典型体现。《金史·本纪第一》:“始祖至完颜部,居久之,其部人尝杀它族之人,由是两族交恶,哄斗不能解。完颜部人谓始祖曰:‘若能为部人解此怨,使两族不相杀,部有贤女,年六十而未嫁,当以相配,仍为同部。’始祖曰:‘诺。’乃自往谕之曰:‘杀一人而斗不解,损伤益多。曷若止诛首乱者一人,部内以物纳偿汝,可以无斗,而且获利焉。’怨家从之。乃为约曰:‘凡有杀伤人者,征其家人口一、马十偶、牸牛十、黄金六两,与所杀伤之家,即两解,不得私斗。’曰:‘谨如约。’女直之俗,杀人偿马牛三十,自此始。既备偿如约,部众信服之,谢以青牛一,并许归六十之妇。”

君主”这一尚存疑义的政制设计。萧公权说：“墨子如果有此新说，岂不加以发挥，而只数语了之？”我们也可以追问，墨子如果有此新说，岂不会在诸子时代引发争鸣？

（三）“尚同”论的政法历史背景

“民选君主”不仅在理论逻辑上有疑义，在历史事实上也缺依据。若立足于墨家所倡“公义”诠释“尚同”所显露的公共选择与秩序价值，不乏广厚的空间。至于“尚同”与具象化“民选”之间不啻天渊，根本原因还在于，类似民约民选的思想缺乏历史渊源和现实土壤：

一方面，就传统政法思想而言，不论是在墨子生活的时代以前，还是在墨子时代之后直至近代，中国传统政法思想上的“君权神授”始终是王权国家意识形态之大本大宗。追溯殷商时代，王朝的君主即为相对于上帝的人间君王，其权力来源于天即上帝的授予。[①]殷周鼎革之际，周初统治者用“以德配天”饰言政治合法性，仍不逃君权源于天授之言说，如“天命靡常”（《诗·大雅·文王》）、“惟德是辅”（《尚书·周书·蔡仲之命》）、“皇天上帝，改厥元子”（《尚书·周书·召诰》）。而东周显著话语中，从“天生民而立之君”（《左传·襄公十四年》）之类言论，至儒家孟子叙述《尚书》“天视自我民视，天听自我民听”之语，不仅作为一种形式上口口相传的政治谚语，实际上也成为传统政法文化中的根基观念。刘家和指出：“中国古代的民本思想是少不了一个‘天’来起调剂作用的。”[②]其间墨家亦如是，在“尚同于天子”所强调的君权与“兼爱天下”所弘扬的民权之间，天志起到某种调和作用，试图让集权尚同避免沦为暴政，使爱民尚贤不至流于无君。以至汉代独尊儒术的前夕，董仲舒《天人三策》完全将“君权神授”之说注入儒家学说体系，或认为与墨家“天志”“明鬼”观有一定联系，其实也是基于一般观念与现实土壤的必然。

另一方面，历史上之中国从未有过民选君主之事实，而墨家本身所涉及的禅让制传说、巨子制运转也将推翻民选之说。一方面，即便假设以血缘为纽带的氏族公社时代曾有过“民选”首长的历史，然所谓的氏族首领、酋长或族长在性质上不同于显著政治学意义的国家君主。另一方面，墨子取法大禹、遥宗圣王，曾对三代的禅让制推崇备至。《墨子·尚贤上》云：“故古者尧举舜于服泽之阳，授之政，天下平。禹举益于阴方之中，授之政，九州成。汤举伊尹于庖厨之中，授之政，其谋得。”不管历史事实是否如此，在墨子理念中，上古圣王并非民选，而是禅让。这种退位让贤的传说或许是墨子尚贤思想的源泉，又或许是一种杜撰。反观民选君主的思想，以及王桐龄所谓近乎现代共和政治的情形，在墨子时代乃至更为久远的上古时代均无事实基础，持论者往往也不就此谈论。更何况，观诸规模远小于邦国、或许更具选举条件的墨家集

---

① 《尚书·西伯戡黎》：“天子！天既讫我殷命，格人元龟，罔敢知吉。非先王不相我后人，惟王淫戏用自绝。故天弃我，不有康食。不虞天性，不迪率典。今我民罔弗欲丧，曰：‘天曷不降威？大命不挚？’今王其如台？”“王曰：‘呜呼！我生不有命在天？’”

② 刘家和：《〈左传〉中的人本思想与民本思想》，《历史研究》1995年第6期。

团本身，墨子之后，墨家学派首领号称“巨子”，其传位规则可能与“禅让”传说有关，有如“佛教的衣钵相传”[①]，而不见经由所有墨徒共同选举产生之记载。《墨子·备梯》所见“禽滑厘子事子墨子三年”，墨子“樵禽子”而教守道之事不妨视为巨子传位的前奏；《吕氏春秋·离俗览·上德》载墨家“巨子”孟胜传位于田襄子之事：“田襄子，贤者也……因使二人传巨子于田襄子。”可见，即使在躬行其义的墨家内部组织形式上，只见巨子指定继任者之规矩与事实，而难以搜寻到民选实践或民主作风的蛛丝马迹。

四、“尚同”的神权色彩与专制主义

尚同是否民约，尚同是否专制，回答这两个问题至少可以组合四种答案。墨子尚同论是否为“民选”之制已如前述，至于墨子政治观是否专制主义历来也有两种迥异理解。不少论者认为墨家“尚同”并非专制。

詹剑峰从“尚同”含义出发，认为尚同本于“上下通情”，尽管有独裁的意味，而结论却是：

> 尚同不是君主专制，而是反对儒家以礼治国，并倡以法治国，天志是制裁王公大人的武器，是站在庶民阶级立场上说话。[②]

萧公权则在政治集权专制的程度上区分墨法两家：

> 墨子虽重视政治制裁，然并不似法家诸子之倾向于君主专制。简言之，墨家尚同实一变相之民享政治论。盖君长之所以能治民，由其能坚持公利之目标，以为尚同之准绳。若君长不克尽此基本之责任，则失其所以为君长而无以治。[③]

侯外庐更进一步而视墨学为超越已然政治理念的学说存在，竭力为之辩解：

> 有人怀疑墨子的政治论是开创专制主义的先声，这是误解。他的“一同天下之义”的理想，和等级的封建专制主义不相适合，毋宁说指一同于墨子的宗教观。因为墨子并没有把一般的天子规定为可效法的，而只假定一个被人民所选择的天子才可以效法，这一个天子又是墨子的主张之执行者。[④]

---

① 参见龚维英：《墨家巨子传授情况钩沉》，《东岳论丛》1987年第3期。

② 詹剑峰：《墨子的哲学与科学》，第72—73、76页。

③ 萧公权：《中国政治思想史》，第92页。

④ 侯外庐、赵纪彬、杜国庠：《中国思想通史》（第一卷），第214页。

"尚同"即专制集权的观点也屡见不鲜。梁启超一方面坚持墨子学说与"民约论"相类，另一方面却也承认墨子学说引向专制的倾向："彼盖主张绝对的干涉政治，非惟不许人民行动言论之自由，乃并其意念之自由而干涉之，夫至人人皆以上之所是非为是非。"①从而，梁氏不由感叹"此墨家最奇特之结论也"，墨子是"'叫人民都跟皇帝走'也。就此点论，与霍布士辈所说，真乃不谋而合。霍氏既发明民约原理，却以为既成国以后，人人便将固有之自由权抛弃，全听君主指挥。后此卢梭派之新民约论，所批评修正者即在此点。墨家却纯属霍氏一流论调，而意态之横厉又过之"②。就墨家政治思想的整体精神而言，梁氏认为，"其政治论建设于绝对的平等理想之上，而自由则绝不承认，结果成为教会政治，吾名之曰'新天治主义'（对三代前之旧天治主义而言）"③。

何炳棣既认为墨子学说与"民约论"无关，并认为其将导向一人专制的政制：

> （墨子）深深了解金字塔式制度的崩溃和一元化政治机制建立的必然趋势，于是提出自己的"尚同"与"尚贤"的理论系统。……天子一定是贤明的，因为他是最高神"天"参照人民的意愿而选派到人间的最高统治者。但这绝不是卢梭《社约论》式的政原论，因为人民既无知，也从未曾被征询过他们的意见，所以根本谈不到天和天子与人民间的"契约"关系。最后分析起来，这种政制是一人专制，意识上是墨子一人专制。历史演变的结果是秦始皇一人的专制。④

毋庸讳言，墨子的学说具有与春秋以来人文化趋势别样的宗教特征，其所言天不是形体的天，也不是理或抽象的道，而是有位格的主宰之天，与上古神权法传统紧密相连。天子正是天与众生之间的纽带，尽管天的赏罚是天志的核心内容，却仍在神权话语中指向天子的赏罚，而成为一种天罚之于人法的规范思想路径。这一方面表明墨子"天志"命题具有超越实在法度而类似自然法则的意味，"明鬼"话语也与先秦赏善罚暴话语的兴起息息相关。⑤然另一方面，其万物主宰的天，越是集权于一体的人格神，

---

① 参见梁启超:《先秦政治思想史》,第152—153页。

② 梁氏既已阐明墨子之"尚同"由心的角度出发,则墨子与霍布斯之异不在于君主专制的程度问题。墨子言尚同于天,而霍布斯所言经由契约而有"利维坦",其特征一方面是权利让渡,另一方面也是其有别于其他社会契约论者的"利维坦"式暴力决定。参见梁启超:《先秦政治思想史》,第153页。

③ 梁启超:《先秦政治思想史》,第79页。

④ 何炳棣:《读史阅世六十年》,桂林:广西师范大学出版社,2009年,第479页。何炳棣关于"秦墨"影响秦政的观点影响很大,也势必关联强化这一专制论说。

⑤ 墨家"莫若法天"的规范命题,旨在区别于那些所谓"不仁"的效法标准,这种诉诸天志的"高级法"极具普遍性(行广)、公平性(无私)、正义性(顺天意者,义政也)、平等性(皆天之臣)、权利性(施厚)、明确性与稳定性(明久而不衰)等品质。参见马腾:《墨家"兼爱"法思想的现代诠释》,北京:高等教育出版社,2017年,第56页。墨家"明鬼"话语的法律观念意义,参见马腾:《墨子"明鬼"论与先秦"赏善罚暴"法律观念的盛兴》,《南京师大学报》(社会科学版)2023年第5期。

则“尚同于天”的天子越可能设计为专制集权的君主。墨学熔“天志”与“尚同”于一炉，正显现教政权能的统合。

墨子的“尚同”论在后学中有两种发展体现路径：一是淬炼于《墨经》之“臣萌通约”界说，二是专制集权的墨家组织样态。前者为墨辩学者发展而成，可能带有“共同契约”的含义，当然也存在“别墨”异释的可能，凝汇着墨学对人类求“同”路径及其政制理念的思索，却不免因过于追求强调政治一元、依从一统态势而坐实于专制之“同”。这些从墨家辗转诸国、游走江湖的巨子音影中窥见，且“上之所是必是之，上之所非必非之”（《墨子·尚同中》）的理念经由汇合于秦政的方式得到转化利用。纯以墨家尚同为宗旨建立政权创设制度，毕竟由于墨学衰微而无法实现。然而，墨家集团的组织形式至少展示些许掠影：不似儒、法，墨家学派集团内部组织严密，号称“巨子”的首领俨然如同君王。且由于军旅生涯，巨子作为军事长官位高权重，很可能正是“巨子所是必是之，巨子所非必非之”的准则，成为墨家集团的“尚同”之实。钱永生认为：“墨家学派的建立和巨大影响，来自于墨子的权威，或者可以说，墨家的组织法就是一种‘威权主义’……由于墨家学派对于权威的过分依赖，墨家学派的分化成为难以逆转的解体和沉沦。”①这不必为墨子殁后旋即发生，或许也是一渐进历程，毕竟庄子仍言：“以巨子为圣人，皆愿为之尸，冀得为其后世。”（《庄子·天下》）除墨子对徒众的绝对权，禽滑厘求教于墨子也摆出一拜再拜的卑微依附姿态（《墨子·备梯》），后来巨子孟胜为阳城君守国，弟子死者百八十三人（《吕氏春秋·离俗览·上德》），巨子腹䵍以墨者之法对抗秦国君权法意而操生杀大权（《吕氏春秋·孟春纪·去私》）等事例，皆生动反映墨家团体的身份依附与集权统治。

当然，墨子的“尚同”理路无不投射为君民之间的相依关系。在一些关乎社会现实民生的议题上，墨家屡屡流露出保护弱势者的思想倾向，如“有余力以相劳，有余财以相分”（《墨子·尚同上》）。墨家以节用贵俭理论全面斥责奢侈浪费的世风，力倡国家社会回归节俭，避免搜刮民财、贫富分化，传达行为规范整体性、一体化的观念。《墨子·七患》曰：“凡五谷者，民之所仰也，君之所以为养也。故民无仰则君无养，民无食则不可事。故食不可不务也，地不可不力也，用不可不节也。”在君民关系问题上，儒家的重民诸论概括地主张民心向背对统治合法性的决定意义，法家的制民话语则聚焦于政府、政策、法制与民众的对立与消长关系。反观墨家，则以社会基本物质的生产、消费伦理规范为主轴，支撑养君、利民、固国的统一系统。②

透过后来荀子的感慨，自然也不难察见墨家巨子、理想天子具有不同于历史现实

① 钱永生:《简论墨家的分化及其意义》,邵长婕、张庆军、颜玉明、鲁开国主编:《墨子研究论丛》(十一),济南:齐鲁书社,2016年,第372页。

② 墨家讲究整体“国备”之道,即国家战略储备与灾害防治的具体应用。如果因自然因素造成减损,则国家应从整体上承担,并协调政府与民众之间的关系。《七患》篇“岁馑,则仕者大夫以下皆损禄五分之一”一段已可窥见这种“尚同”机制。参见马腾:《墨家“节用”之法新诠》,陈明、朱汉明主编:《原道》第33辑,长沙:湖南大学出版社,2017年,第223—224页。

君王的品格与角色。以墨家天子（也可涵括职官）的劳苦耗悴，“虽臧获不肯与天子易埶业”（《荀子·王霸》），竟连奴婢都不堪承受，不愿担任！墨家“尚同”的理想或理念，也许难以套用常规的君主国家制度甚或官僚职制体系等同视之。

结 语

不管“一同天下之义”“通约”等思想主张及字样语词与理性让渡、社会契约有几分近似，墨子“尚同”论与西方“民约论”仍貌合神离，实难会通。一方面，墨家详于“爱”“义”之阐弘，深富平等人权义涵，却疏于维系权益与平等关系的规则制度构建，西方“民约论”似更长于“自然法”之析分具象以探究社会正义与法制秩序的完成。墨子虽有道德伦理、政治理想的“一同天下之义”宏图，但缺乏一般“民约论”关于政制模式与权能分配的区分辨析或详密叙述。另一方面，墨子尚同说终趋于集权国家理论，个中精髓已为法家所吸收并发挥至极。

墨子既于超越意义上以人格神作为一种超出自身庸俗经验范围的精神信仰，在政治上则诉诸集权、政教合一的现实秩序与统治格局。何况墨子的尚同不仅是政治层面之天子秩序大一统，还在于伦理层面之义利思想大一统，既如“总方略，齐言行，壹统类”（《荀子·非十二子》），又合“车同轨，书同文，行同伦”（《礼记·中庸》）。吕思勉认为“墨家之尚同，正犹儒家之尊君”，[①]俞荣根指出：“墨子的‘尚同’就是君主主义的同义语，它为韩非所继承，并发展为极端的君主专制论。”[②]这昭示着也许曾被视为异端之墨家显学的历史影响仍是正统的，在“尚同”（或许系于“大同”）所描绘或期待的世界里，以拥有绝对权威的人格神为终极守护，相对寡言个体自如张扬的纷纭情态，而应达致的是“尚同于天”“同于其上”的强制准则，故而其祈望的政法图景不言而喻。[③]

---

① 吕思勉：《先秦学术概论》，上海：东方出版中心，1985年，第121页。

② 俞荣根：《儒家法思想通论》，南宁：广西人民出版社，1992年，第239页。

③ 对此，李石岑结合“墨”之特定内涵与墨家思想本质的评述不乏启示：“墨家的墨，即是绳墨的墨……所谓墨，是因为他的绳墨精巧过人，遂有墨者之称，人遂以墨子呼之……一般人的眼光或习惯，对于一件东西的长广高，都是随意估计，若工程师便不然，他马上便要拿出他的绳墨精密测量……墨子便是这样一个人。所以他的全般思想，都站在尚同说的观点上面，站在齐一主义的立场上面……从尚同出发，走上封建道德统治，走上有神论，走上形式论理，是极其自然的。”李石岑：《中国哲学十讲》，桂林：广西师范大学出版社，2010年，第64–66页。该书还论述墨学以尚同说为根本，见73页以下。秦彦士比较墨子与西方亚里士多德政治观后得出结论：“以亚里士多德为代表的西方政治学的前提和基础是其经济特征决定的契约论……亚里士多德才提出了他明确的法制主张，这与农耕自然经济基础上的君主集权论显示出巨大差异。”参见秦彦士：《墨子考论》，成都：巴蜀书社，2002年，第293页。

On Mohism's Political and Legal Thought of "Shangtong"

Ma Teng
Law School of Jinan University (Guang Zhou,510632)

Among the "Ten Theories" of Mohism, "Shangtong" significantly demonstrates Mohism's political and legal arguments regarding the state order system and the relationship between monarchs, officials, and civilians. On the occasion of the revival of Mohism in contemporary times, Liang Qichao once regarded it as a theory similar to "Social Contract Theory" , while Guo Moruo intentionally write articles to discuss this view. In the contemporary writings of the ideological history concerning Mozi's Shangtong, many well-known scholars, in terms of the problem whether "Shangtong" represents the social contract or authoritarian, have also given their various interpretations on the basis of the theories of Liang and Guo. With an integrated perspective of previous opinions, Shangtong can be further explored from these aspects including relative semantic context, the logic of state origin, and the political and legal historical background. Although there may be a controversy over whether Mohism's Shangtong is similar to a social contract, its evident political and legal thoughts featured in theocracy and authoritarian are the very embodiment of this significance that Mohism, as a pre-Qin prominent learning, influenced the traditional political and legal thought.

（责任编辑：高深）

墨家与不断发展的“兼爱”思想

［比］戴卡琳　王周璐

摘　要：英语世界中多以“MOHISM”一词指以墨子（墨翟）命名的哲学学派（墨家）或思想趋势（墨学）。虽然墨翟在早期故事中多以工匠身份出现，但其本人或早期墨家思想却常与哲学思想体系有所关联，“兼爱”通常被视为其中的核心概念。墨翟倡导此类包容或普遍之爱的形象在历史中存在已久，且在当下仍然作为墨家哲学最常见的特征。然而，本文笔者认为，墨子与“兼爱”之间的联系并非静止或不变的，因此，本文将大致回顾先秦时期、中国帝制时期、晚清民国时期三个历史阶段对二者关联的描述，呈现“兼爱”思想从早期与墨家关系既不唯一也不持续的状态，及至中期成为孟子批判的首要目标，发展至后期以“墨家核心十论”中最有价值的思想再次得到关注的过程。对上述不同阶段的描述追溯有助于我们了解墨家和中国思想的历史流变。笔者相信，随着《墨子》以其哲学旨趣、跨文化维度以及对当下的启发而不断得到重视，墨学与“兼爱”理想在经历漫长的历史发展后，也将得到更多关注。

关键词：《墨子》　墨家　墨学　“兼爱”思想

作　者：戴卡琳（Carine Defoort），比利时鲁汶大学汉学系教授；译者王周璐，电子科技大学外国语学院研究生（成都610000）。

“MOHISM”一词，指以墨子（墨翟，约前479—前381）命名的哲学学派（墨家）或思想趋势（墨学）。《墨子》一书主要由后世众门徒大致作于公元前四、三世纪。据汉朝记载，这一作品有71篇，其中只有53篇得以流传。[①]自二十世纪起，更确切地说自胡适（1891—1962）起，学者们通常将该书分为五个部分。第一部分为“起始篇”（the opening chapters），即第1至7篇，也称作“概要篇”（epitomes），该部分一般被视为与墨家思想有所关联的后期文章；第二部分为“核心十论”（the core chapters），即第8至37篇，也称作“论说文”（essays）、“三元组”（triads或triplets），该部分通常被视为墨家政治与道德学说的原始核心；第三部分为“墨经篇”（the dialectical chapters），即第40至45篇，也称作“墨辩”（Mohist Dialectics），该部分被归为后期

① 班固:《汉书》,北京:中华书局,1962年,第1738页。

墨家关于逻辑、语言与科学的探讨；第四部分为“墨语篇”（the dialogue chapters或Mohist Analects），即第46—50篇，记述了墨子与其门人、国君与论敌的对话；第五部分为“备守篇”（the defense chapters），即第52—71篇，也称作“军事篇”（military chapters），该部分提供了守城之法。第39篇（《非儒》）兼有第二与第四部分的特征，在二者之间难以划分。[①]

尽管墨翟在其最早的故事中，身份多为工匠大师而不是教师或哲学家，但早期墨家或墨子本人却通常与哲学或思想体系关联在一起。[②]“兼爱”常被视为墨家的核心概念，并有着不同译法，如：“universal love”“impartial caring”“concern for everyone”“inclusive care”等。墨翟强烈倡导此类包容或普遍之爱的形象与《墨子》一书同样历史悠久，且仍构成当下墨家哲学最为常见的特征——此言并非毫无根据，但是墨子与“兼爱”之间的联系却并不是静止或一成不变的。因此，本文将追溯二者联系变化的主要历史阶段，这些不同的阶段对于了解墨家和中国思想的历史流变都有所助益。这一追溯可大致分为三个阶段：先秦（pre-imperial）时期、中国帝制（imperial）时期、晚清民国（post-imperial）时期。对于墨家与“兼爱”之间的关联，上述每个阶段都有不同的描述。首先，战国时期，随着《墨子》一书的创作，“兼爱”思想逐渐出现，但其与墨家的关联在彼时既不唯一也不持续。自汉朝中期始，在孟子斥墨子为倡导无差等之爱的无德者时，“兼爱”首当其冲；至唐、明、清，对于孟子的观点出现异见，但这些异见显得例外且谨慎。最后到二十世纪，“兼爱”作为“墨家核心十论”中最有价值的思想，再次进入人们视野，其翻译与哲学阐释也成为论辩与思考的主题。

一、先秦时期“兼爱”思想的出现

人们普遍认为，对于“兼爱”的宣扬与辩护最早出现于《墨子》一书中，更确切地说，出现于该书的核心十论篇中。“三元组”呈现为十论，每论包含三篇连续的文章，三篇共享同一标题并通过“上”“中”“下”加以区分。“兼爱”思想首次出现于《兼爱》三篇中，这三篇或为三元组中最早的一组，其大致形成年代分别为公元前380年（第14篇，《兼爱上》）、公元前350年（第15篇，《兼爱中》）与公元前300年（第16篇，《兼爱下》）。[③]多数学者不加鉴别地将上述三篇视为墨家创始人墨翟所宣扬的核心思想之代表，但是笔者曾提出，墨家在创立之初或许并没有

① 不同部分与篇章的形成年代仍尚无定论，本文大多参考渡边卓：《墨家思想》，宇野精一编：《中国思想之研究》第3卷，洪顺隆译，台北：幼狮文化事业公司，1977年，第6–8页；Chris Fraser, “Mohism.” In *The Stanford Encyclopedia of Philosophy*. Edited by Edward N. Zalta, 25. Stanford: Stanford University Press, 2012.（http://plato.stanford.edu/archives/fall2012/entries/mohism/）。

② A. C. Graham, *Disputers of the Tao: Philosophical Argument in Ancient China*, Chicago: Open Court, 1989, p. 33.

③ 渡边卓：《墨家思想》，宇野精一编：《中国思想之研究》第3卷，洪顺隆译，第6–8页。

宣扬兼爱理想，“兼爱”三篇也证明了这一理想在墨翟门徒之间的逐渐生成。[①]最早的《兼爱上》篇以“故子墨子曰：不可以不劝爱人者，此也”（《墨子·兼爱上》）结尾。“兼爱”这一表述并没有在上篇中出现，但是该篇的作者（或为墨子门徒之一）对其先师强烈呼唤的“爱人”进行了解读：他想要人们“相爱”（care for each other）而非“自爱”（caring for themselves）。该篇后半部分，“兼”字（可译作inclusively，universally或impartially）首次出现，但仅仅作为副词以表示一种超越传统互惠关系（reciprocity）的爱，即人们应该“兼相爱”（inclusively care for each other），即爱的范围还应包括其他氏族或国家之人。《兼爱上》篇的作者似乎想要表达，人们不应该攻击或抢夺他人。在《兼爱中》篇，“兼”的思想首次单独成为一个概念（在此可译作inclusiveness，universality或impartiality），并通过假定反对者的攻击来捍卫自己的观点。这些反对者十分温和，他们承认“兼”的好处，只是对其可行性表示担忧。墨家对此做出了重要回应，即长远来看，以“兼”“爱”人是有利的，因为“夫爱人者，人必从而爱之；利人者，人必从而利之”（《墨子·兼爱中》）。与上篇相比，《兼爱中》篇的作者在论及“爱”时更为积极与具体，如对“老而无子者”与“少失其父母者”的帮助。及至《兼爱下》篇，则更进一步强调了对弱小者、贫穷者、卑下者、愚蠢者甚至死者的爱，即爱的对象包括了难以或并不可能做出回馈的人。同样在下篇，“兼爱”这一表述首次且唯一一次出现：即此言文王之兼爱天下之博大也，譬之日月兼照天下之无有私也（《墨子·兼爱下》）。因此，在文本被加上当下的“兼爱”标题前，[②]“兼爱”三元组中可能鲜有兼爱思想的出现。

稍晚的“天志”（Will of Heaven）三元组包括第26、27与28篇，其形成年代可分别追溯至公元前280、260与240年，[③]在该三元组中，“兼爱”思想有所增多。在将天描述为不求回报地、平等地爱天下之人的政治模范时，“兼爱”这一表述多次出现。天甚至还被引以称赞圣王，因为“此之我所爱，兼而爱之；我所利，兼而利之。爱人者此为博焉，利人者此为厚焉”（《墨子·天志上》）。尽管从字面而言，“兼爱”没有出现在

---

① Carine Defoort, “Are Mozi’s Three ‘Jian Ai’ Chapters about Universal Love?” in Carine Defoort and Nicolas Standaert eds., *The Mozi as an Evolving Text: Different Voices in Early Chinese Thought*, Leiden: Brill, 2013, pp 35–67.

② 考古发现表明，战国时期的文献并不提及作者，也鲜有标题，因此篇章标题的出现时间并无定论。这些标题可能是战国后期或汉朝的编纂者创造的，如通常被视为《墨子》编者的刘向与刘歆，虽然这一说法尚无太多证据。详情可参见Carine Defoort, “The Gradual Growth of the Mohist Core Philosophy: Tracing Fixed Formulations in the Mozi,” *Monumenta Serica*, vol. 64, no. 1 (May 2016), pp. 1–22。

③ 详情可参见Chris Fraser, “Mohism.” In *The Stanford Encyclopedia of Philosophy*. Edited by Edward N. Zalta, 25. Stanford: Stanford University Press, 2012. (http://plato.stanford.edu/archives/fall2012/entries/mohism/) 以及渡边卓:《墨家思想》，宇野精一编:《中国思想之研究》第3卷，洪顺隆译，第15–16页。

核心十论的其他任何篇中（至少在《墨子》道藏本中如此[①]），但显然这些篇章的作者对爱人进行了积极的宣扬，并倡导使爱的范围超越个人家庭与国家限制。“兼”与“爱”的重要性似乎在《墨子》书中都不断提升。即使在难以重构或解读的“墨辩”，特别是第44篇（《大取》，Choosing the greater）中，也可以发现这些作者们对“兼”（caring）与“利”（benefiting）的兴趣或思索，如二者的本质与界限，意图与作用的差异，以及如何将“兼”的思想用于不同的事务之中。这些思索反映出，墨家可能出于论辩需要不断加大对“兼爱”的宣扬。甚至在部分“墨语”篇，特别是第46篇（《耕柱》）中，墨子与“兼爱”思想有了明确的联系，且受到挑战并对其加以捍卫。例如，巫马子将墨子描述为“能兼爱”之人，但他认为自己对亲疏不同之人的爱是有差别的（《墨子·耕柱》）。巫马子还指出，“子兼爱天下，未云利也”（《墨子·耕柱》）。

尽管《墨子》一书对“兼爱”的宣扬不断增加，但在同时代的其他文献中，墨子并没有与“兼爱”产生直接关联，《孟子》则为例外。孟子（约前372—前289）是早期诸子中始终将墨子与“兼爱”完全联系在一起的唯一一人，反之亦然。《孟子》一书中有四处对墨子或墨者的明确记载，皆为对“兼爱”的批判。在一处为人熟知的片段中，孟子感叹道：“杨朱、墨翟之言盈天下。天下之言不归杨则归墨。杨氏为我，是无君也；墨氏兼爱，是无父也。无父无君是禽兽也。”（《孟子·滕文公下》）孟子对墨子“兼爱”理想的此般消极刻画，自汉朝中期影响便不断扩大（详情可参见本文第二部分：“中国帝制时期孟子对‘兼爱’思想的刻画”），但在此之前影响甚小。在其他战国与早期汉朝文献中，墨子与兼爱的联系并不稳定。一方面，褒贬墨子的声音针对的是不同的思想、技巧与观点，其中一些将其思想视为包容之爱或更广泛的爱（caring inclusively or broadly）；[②]另一方面，“兼爱”思想常与其他诸子联系在一起，或被视为没有争议的价值观而直接宣扬。例如，荀子（约前298—前238）从未将墨子与“兼爱”明确联系在一起，也从未对其加以批判，他对此关注甚少，提及“兼爱”时则是赞同的态度。对于孟子将墨子与“兼爱”关联或进行批判的做法，荀子也不曾质疑。战国时期及汉朝早期的其他诸多文献也是如此。我们发现，有着不同关联的各种文献都毫无疑问、无可争议地正面提及了“兼爱”，且并没有将其归于何人。上述文献包括：《尸子》《吕氏春秋》《新书》《大戴礼记》《文子》《春秋繁露》《太玄经》《潜夫论》《司马法》《汉书》《管子》《隋曹子》，以及马王堆《经法》文本与《曹沫之陈》上海博物馆藏本。“兼爱”思想常同“仁”（humaneness）与“无私”（having no bias）有所关联，如公孙弘为汉武帝谏言时所言：“致利除害，兼爱

---

① 1447年的道藏本《墨子》是现存最早版本。在更早的资料中有一些不同版本，如《群书治要》（631年）与《意林》（786年），以及清朝学者的校订，《墨子》一书中也有一些间接证据。详情可参见Carine Defoort, “The Gradual Growth of the Mohist Core Philosophy: Tracing Fixed Formulations in the Mozi,” *Monumenta Serica*, vol. 64, no. 1（May 2016）, pp. 1–22。

② 《韩非子·五蠹》将对“兼爱”的倡导归于儒与墨；《庄子·天道》将其归于孔子。在部分汉朝文献（如《淮南子·氾论训》与《汉书·艺文志》）中，墨子与“兼爱”的联系还与其他思想有关。《庄子·天下》篇则将墨子与“泛爱”（general love）与“兼利”思想联系在一起。

无私，谓之仁。”（《汉书》卷五十八）这些文献的作者们并没有对孟子表示赞同或反对，显然，孟子的独特观点在战国与汉朝早期不为人知或被人忽略。[①]

二、中国帝制时期孟子对“兼爱”思想的刻画

几乎整个帝制时期对墨子的探讨，都处于孟子而非墨子自己的话语之下。孟子“杨朱、墨翟之言盈天下”的控诉被用于表达对孔子理想的支持与对仁的捍卫。“杨墨之道不息，孔子之道不著，是邪说诬民，充塞仁义也。仁义充塞则率兽食人，人将相食。吾为此惧”，这是孟子加入这场论辩的唯一动机，他认为，“能言距杨墨者，圣人之徒也”（《孟子·滕文公下》）。将“兼爱”判定为“无父”的刻画，在墨子与“兼爱”之间建立了专属联系，与之相对的则是带来同样危害的杨朱自我主义（egoism），而真正的圣人之徒则应用尽一切力量使“邪说者不得作”。这一刻画包含了孟子对墨子刻板形象描述的全部修辞成分，并在从汉朝中期至清朝末期的帝制时期文献中被不断重复。

大约在汉朝中期，一些学者开始选取孟子对墨子的评价，并近乎逐字地进行重复。例如，《风俗通义》的作者应劭（约140—204），对孟子的道德价值观、不屈不挠以及最终取得的成功做出了如下论述：“困殆甚，……以为：‘圣王不作，诸侯恣行，处士横议，杨朱、墨翟之言盈天下，天下之言不归杨则归墨。杨氏为我，是无君也；墨氏兼爱，是无父也。无父无君是禽兽也。’”因此，孟子感到强烈的号召，想要救孔子之道于堕落，为仁义之价值发声，以阻止人们变为食人的禽兽。对于孟子，这是神圣的职责，也是应劭眼中梁惠王聘其为魏国之臣的原因（《风俗通义·穷通·孟轲》）。扬雄（前53—18）在《法言·吾子》中、王充（27—100）在《论衡·对作》中，都对孟子的话语做出了类似引用。在表达担忧并呼唤道德时，扬雄与王充都将自己与孟子的困境做出了明确对比。由此，对墨子“兼爱”思想的批判成为了一种特定的群体表述习惯。没有迹象表明他们对墨子思想有兴趣或曾读过《墨子》一书，这些汉代学者借孟子之言来表达对所处时代之道德危机的愤慨、对邪说之盛行的担忧，以及为孔子遗留思想而发声的迫切诉求。他们的首要关切并非批判墨子（与杨朱），而是为自己对同时代论敌的愤慨找寻可行的表达方式与权威。由此，在早期帝制时期，孟子对“兼爱”的排斥成为了一种修辞比喻并得以传播，且较少受到其他偶然引用墨子的影响。[②]

几乎在整个帝制时期，没有任何对《墨子》的真实解读得以消解孟子对墨子思想的（错误）表述，因为《墨子》一书似乎在宋朝之后才得以流传，彼时它被收录于《道

---

① 关于墨子与“兼爱”的联系以及文中所提及的文献对于“兼爱”的评价，详情可参见Carine Defoort, “Do the Ten Mohist Theses Represent Mozi's Thought? Reading the Masters with a Focus on Mottos,” *Bulletin of the School of Oriental and African Studies*, vol. 77, no. 2（June 2014）, pp. 1–34。

② 彼时也有部分学者对《墨辩》（第40–45篇）与墨子的道家神形象产生兴趣。详情可参见楼劲：《魏晋墨学之流传及相关问题》，《中国史研究》，2011年第2期；John Knoblock and Jeffrey Riegel, *Mozi: A Study and Translation of the Ethical and Political Writings*, Berkeley: University of California Press, 2013。

藏》（现已佚）中，而在唐朝前后可见的稍短版本中并没有“兼爱”三元组。这使我们感到好奇，儒家正统里首个不和谐的声音，即韩愈（768—824）笔下题为《读墨子》的短文，是否真的出自他对《墨子》的实际阅读？[①]韩愈这位伟大的唐朝学者，是首位为包括“兼爱”在内的四条墨家核心思想而辩护的学者，他指出，孔子也曾明确支持过这些思想。在韩愈眼中，儒、墨之间的一致性远超差异性，这些差异性则是由后世门人为了“售其师之说”而制造出来的。[②]对于一名儒者以及孟子的推崇者，这一言论似乎极为大胆。但是，韩愈关于墨子的文章并没有引用任何孟子的话（更不用说质疑孟子对“兼爱”的评价），也没有出现任何对墨子的孟子式刻画。然而有趣的是，在韩愈其他的文章中，当他宣泄对所处时代道教与佛教之异端盛行的苦恼以及要阻止邪说的道德责任时，几乎所有对墨子的引用都密切遵循了先前的修辞性刻板表述，除了对于“兼爱”的评价。[③]总而言之，在以孔子为评价墨子的标准，以及避免对孟子的观点提出明显质疑方面，韩愈的《读墨子》一文依旧较为遵循传统。韩愈在该文中赞扬“兼爱”，但在其他文章中却使用孟子式的修辞比喻，这其间的潜在矛盾需要通过提取出这一刻板观点的核心，即对“兼爱”的批判，才能够解决。

随着孟子的地位不断提高而升为“亚圣”（Second Sage），其对墨子的刻画持续占据着主导地位，对“兼爱”的排斥也颇具影响力。不过，对于部分儒家学者，如程颐（1033—1107）、朱熹（1130—1200）与王阳明（1472—1529），他们赞成或有所不同的观点也存有一定空间。即使《墨子》的不同版本已经流通，但是并非所有学者都阅读了该书，因为他们关于“兼爱”的观点似乎都完全受到了刻板描述的影响，即将其视为需要英勇之士加以遏制的邪说。尽管《墨子》现存的最早版本在王阳明生前便已刊印（载于1447年《道藏本》），但在彼时并没有那么容易得到，且王阳明对此也没有太多兴趣。但是王阳明并不完全赞同孟子的表述，比如，在1520年左右的一封信中，他指出，孟子对杨、墨各自“无君”与“无父”的批判稍显极端：“二子亦当时之贤者，……墨子‘兼爱’，行仁而过耳。”[④]可以再次看出，王阳明的真正目标并非墨翟或杨朱，而是他自己所处时代的异端思想，即佛教与道教，有时也包括朱熹。

李贽（1527—1602）是王阳明后来的追随者，也是背离传统的泰州学派的一员。他自称为儒者，为自己所处时代那些思想狭隘的士大夫的堕落、肤浅以及贪婪而沮丧。

---

① 葛瑞汉推测，韩愈所读为三卷版本，只有13篇，包括起始篇七篇与前两个三元组，即“尚贤”与“尚同”（详情可参见A. C. Graham, *Later Mohist Logic, Ethics, and Science*. Hong Kong：Chinese University Press，1978，pp. 68–69）。韩愈的文章可能并非基于上述的不完整版本，而是受到介绍性章节中关于墨子的有限信息启发，他甚至指出《墨子》一书在其时代并不可得，详情可参见周启成等编：《新译昌黎先生文集》卷二，台北：三民书局，2011年，第176–177页。

② 周启成等编：《新译昌黎先生文集》卷二，第35–38页。

③ 周启成等编：《新译昌黎先生文集》卷二，第4–9、176–177、239–241、373–376页。

④ 李生龙编：《新译墨子读本》，台北：三民书局，1996年；王阳明：《传习录·答罗整庵少宰书》，于自力，孔薇，杨骅骁译注，郑州：中州古籍出版社，2018年，第253页。

在《墨子》的李贽选编版本，即《墨子批选》中，他对评价兼爱为“无父”的言论进行了嘲讽：“兼相爱者相爱之谓也。使人相爱何说害仁？若谓使人相爱者乃是害仁，则必使人相贼者乃不害仁乎？我爱人父，然后人皆爱我之父，何说无父？若谓爱人者皆爱我父者乃是无父，则必使人贼我父者乃是有父乎？是何异禽兽夷狄人也。”李贽对人们“售其说”而憾，并补充道：“然孟氏非若人矣。”[①]

赞成墨子“兼爱”的声音在此时仍极为例外，当与孟子的表述不可避免地产生冲突时，学者们有时会选择回避。十八世纪末出版的《墨子》修复版本则往前更进了一步。该版由毕沅（1730—1797）与《四库全书》工程的编者等学者参与，其中汪中（1745—1794）也编过一版（现已佚）并于1780年作序，该序得以保存。汪中的《墨子序》是墨子兼爱思想复兴的又一里程碑，他在其中写道：“若夫兼爱，特墨之一端，然其所谓兼者，欲国家慎其封守，而无虐其邻之人民畜产也。虽昔先王制为聘问吊恤之礼，以睦诸侯之邦交者，岂有异哉！彼且以兼爱教天下之为人子者，使以孝其亲，而谓之无父，斯已枉矣。”汪中指出，在战国时期，儒墨相攻是很自然的事情。“是故墨子之诬孔子，犹孟子之诬墨子也。”[②]显然，汪中具有抨击亚圣孟子的勇气，但也因此受到了中伤。颇具影响的学者翁方纲（1733—1818）便对汪中的观点大为愤怒：“有生员汪中者，则公然为《墨子》撰序，自言能治《墨子》，且敢言孟子之言兼爱无父为诬墨子，此则又名教之罪人又无疑也。”[③]因此，翁方纲称其为“墨者汪中”，类比于被孟子用来描述倡导无差等之爱的“墨者夷之”（《孟子·滕文公上》）。这一攻击可能使去世于五十岁的汪中在生前备受打击，其独子汪喜孙（1786—1848）在后期整理时，则确保他父亲评价孟子“诬”墨子的言论不再在序中出现。[④]帝制时期最后关于墨子“兼爱”的重要言论来自张惠言（1761—1802）于1792年所作的序。张惠言对“墨辩”四篇（第40—43篇）进行研究，他认为战国时期所有非儒家的思想趋势都源于墨翟或杨朱，因此孟子有充分的理由对此二者发起猛烈抨击：“然则当时诸子之说，杨、墨为统宗，孟子以为杨、墨息而百家之学将销歇而不足售也……故孟子之书亦辩斥之。呜呼！岂知其后复有烈于是者哉！”张惠言赞同韩愈在《读墨子》中的观点，并评价道：“向无孟子，则后之儒者习其说而好之者，岂少哉！”孟子聚焦于“兼爱”是正确的，因为这的确是墨家的根基及墨家思想中最吸引人的部分。“兼爱之言曰，爱人者人亦爱之，利人者人亦利之，仁君使天下聪明耳目相为视听，股肱毕强相为动宰，此其与圣人所以治天下者复何以异？”张惠言指出，孟子“被之以无父之罪，而其说始无以自立。嗟夫！藉使墨子之书尽亡，至于今何以见孟子之辩严而审、简而有要如是哉！”[⑤]摇摆于赞同孟子与墨子之间，张惠言将墨家思想长期受到排斥的原因归于孟子的影响力；他还是首位将墨家思想划分等级，并坚定地将

① 李贽:《墨子批选》,任继愈、李广星编:《墨子大全》第6册,北京:北京图书馆出版社,2004年,第72—73页。

② 汪中:《汪中墨子序》,孙诒让撰:《墨子间诂》,北京:中华书局,2021年,第577页。

③ 翁方纲:《复初斋文集》,沈云龙主编:《近代中国史料丛刊》第43辑,台北:文海出版社,1969年,第619页。

④ 田汉云编:《新编汪中集》,扬州:广陵书社,2005年,第19-21页。

⑤ 张惠言:《张惠言书墨子经说解后》,孙诒让撰:《墨子间诂》,第584-585页。

兼爱置于根本位置。墨子研究大家孙诒让（1848—1908）于1901年才发现此序，他甚为欣喜，将其收录为1907年版《墨子间诂》附录中的重要序文之一。

三、晚清民国时期“兼爱”思想的兴起

大致在二十世纪之初，墨子研究的新进展汇集于孙诒让的著作《墨子间诂》。《墨子间诂》是《墨子》研究复兴的里程碑，在1893至1907年间多次出版。孙诒让不仅严谨吸收了前人的哲学研究，还收集了前人所作的序，其中包含了最早的对于墨家积极或与主流有所不同的评价，以及孙诒让自己的评价。[①]围绕墨家的讨论首次从核心十论思想的视角展开。核心十论越来越多地被呈现为系统性的思想，“兼爱”则常常（但并非总是）被视为其中最为重要的思想，即“这一思想体系的基石”[②]、“墨子的核心和精华”[③]、墨家“一致的道德原则”[④]、“墨家思想的核心”[⑤]、“墨家伦理的中心”[⑥]以及“惊人的、原创的甚至创新性的概念”[⑦]，通常与儒家有差等之爱的观念相对。直至此时，“兼爱”才重新获得以正面为主的讨论语境，能够与具有影响力的西方思想以及国际思潮相比较。粗略追溯“兼爱”思想的发展路径，可发现其经历了不同领域——从宗教动机，经由政治关切，再到学术论辩。接下来的发展则仅仅是从关于墨家“兼爱”思想的诸多观点中选取出的部分主流观点。这些观点之间自然彼此相互交织，正如其与先前思想有所关联一样，它们不仅代表了关于“兼爱”的某一类观点，也讲述了该观点本身的具体流变。

关于“兼爱”另一具有影响力的观点来自苏格兰汉学家理雅各（James Legge，1815—1897）。他是基督教来华传教士，同时也颇受儒家正统思想的影响——这两方面共同塑造了理雅各对于墨子“兼爱”思想的评价。在1861年的《孟子》译本中，理雅各认为有责任加入一篇关于杨朱与墨翟观点的解释性章节，说明二者对孟子的巨大影响。亚圣孟子对“兼爱”思想的反对之强烈，以至于在其之后“兼爱”思想被普遍视为“一些奇怪思想家所持有的，同流产的、畸形的或乱七八糟的东西一样，处于中国自负之地狱的边缘（the Limbo of Chinese vanities）”。[⑧]在此，理雅各这位传教士清楚呈

---

① Carine Defoort, “The Modern Formation of Early Mohism: Sun Yirang’s *Exposing and Correcting the Mozi*,” *T’oung Pao* vol. 101, no. 1-3 (August 2015), pp. 208-238.

② Alfred Forke: Mê Ti: *Des Socialethikers und seiner Schüler philosophische Werke*. Berlin: Kommissionsverlag der Vereinigung wissenschaftlicher Verleger, 1922.

③ 谭家健:《墨子研究》,任继愈、李广星编:《墨子大全》第80册,第35页。

④ A. C. Graham, *Disputers of the Tao: Philosophical Argument in Ancient China*. Chicago: Open Court, 1989, p. 41.

⑤ 丁为祥:《墨家兼爱观的演变》,《陕西师范大学学报》(哲学社会科学版),1999年第4期。

⑥ Chris Fraser, “Mohism.” In *The Stanford Encyclopedia of Philosophy*. Edited by Edward N. Zalta, 25. Stanford: Stanford University Press, 2012. (http://plato.stanford.edu/archives/fall2012/entries/mohism/)

⑦ Burton Watson, *Mo-tzu: Basic Writings*. New York: Columbia University Press, 1963, p. 10.

⑧ James Legge, *The Chinese Classics, with a Translation, Critical and Exegetical Notes*, Prolegomena, and Copious Indexes, vol. 2: *The Works of Mencius*. Tai pei: SMC, 1991 [1861], p. 117.

现了儒家正统观点并表示支持。他似乎进一步沿着韩愈《读墨子》一文的观点，但对孟子的批判更为强烈。理雅各指出，后人错误地将后期墨家对“兼爱”的解读（即无差等的爱）归于墨子：“可以看出，墨子本人从未说过自己的原则是同等地爱所有人，这一结论是其门人得出的。”——如在《孟子》中论及的将兼爱思想“当作无差等之爱”加以捍卫的夷之。①所以在理雅各看来，孟子所面对的并非墨子的最初思想，而孔子则没有犯此错误。“因而孔子可能让步于墨子，即承认了墨子所制定的行为准则是可供考虑的最佳选择”。②理雅各大量引用了韩愈的《读墨子》一文，在表达对该文的赞同以及对孟子式表述的批判时，他对前文所述的（详情请参见第二部分：“中国帝制时期孟子对‘兼爱’思想的刻画”）发生于自己时代的墨子复兴也十分接受。这一点最后也与理雅各的宗教思想有所关联，他认为：“墨子踌躇于真理之路，这是能够振奋人心的最高尚的真理之一，”③即“我们爱邻如爱己”。④理雅各尤为反对孟子对体力劳动的鄙夷，而体力劳动也是亚圣孟子认为与墨子有关的一点。遗憾的是，理雅各认为，墨子的思想出自权宜之计而非道德责任，其关切也仅限于中国的良好治理，而并非全人类之爱。否则“墨子将为其国人做出最伟大的贡献，并为自己赢得天下圣人的地位”。⑤

确实给予了墨子天下圣人的地位。在他眼中，墨子可比肩如黄帝、乔治·华盛顿（George Washington）以及让-雅克·卢梭（Jean-Jacques Rousseau）等伟人。在第六次民主演讲中，孙中山指出，外国人在中国设立学校，开办医院，设立慈善事业，但这并不代表只有他们才关注爱。“古时最讲‘爱’字的莫过于墨子。墨子所讲的‘兼爱’，与耶稣所讲的‘博爱’（broad love）是一样的。古时在政治一方面所讲爱的道理，有所谓‘爱民如子’（love the people as your children）。”⑥不过，首个对墨家爱之理想进行系统性直接宣扬的，是梁启超（1873—1929）。1894年，23岁的梁启超便已收到孙诒让的《墨子》校勘本，随后梁启超便表示，他完全为之发狂：该书不仅完全改变了他对墨子的看法，还在中国引起了墨家的完全复兴。受启发于孙诒让整理的研究，并借鉴于日本学者，⑦梁启超实际上是首位为墨子思想著书之人。在《子墨子学说》（1904

---

① James Legge, *The Chinese Classics, with a Translation, Critical and Exegetical Notes*, Prolegomena, and Copious Indexes, vol. 2: *The Works of Mencius*. Tai pei: SMC, 1991 [1861], p. 118. 参考《孟子·滕文公上》。

② James Legge, *The Chinese Classics, with a Translation, Critical and Exegetical Notes*, Prolegomena, and Copious Indexes, vol. 2: *The Works of Mencius*. Tai pei: SMC, 1991 [1861], p. 120.

③ James Legge, *The Chinese Classics, with a Translation, Critical and Exegetical Notes*, Prolegomena, and Copious Indexes, vol. 2: *The Works of Mencius*. Tai pei: SMC, 1991 [1861], p. 119.

④ James Legge, *The Chinese Classics, with a Translation, Critical and Exegetical Notes*, Prolegomena, and Copious Indexes, vol. 2: *The Works of Mencius*. Tai pei: SMC, 1991 [1861], p. 118.

⑤ James Legge, *The Chinese Classics, with a Translation, Critical and Exegetical Notes*, Prolegomena, and Copious Indexes, vol. 2: *The Works of Mencius*. Tai pei: SMC, 1991 [1861], p. 120.

⑥ 孙中山:《孙中山评论墨子》,任继愈、李广星编:《墨子大全》第100册,第1页。

⑦ 梁启超似乎曾模仿高濑武次郎1902年的《杨墨哲学》,该书于20世纪20年代由蒋维乔翻译。具体可参见蒋维乔译:《杨墨哲学》,上海:商务印书馆,1922年(此为高濑武次郎1902年作品的译本)。

年）与《墨子学案》（1921年）中，梁启超都颇为强调兼爱思想，甚至提出“兼爱主义”这一新词。他将墨家思想呈现为较为系统的思想体系，进行跨文化对比，并反思“兼爱”之利弊。在1904年的《子墨子学说》一书中，梁氏区分了五种类型的爱，他对第四种描述如下：“平等无差别之爱普及于一切人类。泰东之墨子，泰西之耶稣，其所宣示之爱说，皆属此类。”耶稣受启示于上帝，墨子则受于天，“其根本之理想全同”[①]。近二十多年后，历经了第一次世界大战的梁启超对西欧感到失望，转而对苏联的成立产生了极大兴趣。他对宗教的关注已然消退，但对于无关国家的普遍之爱却愈发关注，这进而提高了“兼爱”在梁启超眼中的地位，即“兼爱”不再取决于天的意志，而是作为墨家思想之根本而发挥作用：“墨学所标纲领，虽有十条，其实只从一个根本观念出来，就是兼爱。”梁氏接着论述其他核心思想与“兼爱”的关系，如：“《天志》《明鬼》，是借宗教的迷信来推行兼爱主义。”[②]因而，在系统化墨子思想与将“兼爱”推至重要位置上，梁启超起到了关键作用。

将核心十论视为早期墨家哲学并将其中一论认作核心，这一学术惯习成为常态。宣扬“兼爱”为墨家思想之根本的学者，在数量上超过了更重视其他思想（如《天志》或《非攻》）的学者。20世纪40年代以来墨家思想的马克思主义阐释也遵循了这一倾向，同时也为墨子阐释增添了新的面向，如：社会背景、阶级斗争、历史划分、唯心主义与唯物主义对比等。不过，人们对于墨家思想的反应模糊而又多样、复杂、多变，表现得不冷不热。在阶级社会中，“兼爱”可能难以做到“包括一切”（inclusive）或“普适”（universal），而是必须表达某一阶级的需要。然而，墨子属于哪一阶级呢？墨子可能是一名工匠，他所关心的还包括地位更低的阶级；他似乎又过于富有学识，无法作为受剥削的奴隶或农民，但这又不足以让墨子符合剩下的唯一选项，即奴隶主剥削阶级。墨子并不适用于严格的阶级框架，这一事实也关系到当时对他的历史时期划分。若将墨子视为春秋末期奴隶与封建时期之交的进步活动家，如一些马克思主义者基于孟子对墨子“无父”的描述所言，墨子又怎会对封建道德观进行批判。此外，“兼爱”与上天意志这一思想之间的公认联系，也为“兼爱”蒙上了唯心主义的阴影。除了上述考量，对平等与体力劳动的长期不屑，可能对墨家思想也有所影响，正如雷金庆（Louie Kam）所指出的，即使是最先进的共产主义知识分子，也会受其文人先辈的影响。[③]因此，“尽管在先秦哲学家中，墨子的阶级背景是最易被接受的，但在文化传承方面，其思想并没有引起太多兴趣”。[④]随着1978年改革开放政策开始实行，对墨子“兼爱”思想的解读愈加灵活。围绕其含义与重要性的争论，主要围绕“核心十论”框架展开，有时关于共和主义

---

① 梁启超《子墨子学说》，任继愈、李广星编：《墨子大全》第26册，第456—457页。

② 梁启超《墨子学案》，任继愈、李广星编：《墨子大全》第26册，第23—24页。

③ Kam Louie, *Inheriting Tradition: Interpretations of the Classical Philosophers in Communist China*, 1949–1966. Hong Kong, Oxford, and New York: Oxford University Press, 1986, pp. 140–149.

④ Kam Louie, *Inheriting Tradition: Interpretations of the Classical Philosophers in Communist China*, 1949–1966. Hong Kong, Oxford, and New York: Oxford University Press, 1986, p. 136.

(Republican)、前共产主义(pre-communist)论辩，有时关于西方的探讨，包括对“兼爱”的翻译。对于这一表达，在本文中笔者有时选择不译、有时选择译为“inclusive care”。在当下中国早期哲学研究领域，特别是墨子研究，对于“兼”(universal，inclusive，impartial，for everyone等)与“爱”(love，care，caring，concern等)以及二者合并的固定表达“兼爱”(universal love，impartial love，impartial caring，inclusive care，concern for everyone等)的翻译与阐释，都呈现出了丰富的观点。下面对英语世界研究成果的概述，将展示该话题未来研究的巨大潜力。“兼爱”最广为人知的译法是“universal love”，对此作为新教徒的理雅各曾在1861年表示，他找不到比这更好的译法。①许多学者对理雅各的翻译表示认可：大多数学者毫无质疑地表示了赞同，但也有部分学者是在思考了其他可能的翻译后表达的赞同。例如，斯考特·罗伊(Scott Lowe)坚持认为，对于墨子而言，“‘爱’并不接受其他任何译法”。他还补充道：“很显然，‘爱’应该被理解为某种与浪漫之情截然不同的东西，而后者是其可能会使英语使用者想到的。”②艾乔恩(Ian Johnston)也认为，理雅各广为人知的翻译准确传达了墨家之爱的广泛范围及其宗教内涵。③理雅各本人可能更多考虑的是对“兼”而非“爱”的阐释。他认为，孟子受到了后期墨者的影响，将“兼爱”误解为不加区分的爱(indiscriminate love)，即没有差异或等级的爱。④当许多学者赞同孟子的观点，强调“兼爱”中的无差等性时，另外一些学者指出，墨家对兼爱的坚持，并不一定表明人们要放弃所有的特殊联系，而是说人们不应该过分或唯独爱自己的同族之人。⑤首先批判理雅各翻译的是葛瑞汉(A. C. Graham)，他认为，“Concern for Everyone”这一翻译能够更好表达“兼”(for each)作为副词的含义，以及利于其他人、使其他人不受到伤害的非感情化、非浪漫化的保证。在葛瑞汉看来，当儒家学者想要通过一系列礼仪约束将爱他人的职责作为指导准则时，墨子将其抽象为不考虑亲属关系的道德约束准则。⑥笔者暂且选择“care”或“caring”，以表示动作(译为take care of)及感觉(译为care for)，因为笔者发现二者都出现在了墨家的论证中；但是笔者自己对于“兼”的翻译仍摇摆未定，随着“天”不断被视作“兼爱”之模范，“兼”的翻译在《墨

---

① James Legge, *The Chinese Classics, with a Translation, Critical and Exegetical Notes*, Prolegomena, and Copious Indexes, vol. 2: *The Works of Mencius*. Tai pei: SMC, 1991 [1861], p. 101n1.

② Scott Lowe, *Mo Tzu's Religious Blueprint for a Chinese Utopia: The Will and the Way*, Lewiston, Queenston, and Lampeter: Mellen, 1992, p. 93.

③ Ian Johnston, trans.: *The Mozi. A Complete Translation*, Hong Kong: The Chinese University Press, 2010, pp. xliii–xliv.

④ James Legge, *The Chinese Classics, with a Translation, Critical and Exegetical Notes*, Prolegomena, and Copious Indexes, vol. 2: *The Works of Mencius*. Tai pei: SMC, 1991 [1861], pp. 118–119.

⑤ Dan Robins, “Mohist Care.” *Philosophy East West*, vol. 62, no. 1 (January 2012), pp. 60–91; Chris Fraser, *The Philosophy of the Mòzǐ*, New York: Colombia University Press, 2016.

⑥ A. C. Graham, *Disputers of the Tao: Philosophical Argument in Ancient China*, Chicago: Open Court, 1989: 41–42.

子》书中也从“inclusive”发展至“impartial”。[1]围绕墨家“兼爱”思想的翻译与阐释，当下不断增加的论辩并不会因上述观点而穷尽。随着《墨子》以其哲学旨趣、跨文化维度以及对于当代政治可能产生的启发而不断得到重视，对它的探讨定会在未来继续发展。在经历漫长而精彩的历史后，墨子不断得到关注，其“兼爱”之理想亦复如是。

Mohism and The Evolving Notion of Jian Ai

Carine Defoort　Zhoulu Wang
Chinese Studies, University of Leuven, 3000
School of Foreign Languages, University of Electronic Science and Technology of China, 611731

In the English world, MOHISM is the philosophical school（墨家）or trend of thought（墨学）named after Mozi（墨子）, namely Modi（墨翟）. Even though the earliest stories about Mo Di may have presented him more as a master craftsman than a teacher or philosopher, early Mohism or Mozi himself are usually associated with a philosophy or thought system, in which *jian ai*（兼爱）is often the core idea. The portrayal of Mo Di as a fervent promoter of this type of inclusive or universal care is old in the history and still constitutes the most common characterization of Mohist philosophy today. However, the author thinks that the association of Mozi with *jian ai* is not static nor unchanging his article therefore traces the major historical steps of this association: the pre-imperial, imperial, and post-imperial eras. This shows the process of the development of *jian ai*, from its neither exclusive nor constant connection with Mohism, to being the target of Mencius's critical portrayal, and then to, in the later stage, the most valuable one among the "ten Mohist theses" that gains the attention again. Such a trace is not only a good introduction to Mohism but also to the meanders of Chinese intellectual history. The author believes that as the *Mozi* gains importance for its philosophical interest, intercultural dimension, and its possible implications in contemporary times, Mohism and *jian ai*, after a long, eventful history, will certainly on the rise.

（责任编辑：蒋威）

[1] Carine Defoort, "Are Mozi's Three 'Jian Ai' Chapters about Universal Love?" in Carine Defoort and Nicolas Standaert eds., *The Mozi as an Evolving Text: Different Voices in Early Chinese Thought*, Leiden: Brill, 2013, pp 35–67.

墨家“义利一元”之诠释

吴进安

摘　要：墨家是先秦时期九流十家中的“显学”之一，与儒家分庭抗礼。在其哲学主张中，以“十务”为实践入门，观其实践的动力因，乃是基于“义利一元”的价值导向，进而形成其思想体系。本文乃立基于从原典建构墨家“义利一元”之观点诠释，检视义与利之关系及其是否有此合一的可能性，寻求“义利一元”理论的与实践的可能，经由哲学义理的分析，可以为中国思想史以及社会实践的义利意涵提供一个诠释系统，赋予“义”与“利”在理念合一上一个价值导向的可能。

关键词：义　利　义利一元　社会实践

作　者：吴进安，台湾云林科技大学汉学应用研究所教授，人科学院副院长（云林866400）。

中国哲学自先秦时期的理性启蒙，摆脱神话思维的模式，进到以“人”为中心的思维，思考人的意义和价值，并且寻求一种良善的管理模式，以实现人间理想国度，史称是中国思想上的“黄金年代”（golden age）。从历史层面的观察，司马迁《史记·太史公自序》所言：

> 太史公仕于建元、元封之间，愍学者之不达其意而师悖，乃论六家之要指曰：“《易大传》：‘天下一致而百虑，同归而殊涂。’夫阴阳、儒、墨、名、法、道德，此务为治者也，直所从言之异路，有省不省耳。”①

上述之言指出一个重点，“务为治”为诸家诉求的目标。换言之，即是如何使得他们的主张能被接受，进而达成有效管理（治）的目的。中国哲学中蕴含着管理哲学的意涵、策略思考与实践步骤等，如何达成管理的目的、管理技术的建构以及实践检验等。在“治”（有效管理）的前提下，秉持“做对的事”与“把事做对”，是各家竞逐中最为突出和被重视的一部分。

① 司马迁撰，裴骃集解，司马贞索隐，张守节正义：《史记》，上海：上海古籍出版社，2011年，第2478页。

一、墨家是“义利一元”论者

儒墨二家的“义利之辩”观点的差异影响吾人在面对“义”与“利”呈现矛盾、冲突之际的价值判断。“义”与“利”是否截然对立二分？“义”与“利”有无可能在何种条件、标准之下，跳脱二分之概念而有其他的可能性？它涉及人性（human nature）、伦理（ethical）的论题，也是一个道德判断（judgement of morality）的问题。儒家所主张的“君子喻于义，小人喻于利”（《论语·里仁》），“不义而富且贵，于我如浮云”（《论语·述而》），“君子之于天下也，无适也，无莫也，义之与比”（《论语·里仁》），都显示“义”与“利”这两个观念存在着价值冲突。孟子直批墨子“无父”，是“禽兽”（《孟子·滕文公下》），曰：“王何必曰利，亦有仁义而已矣。”（《孟子·梁惠王上》）汉儒董仲舒亦言：“《春秋》之所治，人与我也。所以治人与我者，仁与义也。以仁安人，以义正我。故仁之为言人也，义之为言我也。言名以别矣。”（《春秋繁露·仁义法》）再如：“夫仁人者，正其谊不谋其利，明其道不计其功。”（《汉书·董仲舒传》）上述皆是代表着崇“义”贬“利”之说，也成为儒家醒目的标志。

反观墨家对于“义”“利”的观念，它是立基在一个普遍原则（天志）之下的认知与作为，基于天志之义，人当行兼爱互利（兼相爱，交相利），确立“天”作为人间行事的依据与标准，如此人的秉义而行才不致因“私利”之故而造成偏差，同时亦由人与他人的互动中，发现社会大利才是实现群伦利益的目标。

因此，在对于“利”字的认知与解释上，它超越儒家所认知的“利”，提出“社会利益”（公利与公义）的优先性。墨家巨子“言必信，行必果”之风范而有广为流传之事迹，如墨子“止楚攻宋”（《墨子·公输》），“孟胜为楚阳城君守城以身殉城”（《吕氏春秋·上德》），皆是利之实践的典范。对于儒家而言，《论语·子路》“言必信，行必果，硁硁然小人哉”之论断，察儒家原义，子贡是问何如斯可谓之士矣？以孔子之标准，“行己有耻，使于四方，不辱君命”方能称为“士”，其次之人则等而下之，这与器识、胸襟有关，至于“言必信，行必果”若能做到亦应鼓励，耿直固执之人，或许德行未臻完美，称小人或许略有贬义，亦有所鞭策及期待。

儒家的“崇义贬利”有其对生命价值意义层次的期待，但在此氛围下，儒家对于“利”的价值判断即限缩在“利益”的概念之中，并且对于“利”的范畴定义在经济面与物资面，尤其是对“自我利益”的评断上呈现负面评价，往往形成“有义而无利”，对于“利他”的行为抱持消极的态度，而非积极的提倡与鼓舞，在以血缘亲情关系为考量的取向上而带有选择性的偏好。

基于上述的论述，儒墨二家遂有“义利分途”“义利冲突”“有义而无利”之差异，在以血缘亲亲关系为前提下的事实，则存在着维护自我利益的格局，俗云“各人自扫门前雪，莫管他人瓦上霜”，而无法开出以社会整体发展为考量的“群体利益”，以及由群体生活秩序理性化所导出的“公利”与“公义”之价值规范。

“义”与“利”之合一是墨家所强调的社会价值，依墨家之言，社会乱之因在于无法确立天下大利是人我共同追求的价值，因此正本清源之道，即建立“义利一元”之说，此为创造社会大利之起点，超越血缘与自爱自利之局限，也是弘扬墨家思想可以再予思考与重构的一个方向。

二、“义利一元”论解析与系统建构

墨家哲学的出发点，其基源问题之关切处即在于如何改善社会生活？如何解决民之三患（“饥者不得食”“寒者不得衣”“劳者不得息”）的问题？社会之乱起于不相爱，是墨子观察意识到造成乱的根本原因，包括“子自爱，不爱父，故亏父而自利；弟自爱，不爱兄，故亏兄而自利；臣自爱，不爱君，故亏君而自利，此所谓乱也”（《墨子·兼爱》）。因此，墨子直觉地认定要改变亏人以自利的情境，即是思考“如何把人人之间的自利自爱转化成为人性上积极的意义？”①

由此发展出著名的“兼相爱，交相利”之说，“利”之成立离不开“爱”。墨子承认人有自利利己的动机，谓之为“别”，但是应予彻底“转化”，转化之法即落在“兼以易别”“以兼为正”，方能有“天下大利”之产生，而能利泽群伦。

墨子采取“兼以易别”和“兴天下之利”二观念为导乱为治的方法，“别”是自利心，是自利之爱；“兼”是整体之爱，以兼代别，即是以全体的观念取代部分的观念，肯定人有此认知与实践的能力，可以认同“兴天下之利”的价值性与必要性，“易别以兼”即是为寻求社会的公义与公利；意指人有其基本的利己需求，墨子并不否认，但经理性思考之后发现，如果人人坚持“别爱”，即无从产生兼爱，其后果将非天下之利。兼以易别，将自利的负面破坏力降到最低，才能称得上是具有社会意识与利他意识的自我，社会大利来自于个人的利他意识，如此才能得其善果，这是理性思维的结果，也是墨家对人的高度期待。

此种思维之产生以及社会大利之目的的提出，即是墨子与其他诸子的不同之处，陈荣捷特别作出观念上的比较，从经验事实出发来解释墨子所企求的目标，也就是“三表法”的应用。②

孔子是以“中庸”、老子是以“道”为中心原则以指导并规范经验。墨子是以对实际经验之通盘审验以企及普遍原则。③

墨子以“三表法”作为推论之法，有“本之者”“原之者”与“用之者”之经验事实归纳及推论，此“三表法”在运作的层次与方法上乃是“归纳法”（inductive method），所称的实际经验之通盘审验，就是运用“三表法”以获得结论。人之自利过

---

① 吴进安：《墨家哲学》，台北：五南图书出版公司，2003年，第151页。

② “三表法”是墨子思想中类似西方传统逻辑的“三段论”，亦称“言有三表”，包括本之者，“本之于先圣大王之事”，原之者是“原察众人耳目之情实，又征以先王之书”，用之者是“发而为刑政”以观其是否能符合国家人民之利。见《墨子·非命上》。

③ 请见陈荣捷：《中国哲学史话》，黎登鑫译，《中国人的心灵》，台北：联经出版事业公司，1984年，第37页。

当将危及社会的生存，必当发掘人性之中的“利他意识”，激发个体潜存的利他意识，在兼相爱交相利的互动中构建及形成社会的集体利益；进一步说，个人的“爱”（自利），只有在兼爱的充分条件之下才能确保，社会价值共识的公义与公利如能确立起来，社会大利之目标才有意义与价值。

墨子对于“义利一元”之观念的提出，[①]含有根源性、逻辑性与实践性之递演以构成其系统架构与实践步骤，下分三段加以说明：

（一）墨家以“天志”之“义”为社会实践的价值根源

“天志”是墨子治国的“十务”之一。“天志”之义是墨家所认为的“人间秩序和道德价值之所由”。墨子经由两条途径建立此价值根源，一是由社会的实然面导入，得出社会之所以“乱”，因不相爱而致伦理体系的崩解，自爱而不爱人，自利而不利人；二是由价值的应然面导入，为何人间会乱？除了是自利的行为之外，是否存在着原有的价值体系之维护者、根源者的位阶与价值的旁落？梅贻宝教授认为：

> 墨子具有一种人格上帝之显明意识，而为正统宗教之说客。他认为孔子对宗教之缄默，乃显示缺乏信仰，而孔子之怀疑态度则危及道德。宗教诚然有待复兴与改革，但成为万物之中心主宰，必然是上帝，而人不足以当之。[②]

在先秦时期能如此高举天志意义者首推墨子，他引用《尚书》二十九则以说明其天志乃是“主宰之天”之义，是人间秩序和道德价值之所由，也是保障人间正义和道德美善的最后根源：

> 我有天志，譬若轮人之有规，匠人之有矩。轮匠执其规矩，以应天下之方圜，曰中者是也，不中者非也。今天下之士君子之书，不可胜载，言语不可尽计，上说诸侯，下说列士，其于仁义，则大相远矣。何以知之？曰：我得天下之明法以度之。（《天志上》）

墨子所称之“得天下之明法以度之”即指天志，并且在《天志中》将“天志”譬喻为“法仪”，即是标准。顺天意者，义之法也。大志之概念汇归为一总体性的概念，作为群伦生活、行事与行为之指导，此实践义包括“兼而爱之”“兼而利之”“兼而有之”“兼而食之”等。天志是普遍性价值的“义”，乃有“兼而爱之”与“兼而利

---

① “义利一元”之概念出自于吴进安：《从墨子“义利一元论”探讨墨子社会正义观》，《东海大学文学院学报》1988年第41期。吴进安：《墨家哲学》第15章第2节“义利一元与重义轻利之说”亦有论及，参见吴进安：《墨家哲学》，第381—390页。

② 梅贻宝：《中国哲学之社会、伦理与精神价值基础》，东海大学哲学系编译：《中国人的心灵》，台北：联经出版事业公司，1984年，第129—130页。此说近于“主宰之天”的观念。

之”的观念，在天志之义的普遍原则之下，超越自利，发扬利他是非常明确的。墨子所期许是人人可以“兼而爱之”“兼而利之”“兼而有之”“兼而食之”。再由“兼以易别”“兼士与别士之别”“兼爱与别爱”等论述，皆可看到墨子以“兼”易“别”的努力与用心，是价值观的转换与替代，这即是一种“哲学的突破”。

当代新儒家的唐君毅先生很客观地认为墨子的“天志”说出其重要的内涵，并肯定墨子开出“天下之公义”，[①]即是客观普遍的义道，而圣王之道即义道。而义又要如何落实于利，使得利之产生有其可能，而能有“天下之公义”？即是在人间行“兼相爱”以爱串接义与利，成为墨家独有之标志。

（二）从“兼相爱、交相利”推导出人间社会应然存在的共同特性：兼、爱、义、利之社会

墨子是一位社会实践家，为义而行，行义的动机即是来自其愿以一己之力，力挽狂澜、大公无私之兼爱观念，吾人必当在互惠、互利的情境中找到“社会永续发展”的方向。严灵峰先生称“兼相爱，交相利”之说便完全建立于此。“墨子的‘兼爱’学说，是植基于人类实际生活‘互惠’‘互利’”。[②]因着人我的互惠与互利，社会实践才有其立基。

墨子在《非儒》即有这样的一段话，为仁义观念赋予新义，确有暮鼓晨钟之意涵与提醒：

> 夫一道术学业者，仁义也，皆大以治人，小以任官，远施周偏，近以修身，不义不处，非理不行，务兴天下之利，曲直周旋，不利则止，此君子之道也。

由此可知，墨子为“君子之道”赋予新义，他扩大了仁义道德的视域范畴，上承天志之义，下开仁义兴利之事，君子之道是爱、义、利三者的统合，义利外显，爱则内蕴，兼相爱是成就社会之利的必要条件，就社会发展的观察与经验法则显示“夫爱人者，人必从而爱之；利人者，人必从而利之；恶人者，人必从而恶之，害人者，人必从而害之”。以兼爱为桥接，连接义与利，方能以兼代别产生利他意识与行动，而有社会公义与公利。

（三）利的新诠释

后期墨家延续着墨子“兼相爱，交相利”的理念进一步阐释义利的观念，他们的重点即是墨辩，为知识作定义、解释，以为谈辩的根据。在《经》上、下，《经说》上、下诸篇就呈现这样的氛围与深度讨论。尤其是对“利”的诠释，带出以利释义的观念，确为后期墨家对墨学理论的一大贡献。例如：《经》上：“义，利也。”《经》上：“利，

---

① 唐君毅：《中国哲学原论》卷一，台北：台湾学生书局，1986年，第158页。

② 严灵峰：《墨子简编》，台北：台湾商务印书馆，1995年，第55页。

所得而喜也。”在《经说》上解为：“义，志以天下为芬，而能能利之，不必用。”利要考虑天下之利而非自利，亦即是社会公利，超越个人私利，“义，利也”，正是“义利一元”立论的依据，这个观点为墨家学说创造一个新的格局，毋怪乎梁启超先生说：“此经以利训义，是墨家根本精神。”由此推演出墨家之兼相爱是仁，交相利为义。此义以天下为己分，乃能利之，而非以报酬或是等值回馈为条件。如果是有条件的交换，就不是出于真心（兼爱）。由此处可以看出墨子对于人性朝善之发展的肯定，并且相信人人可以为之，他也以社会实践之方式（如止楚攻宋）来说明此道理。

以利训义，可以看出墨家要求吾人抛弃相对条件、功利性之对待与交换，如此利的价值也才能由经济价值（利）提升至社会价值（义），进而以义利合一之形式成为社会实践之价值导引。突破自利的限制框架，赋予“利”的新概念，而得以利他为核心的义利一元之说，此理论之贡献在于衡平看待利的原始意涵，以及可以运用于创造社会大利之可能。以天志之“义”为价值保障，“天之志者，义之经也”，人的道德意识之提升借由“天志”与“兼爱”之作用及催化，而得“天下之利”“社会公利”之目标，“公利”与“公义”为实现群体生活的合理化、正义化的基础。在此基础之上，吾人就必须考虑实现社会公利的程序正义与分配正义的问题。曾春海教授认为：“墨家的义观念，不仅是人与人共同开发资源及合理分配社会资源的分配正义，亦系一种人格所当具的德性，同时墨家的义观念也隐含了报偿的正义及程序正义的涵义。”①

以利释义之提出，为中国哲学注入新血，它所带来的影响，一是超越血缘与封建的旧思维框架，不能仅凭儒家的观点看待义与利；二是从社会发展的维度，思考人是社会的动物，必须有其个体与群体在利益范围上的区分，社会意识与实践的出现，体现出一个进步的社会所需要的支撑框架及维系的力量。

（四）分配正义的关注

中国文化中以儒家为主导的思潮，重在个人道德涵养的培养，但缺乏对于社会群体生活分配正义的导入与关注，因而形成许多的扞格现象。在群体生活当中，人与他人的互动的过程，即是表征“人与他人共同开发资源及合理分配社会资源的分配正义”的问题。墨家关切社会问题的切入点在于先行解决民之三患，“饥者不得食，寒者不得衣，劳者不得息”。墨子提出“饥者得食，寒者得衣，劳者得息，乱者得治”之主张，力主“强不执弱，众不劫寡，富不侮贫，贵不敖贱，诈不欺愚。凡天下祸篡怨恨，可使毋起者，以相爱生也”（《兼爱中》）“有力者疾以助人，有财者勉以分人，有道者劝以教人”（《尚贤下》）的“损有余补不足”之理念，同时对此社会行动亦有评价及提醒，《经上》：“行，为也。”《经说上》：“行，所为不善名，行也，所为善名，巧也。若为盗。”“名不可简而成也，誉不可巧而立也，君子以身戴行者也。”（《修身》）其义理近于当代社会永续发展强调公益之动机，合理分配社会资源，实现分配正义，已是

① 曾春海：《阐墨家的贵义说》，《儒家的淑世哲学》，台北：文津出版社，1992年，第310-311页。

大势所趋；但是墨家亦提醒“名与誉不可简成及巧立”，必当以身戴行，有其深刻的批判意识，在先秦哲学中有其特色。

墨家学说与儒家学说分庭抗礼，有其对治彼时的社会问题，其所关切的“民之三患”虽经时代变迁而仍然存在，前述的“分配正义”如何实现？吾人能否从两千年前的墨家思想中获得津梁？寻求解决“民之三患”之方法是为可行之道，正可为吾人建构“义利一元”论述架构的一种价值参照。

三、在“义利一元”架构下的社会实践

“义”是人们对社会公共利益的追求与准绳，“利”是超越自利，而能创造群体大利。社会实践是用最适当的方法来做公益的活动，以达成其照顾弱势者的特定目标，它异于传统社会以追求利润最大化之处，在于以解决社会问题为首位。因此，社会实践高度关注社会目标、社会责任和社会使命，如此一来，在“义”与“利”二者之间如何有一衔接的核心要素，以避免造成两难的问题？墨学的主张是否存在着可以化解当代社会面向的利他与经济面向的利己的紧张关系？这也是儒墨关系紧张的地方，更是在面向工业化时代的价值冲突。吾人试以如下的三个层面作深入的思考。

（一）“义利一元”兼摄“义、爱、利”三者以成社会实践之基础

在墨子所处的时代，“如何改善群体生活”是他首要考虑的问题。他所主张的“利”即是社会利益，方法即是“兼相爱，交相利”，他突出了“爱”的观念，并且以“兼爱”破除别爱（自利），巩固群伦关系；但是依据墨子对人性的观察，他从经验界推测人性是受到后天环境的制约（《墨子·所染》：“子墨子言，见染丝者而叹曰，染于苍则苍，染于黄则黄，所入者变，其色亦变。”）。此必要有一绝对的权威（天志）以为指导，以天志之义指导群伦行为，成就人间之“义”，使得“义”有其标准性、统一性与客观性。因为在群伦关系中，如果不能“兼以易别”，仍然存在着“利己而不利人”“违背伦理与正义”“务夺侵凌”等非理性行为出现，则社会之乱必然无以遏止，必以突显“义”“爱”“利”三者的价值意识及哲学立场，实践其社会关怀。学者提出“墨学‘义、爱、利’之架构系统以诠释墨学的核心概念”，[①]可为借镜。如图1所示。

---

① 黄文瀚、陈丽贞，《当代企业群我伦理的建构省思——论旧墨学到新墨学群我关系的转化与实践的可能性》，《台北市立教育大学学报》2012年第11期。该文之解说大体上符合墨学的精神与核心观念，但是“义”的解释上应加上“天志”的价值导引，方能完整呈现“义”的整体性概念，但以“义、爱、利”作为一种社会实践的实践方法，可谓中肯又符合墨学原义所欲突显的“义利一元”。借由此架构注入墨学，可以推衍出在“义”的部分是天志之义的价值导引，具有放诸四海皆准的普遍性；其次在“爱”的部分，则是自我与群体关系的和谐建构；最后是“利”的部分，是指保障生存的基本需求与愿望。

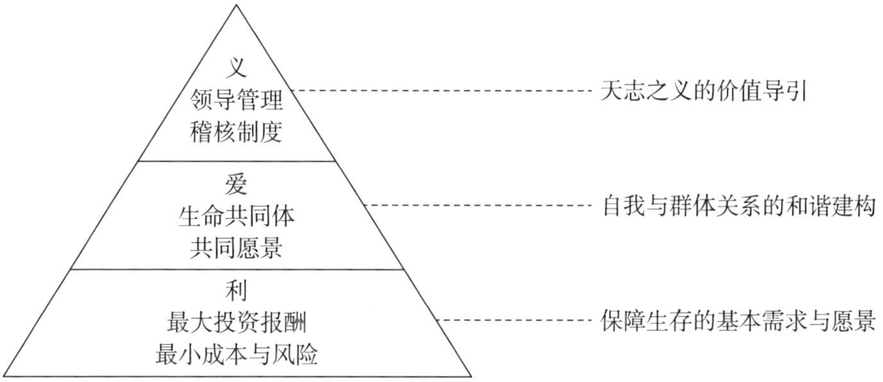

图1 墨学“义、爱、利”之架构系统

在这个金字塔的结构中，居于中且成为核心的“爱”是形成社会大利的动力，所以墨子才优先提出人人必当兼相爱，拥有共同的愿景，是生命的共同体，是一种彼此合作的形态，是人我的互利互爱（仁爱义利的同一）。由于有了“兼相爱”方有“交相利”，“利”之产生是客观性与指导性的义与超越主体之爱的共同聚集之处。

交相利是建立在人我合作的共识与基础上，此“利”是社会利益（天下大利）的最大公约数，个人之利亦在团体之利中，这是墨辩逻辑的延伸（《大取》：“爱人不外己，己在所爱之中。”）。利的产生是出于人的利他意识以及与他人合作之意愿和行动。在《耕柱》中的一段话，足以说明“义”“利”的合一之效益，人人发挥力量，以成就社会大利。

> 治徒娱、县子硕问于子墨子曰：“为义孰为大务？”子墨子曰：“譬若筑墙然，能筑者筑，能实壤者实壤，能欣者欣，然后墙成也。为义犹是也。”（《耕柱》）

墨子认为社会实践的目标即是实现“治”“众”“富”，此三者乃是针对“乱”“寡”“贫”而发。因此吾人称墨学的“义利一元”之说奠基于以“兼相爱”（视人如己）理念，“交相利”（利人亦利己）。而“义者，利也”，以作为团体社会取向的合作利他的效益准则。墨子的“义利一元”之说，首以“利”为手段，以取得生存满足的投资报酬，次以“爱”为动力及分享，成就济弱扶贫、安危共济的社会，终由“义”为领导规范与约束。以墨家而言，“义”自“天”出，以“天志为义”作为圭臬。对内而言，“义”即是领导管埋与内控稽核，形成一套管理机制，勿使偏离社会目标、人我的合作互惠。墨家基于对人之信任与无私奉献，应有可能创造一个具普遍性的公利与公义之社会。而对于不能实行兼爱的情形，又该如何彰显义利，墨子则诉诸“天志”与“明鬼”的降祸惩罚，这是一种素朴的宗教观的运用；但是墨子基于社会功能性期许及实现分配正义理念，对于公利与公义之实现仍有其期待与热情。

（二）道德风险之挑战

从往昔农业社会的思维模式转向工业社会的新思维，吾人会摆荡、徘徊在社会关怀（义）与经济利益（利）之间，而有定位不明与分配正义之优先顺序之问题，造成其公益性和商业性不平衡的问题，同时也要解决如何将社会实践目标、自我定位与绩效相结合的问题。社会实践的本质（essence）它是互为主体与共善的；在组织人才资源与整体发展上，透过价值导引、对话、赋权的原则与方法，引发人们的自觉与同理心，发挥自身潜能。当代社会强调的社会企业实践模式可为参考，“而社会企业在实践行动时，则需对空间的限制保持敏锐，在文化与资源的空间差异中确保调适能力；此外需关注时间性课题，维护环境与自身之可持续性”①。而作为一种介于商业企业和公益组织之间特殊类型的企业组织，社会企业高度关注社会目标、社会责任和社会使命，同时也须具有一定的营利性，以实现自身的可持续发展，其中存在一些看似相互冲突的价值权衡之问题。若能义利兼顾，企业可以永续发展，避免造成道德风险，如果平衡之点没有掌握好，则社会目标将形成实践的偏差。在社会导向（义）与利润导向（利）之间取得平衡，如此是具有挑战的，从已发生的某些案例中可以理解此中的风险。

归根究底地来说，“道德风险”的问题所在即是“利他”是否存在？对于人之“利己”行为，基本上不予否认，但毫无规范的利己行为将对社会造成伤害；换言之，利他本是美德，行为者应接受其成为群体价值的一部分，这与老子《道德经》七十七章的“天之道，损有余而补不足；人之道，损不足而奉有余”似有异曲同工之义。另外在《道德经》的八十一章“圣人不积，既以为人，己愈有；既以与人，己愈多”亦能参照。墨家的“义利一元”即是“利己且能利他”，是以造福他人为目的（社会大利），自己不求回报（必我先施爱于人），自己可能会蒙受损失（士损己而益所为），最后是出于自愿（摩顶放踵，利天下而为之，赴义而死）。而墨家的信念正是墨子及其追随者亲自示范的“损己而益所为”（《墨子·经上》）。在墨子的“兼爱”思想中，“投我以桃，报之以李”的互动性既是利己也是利他。即如严灵峰所言：“要兼爱，就必须双方同时履行‘相爱’，这样才能达到‘兼相爱，交相利’这个理想的实现。”②再更进一层思考，在这种互动性成立与实现之前，必有一方意识到“兼爱”的意涵以及主动性，肯定此种利他的价值而愿意如此作为，因而主动的先爱，如此方有互利的结果。主动的先爱是利他的先决条件，符合“义”的价值，而能有“损己而益所为”。

结　语

社会实践有其社会面道德正当性的诉求，今日社会亦不能忽略维持组织正常运作的理性化之要求，在“利己”与“利他”的价值选择与偏好中，应是“义利合一”的原则以为圭臬，达成“义”的目的，并且“利”泽天下之人。“墨家从现实世界出发，寻找人伦之弊与社会之病，从外在的经验上及天志权威二方面解决人心之安顿，因此

① 黄浩然、韩文尧、林佳萍、李礼孟：《社会企业的社会面向初探》，《辅仁管理评论》2017年第1期。

② 严灵峰，《墨子简编》，第36页。

义利一元绝非是境界的体验，而是内在理则与外在经验的法则，是人与他人互动的原则，以此原则构成社会进步，因此才有天下大利之预测与追求。”①

其次，墨家“义利一元”的观点，对于道德实践与社会关怀的发展有较持平的看法，既不流于道德的空想与教条，而其“义”的基础，则是来自于天志（义）之要求，追求利己之时，体认“损有余补不足”的教训，经由兼爱的人我互利、平等、主动之实践，消除“损不足而奉有余”的人性弊端，一种利己利人的社会公共利益是有其被重视的必要性与迫切性，其中已“蕴涵公民意识普遍化与社会机制制度化的概念”②。亦可看出其务实地点醒人心之共同价值导向，以及对于社会公义的追求。社会实践之迫切与当代社会企业之成立，也让吾人可以体认到在“义利合一”的价值导引下，分配正义（以弱势者为优先）与程序正义（“义”“爱”“利”三者之共融）之实现，当是文明良善发展的契机。

An Interpretation of the Mohist “The Unity of Righteousness and Benefit”

Wu Chin-An

National Yunlin University of Science and Technology (Yun Lin,866400)

Mohism is one of the “outstanding learning” among the nine streams and ten schools in the pre-Qin period, and it competes with Confucianism. In his philosophy, he takes “ten affairs” as the starting point of practice, and observes the driving force of his practice, which is based on the value orientation of “justice and benefit” , and then forms his ideological system. This paper is based on the interpretation of Mohist “unitary righteousness and benefit” from the original text, examines the relationship between righteousness and benefit and whether there is such a possibility of unity, and seeks the possibility of the theory and practice of unitary righteousness and benefit and whether there is such a possibility of unity, and seeks the possibility of the theory and practice of “unitary righteousness and benefit” .Through the analysis of philosophical principles, it can provide an interpretation system for the meaning and benefit of Chinese ideological history and social practice. Give “righteousness” and “benefit” a value-oriented possibility in the concept of unity.

（责任编辑：史大丰）

① 孙中原、吴进安、李贤中:《墨翟与〈墨子〉》,台北:五南图书出版公司,2012年,第260页。

② 孙中原、吴进安、李贤中:《墨翟与〈墨子〉》,第260页。

天即义：墨家义学的天道基础

林晓媚

摘　要：墨家之“天”可分为两个层次，一是有意志的人格天，即天神、天鬼、上帝，虽是人间之最高主宰，但受形上天的约束；二是作为法仪的形上天，即天志、天意、义，是人间秩序和道德价值的根源，表一必然性，而不表意志。这一划分使墨家能够以理性的方式保留人格天和鬼神的宗教性，并化解天志与明鬼、非命的冲突。而在此基础上，义作为天之所以为天的根据在于，“义”虽出自于人格天，但在人格天转向形上天的过程中，它也完成了由作为人格天的意志向作为形上天的道德法则的转变，并禀受了“天”的超越性和至上性。为此，“义”具有既超越又现实的双重特性，它是墨家思想能够从“宗教”转向“道德”的根本，而天志、明鬼、非命则共同构成了墨家义学的天道基础。

关键词：义　明鬼　非命　形上天　人格天

作　者：林晓媚，福建社会科学院哲学研究所助理研究员（福州 350001）。

在墨家思想中，“天”或“天志”具有形而上的普遍意义。不过，学界对于“天”或“天志”是否为根本观念的问题却颇有争议。一种观点认为，墨家之天即人格天，是有意志的最高主宰，应作为墨家思想的根本观念。尽管仅凭《墨子》书尚不足以构建起完整的宗教体系，但研究者们仍试图保留天志明鬼的宗教性。如张纯一所言，墨家之天即景教之上帝，均以道体极大无外显神化也。①太虚法师云：“法仪、天鬼，是《墨子》之根本义，……《墨子》之根本义在天鬼，同乎神教，无可征实。”②另一种观点虽认可墨家思想的宗教性，却更侧重于强调宗教的作用，且否认“天”或“天志”是墨家思想的根本观念。梁启超云：“墨子讲天志，纯是用来做兼爱主义的后援。”③又

【基金项目】国家社科基金重大项目“中国传统政治哲学观念体系的当代重构研究”（23&ZD235）阶段性成果。

① 参见张纯一：《墨学与景教》，《墨子集解》，上海：世界书局，1936年，第608–609页。

② 释太虚著，《太虚大师全书》编委会编集：《太虚大师全书》（第22卷），北京：宗教文化出版社，2004年，第365页。

③ 梁启超：《墨子学案》，《梁启超论诸子百家》，北京：商务印书馆，2012年，第166页。

说："墨学所标纲领，虽有十条，其实只从一个根本观念出来，就是兼爱。"[①]方授楚亦云："墨子于信仰方面之成就，在其破坏而不在其建设。……《天志》《明鬼》乃藉以坚平民之信仰而增其勇气也。"[②]同时也说："夫以统摄诸目，则兼爱自较概括，此乃逻辑上之体系也。"[③]在上述分歧之下，有学者尝试阐发墨家天道思想中内蕴的另一种根本观念的可能性，即将源自于天的"义"提升至本体的高度，被称为"义道"。[④]其代表人物陈问梅认为："墨子以天或天之意志作为整个天下为法的法仪或标准，根本只在这一个义上。"[⑤]唐君毅则云："以义道为通贯，则义道之大，亦可说有大于天者。"[⑥]纵观这些争论会发现，虽然以义为根本观念可以为墨家思想的宗教性保留一定空间，但这也使得重建墨家哲学体系遭遇更复杂的问题，即如何理解"天"和"义"及其关系？源自于天的义何以能够被置于天之上而作为万事万物最后的根据？本文将聚焦于墨家的天道思想，首先考察墨家思想中天和鬼神之说，尤其是从概念分析厘定天和鬼神的意涵及分类，接着借助现代的一些概念和理论工具，探讨明鬼和非命的合理性，然后在此基础上分析天和义的关系，并试图将具有宗教意味的"天"转化为具有规范性质的"义"。这一理论工作，对建构以"义"为根本观念的墨家义学具有基础性意义。

一、天与鬼神之说及其意涵

考察《墨子》全书，墨家并没有对"天""鬼""天鬼""鬼神""上帝"这一系列观念进行明确的区分和界定。尤其在"十论"中，墨家常将它们混合运用，如"天鬼""尊天事鬼""诟天侮鬼""上利乎天，中利乎鬼，下利乎人""上帝鬼神""上帝山川鬼神"等。唯独《明鬼下》对"鬼"进行了分类，"古之今之为鬼，非他也，有天鬼，亦有山水鬼神者，亦有人死而为鬼者"。这一划分将"天鬼"视为"鬼"的类型之一，故有必要

---

① 梁启超：《墨子学案》，第149页。

② 方授楚：《墨学源流》，北京：商务印书馆，2015年，第113页。

③ 方授楚：《墨学源流》，第82页。

④ 最早尝试以"义道"之名建立起墨家哲学体系的学者应是陈问梅。其著作《墨学研究》（台中：私立东海大学出版社，1964年）、《儒墨平议》（台北：台湾商务印书馆股份有限公司，1967年初版，1969年二版，1975年三版）以及《墨学之省察》（台北：台湾学生书局，1988年）都对墨家之"义"作了比较系统的分析。唐君毅在《中国哲学原论·原道篇》（上册）中专辟两章"墨子之义道（上、下）"。现代学者盖立涛在《墨家"新义学"思想研究——以儒墨义学思想比较为线索》（《文史哲》，2022年第6期）一文中提出"新义学"，曾振宇则在《"尚天"与"贵义"：墨家从"天本论"到"义本论"的转向》（《哲学与文化》，2022年第7期）一文中倡导"义本论"。在此基础上，笔者以《墨子》文本为中心，以中国古代哲学研究为依据，讨论范围以道德、政治、社会思想为限，借鉴西方哲学的方法论，尝试性建构以义为根本观念的墨家哲学，并将此种哲学建构称之为"义学"。在笔者看来，对墨家"义"的思想实质及其逻辑展开作贯通性的诠释，还有较为广阔的研讨空间。

⑤ 陈问梅：《墨学之省察》，台北：台湾学生书局，1988年，第129页。

⑥ 唐君毅：《中国哲学原论》（上），北京：中国社会科学出版社，2006年，第56页。

对“天”“鬼”及“天鬼”三者之间的关系做一个说明。其中的关键在于如何理解“天鬼”？是指天之鬼，还是说天即鬼？孙诒让认为，“天鬼”下疑当有“神”字。又引《周礼·大宗伯》云：“‘天神、地示、人鬼’。此则天神地示总曰鬼神。”[①]按此，“天鬼神”属于“神”的类型，或者说，“天鬼神”即“天神”，而“山水鬼神”及“人鬼神”则既可能成神，亦可能成鬼。成神则为“神”的类型，成鬼则属于“鬼”的类型。

然而，这一简单的分类，并不足以廓清“天”“鬼”“天鬼”“鬼神”“上帝”之间的关系。有学者认为：“墨子所谓鬼神，严格地说，当该是指天神以下的各种鬼神而说的。……鬼神总是在天之下、在人之上的一种神明。”[②]又说：“无论天神、天鬼或即天，实同质而异名者。”[③]此论一方面将天拉出了鬼神的范畴，使天获得最高的地位，变成了高于人和鬼神的独立存在；另一方面又将天、天神和天鬼三者视为同一，这意味着将天神或天鬼也拉出了鬼神的范畴。这似乎与墨子原义并不相符，因为如果天神或天鬼不属于鬼神的范畴，那么墨子在对“鬼”进行分类的时候，就不必要把“天鬼”归纳进去。

就文本之义来看，在《明鬼下》中，墨子言“古之今之为鬼”，所强调的是关于“鬼”的分类，而不是对“鬼神”的分类。但按照孙诒让的意思，“天鬼神”实际是“天神”，并不属于“鬼”的范畴。这里便产生矛盾，即墨子对“鬼”进行分类，却将属于“神”的“天鬼”归纳为“鬼”的类型。显然，此矛盾能够得到的合理解释是墨子所言之“鬼”，应为“鬼神”。也就是说，当天、鬼并列而言时，要么是指“天神”，要么是分别指称“天”“鬼”，且天神和鬼合称为鬼神，如“尊天事鬼”“诟天侮鬼”“上利乎天，中利乎鬼，下利乎人”等。而当“上帝”与“鬼神”并言时，则“上帝”指代“天鬼”或“天神”。“鬼神”作为总称，或者指代“鬼”，或者指代“神”，如“上帝鬼神”“上帝山川鬼神”等。

以上，“鬼神”的类型可分为两个层次：一是“神”的类型，包括天鬼、天神、上帝、山川神、人神等；二是“鬼”的类型，包括山川鬼、人鬼等。在宗教意义上，作为“神”的天鬼、天神、上帝、山川神、人神与作为“鬼”的山川鬼、人鬼都是有意志的鬼神。同时，在地位上，天鬼、天神和上帝是高于其他鬼神的最高神明。

在概念上，还有待解决的问题是，“天”与“天鬼”“天神”“上帝”是否同一？[④]

---

① 孙诒让:《墨子间诂》,北京:中华书局,2001年,第247页。

② 陈问梅:《墨学之省察》,台北:台湾学生书局,1988年,第135页。

③ 陈问梅:《墨学之省察》,第141页。

④ 在墨书中,关于“上帝即天,还是上帝非天”的问题曾在台湾学界引起过前后长达二十年之久的论战。其中,较早提出并讨论这一问题的墨学研究者是刘宇声和李绍崑。这场争论可以通过李绍崑的著作《墨子研究》(台北:现代学苑月刊社,1968年)窥得一二。同时,李贤中《墨学——理论与方法》(扬智文化事业股份有限公司,2003年,第10-13页)、郑杰文《20世纪墨学研究史》(北京:清华大学出版社,2002年,第287-288页)亦有较为详细的综述。本文支持李绍崑的观点,认同墨书所言上帝是驾乎一切鬼神之上,而又居于天之下的神明。

如前所述，天鬼即天神，天神属于鬼神中“神”的类型，那么“天”是否也属于鬼神中“神”的类型？墨书出现“上帝”一词，共26次，且大多数引自《诗》《书》。一般而言，学界通常认为《墨子》中的“天”即“上帝”，是具有意志的“人格天”或“人格神”。如黄玉顺所言：“在墨子的话语中，‘天’与‘上帝’是指同一对象。”同时指出，“这个至上的神圣超越者，既称‘天’，又称‘上帝’，这是殷周以来的传统称谓，《诗》《书》常见。”[①]按此，墨书在引证《诗》《书》时，或可谓上帝即天，但除引证《诗》《书》之外，上帝即天吗？《天志下》云：“率以敬上帝山川鬼神，天以为从其所爱而爱之，从其所利而利之，于是加其赏焉。”李绍崑由此认为，天是赏善罚暴的最高神明，而上帝则被列为天所爱所利的对象，与其他山川鬼神为伍。[②]显而易见，此处的“上帝”并不等同于“天”，并且“天”高于“上帝”。随后，李绍崑还对“上利乎天，中利乎鬼，下利乎人”一语作了分析。他认为，在墨书中，“天”“鬼神”“人”三者是不同的三类，有时三者并举，有时只举两者，尤其在运用“上（尊天），中（事鬼——或鬼神），下（爱人）”三个排比句时，“上尊”的一定是“天”。“上帝鬼神”或“上帝山川鬼神”，运用得也相当多，但绝无列上帝、鬼神、人类在一起的，更无“上（尊帝），中（事鬼），下（爱人）”，或“上（尊上帝），中（事鬼神），下（爱众人）”这一类的排比句出现。[③]通过“上、中、下”这一微妙的排序，我们能够看到，“天”并没有被完全划分到“鬼神”的类型之中，而“上帝”实质属于“鬼神”的一部分，“鬼神”从属于“天”。

依上述分析可得，天既不绝对等同于上帝，且也不绝对等同于鬼神。实际上，关于“上帝即天，还是上帝非天”的问题，其争论的逻辑命题是，墨书中的“上帝”能否等同于“天”？其中，主张“上帝即天”，意味着“凡天是上帝，凡上帝是天”；而主张“上帝非天”则意味着“凡天不是上帝，凡上帝不是天”。诚然，基于概念的内涵和外延，即便抛开文本，我们也无法说“上帝”完全等同于“天”，因为“天”的外延要比“上帝”的外延更广，甚至“天”真包含了“上帝”。也许，我们可以换一种说法，即墨书中“存在天不是上帝，并且凡上帝是天”。如此，既可以解释为何引证《诗》《书》时，仍用“上帝”，又可以解答“上利乎天，中利乎鬼，下利乎人”中，为何不能用“上帝”替换“天”。

诚然，对墨书而言，“天鬼”“天神”“上帝”更多是宗教意义上的存在，而“天”比“天鬼”“天神”“上帝”具有更多层次的含义。或者说，在上帝、人格天、天鬼之外，还存在天的另一种形式。这种形式的天，即是形上天，它绝不等同于上帝、人格天、天鬼，并且高于上帝、人格天、天鬼。譬如在《法仪》中，墨家确立以天为法，并指出“既以天为法，动作有为，必度于天，天之所欲则为之，天所不欲则止”。在

---

① 黄玉顺：《天志：墨家的超越观念及其政治关切——墨子思想的系统还原》，《社会科学研究》2020年第6期。

② 李绍崑：《墨子研究》，台北：现代学苑月刊社，1968年，第29页。

③ 李绍崑：《墨子研究》，第31-32页。

《天志中》中，墨家指出天为万物之原："且吾所以知天之爱民之厚者有矣，曰以磨为日月星辰，以昭道之；制为四时春秋冬夏，以纪纲之。"可见，天既可以是脱离鬼神系统的最高主宰，也可以是绝对的创造者和立法者。正是在这个意义上，墨家思想中的"天"与"天鬼""天神""上帝"之意义相去甚远，或者说只有当"天"仅作为有意志的人格天时，才可以得到上帝即天（鬼）的可能性。

由是，我们可以将《墨子》中的天分为两个层次，一是有意志的人格天，即天神、天鬼、上帝，虽是人间之最高主宰，但受形上天的约束；二是作为法仪的形上天，即天志、天意、义，是人间秩序和道德价值的根源，表一必然性，而不表意志。

二、明鬼：基于理性之上的鬼神信仰

厘清天和鬼神的意涵及分类之后，我们首要面对的问题是，人格天、形上天和鬼神是怎样的联系？若天和鬼都为赏善罚恶的执行者，是否可以取消掉鬼的存在？在人文精神觉醒的时代，落后的"鬼"观念为何仍被墨家所保留？从文本上看，关于天和鬼神之赏罚："昔者夏王桀，贵为天子，富有天下，上诟天侮鬼，下殃傲天下之万民，祥上帝伐元山帝行，故于此乎，天乃使汤至明罚焉……然不能以此圉鬼神之诛。此吾所谓鬼神之罚，不可为富贵众强、勇力强武、坚甲利兵者，此也。"（《明鬼下》）此段言人不可能抵御天和鬼神之赏罚。墨子列举夏王桀的事迹曰"天乃使汤至明罚焉"，表明赏罚的主动者在于天。但接着墨子又提出"然不能以此圉鬼神之诛"，似乎暗含这样一层逻辑，即鬼神之诛依照"天"之赏善罚恶的法仪以行事。何以见得"鬼神之诛"秉承天之法仪？天在执行赏罚，鬼神也在实施赏罚，赏罚的判断标准是由谁规定的？依前文所述，"鬼神"亦包含"天神"，所以说"鬼神之诛"的"鬼神"并没有排斥"天神"。而"天乃使汤至明罚焉"中的"天"亦是指有意志的人格天，点明赏罚是来自人格天之意志的规定。同时，由于人格天本身遵循这一意志规定，又使得这一意志规定要高于人格天，是人格天为自己立法。这意味着，赏善罚恶的执行者是人格天和鬼，而形上天作为一种意志规定是人格天和鬼执行赏罚的根据。进言之，人格天和鬼不是绝对的权威，它们与人一样必须知道什么是善的，什么是恶的。

至于"鬼"观念的落后性问题，涉及鬼神存在的证明。既然"鬼神"包括了作为"神"的天神、天鬼、上帝、山川神、人神与作为"鬼"的山川鬼、人鬼，那么《明鬼下》中对鬼神存在的证明，则不仅仅是对作为"鬼"的山川鬼、人鬼的存在证明，实际上也证明了作为"神"的天神、天鬼、上帝、山川神、人神的存在。换言之，对鬼神存在的证明，实际也是对人格天存在的证明。

墨家关于鬼神存在的证明过程如下：首先，厘清鬼神存在的必要性在于，其能够兴天下之利，除天下之害；其次，以众人耳目之实为判断依据，证明鬼神之存在；最后，征引圣王之事、先王之书以便进一步论述鬼神之有，并依此注明鬼神赏罚的标准。

在某种意义上，运用三表法证明鬼神存在，[1]实非真正的“证明”，亦非真正的“推论”。更确切地说，这应该是一种“证实”。墨家认识到，要使人们相信某物存在，最简单的方式就是将此物呈现出来。然而，鬼神不是实体，而是某种神秘力量，它不仅承载着对人之行为是非善恶的道德判断，也职掌着人的吉凶祸福。这就意味着，鬼神无法作为实体被呈现在众人面前，而只能作为神秘力量为众人所感知。但只要人之德行与祸福不相一致，那么执无鬼者就有理由宣称鬼神之存在的证明是不成立的。《公孟》记载了与之相应的事件：

子墨子有疾，跌鼻进而问曰：“先生以鬼神为明，能为祸福，为善者赏之，为不善者罚之。今先生圣人也，何故有疾？意者先生之言有不善乎？鬼神不明知乎？”子墨子曰：“虽使我有病，何遽不明？人之所得于病者多方，有得之寒暑，有得之劳苦，百门而闭一门焉，则盗何遽无从入？”

跌鼻问墨子：“既然鬼神赏罚分明，那为什么先生作为圣人却生病了呢？”墨子的回应肯定了鬼神的存在，却否定鬼神是造成疾病的绝对原因。这一回应意味着“鬼神”不是决定人之吉凶祸福的唯一因素。然而，这与《天志》《明鬼》中所塑造的无所不知、无所不在的天、鬼形象是相冲突的。《天志上》云：“夫天不可为林谷幽门无人，明必见之。”《明鬼下》亦云：“故鬼神之明，不可为幽间广泽、山林深谷，鬼神之明必知之。鬼神之罚，不可为富贵众强、勇力强武、坚甲利兵，鬼神之罚必胜之。”我们假设鬼神存在，那么无所不知、无所不在的天、鬼必定知道墨子是圣人。圣人为天之所欲，反之天亦应为圣人之所欲，即欲福禄而恶祸祟。然而，墨子作为圣人生病了，天、鬼却不作为。如此德福不一致，何以确定鬼神存在？

可见，以耳目之实论证鬼神存在，反之也很容易以耳目之实反证鬼神不存在。在《明鬼下》中，墨子甚至还做了鬼神不存在的假设，他说：“虽使鬼神请亡，此犹可以合欢聚众，取亲于乡里。”墨子认为，即使鬼神真的不存在，祭祀活动也还是有利于促进人与人之间的情感。如此，既然鬼神难以被“证明”或“证实”，也难以被“证伪”，墨家为何还要这样做？显而易见，墨家所要做的工作，不是为了“证明”或“证实”鬼神存在，而恰恰是要回答这种“证实”如何为人所接纳。故而，在“三表法”论证中，“鬼神能够兴天下之利，除天下之害”这一必要条件就变得十分重要，因为这是人能够接纳鬼神存在的理性起点。

事实上，墨家清楚地认识到，人对赏善罚恶的恐惧，是一种原始宗教的心理状态，并不能作为主张明鬼的根由。否则，墨家只要致力于建立某种宗教就足够了。在墨家

---

① 在笔者看来，“三表法”是墨家所建立的就某种衡量标准而达成的理性共识，它独立于争论各方的欲望、偏好和意愿，我们可以通过它来证明为什么支持某一观点的理由要优于支持另一观点的理由。三表法不排斥宗教的观念，其之所以能够证明明鬼的合理性，恰在于明鬼是“为了实现天下之利（最高善）的行为指导原则”。

那里，鬼神之存在不是“因为存在，所以相信”，而是“因为相信，所以存在”，亦即人相信鬼神能够起到赏善惩恶、兴利除害的作用，所以才具有存在的意义。如此看来，墨家所主张的天志、明鬼思想并不作为道德的基础，而只被视为道德的体现和象征性表达。然而，尽管墨家为“十论”这套完备的行为准则，披上了宗教的外衣以巩固其权威，可一旦宗教不再发挥相应作用时，宗教也将被取消或替代。为此我们才会看到，在周初人文精神的觉醒之下，墨家没有从天转向人自身来求得道德的根源，而是通过保留对天、鬼的宗教性敬畏，由外而内真正建立起人的责任感以及道德共识，再由此使人在生活中有了某种程度的自主性。就墨家思想体系而言，宗教精神和人文精神是双向平衡，并行不悖的。

三、非命：一种通往意志自由的可能

按前文，墨家既要保留人格天和鬼神的宗教性，又要以非命脱离宗教束缚，岂非自相矛盾？又或者说，墨家如何通过“非命”来唤醒人的道德主体性？天志、明鬼与非命是两种分裂的观念一同出现在墨家思想体系之中，无可厚非地困扰着墨学研究者。正如严灵峰所言：“墨子的‘非命’主张，可以说是正确的；不过他要在‘尊天’‘事鬼’的条件下实现，这是他的理论矛盾。”[①]虽然学界也试图给出合理的解释，但始终没有相一致的说法。其中很重要的原因是，对“命”的诠释并不相同。李贤中对天志与非命之间的关系融通作过一番解释，他首先点明：“墨子非命，主要是针对儒者的命定论与民间流传的宿命论。”[②]接着说道：“从人的动机或意志一面看，……墨家的非命其实就是在遂行天志。”[③]又进一步说：“从天人之间的师法关系来看，……墨家的‘非命’其实正是人对于‘天志’爱人的师法。”[④]这一分析虽然从人之动机或意志以及天人关系出发，阐明了非命即是遂行天志，天志与非命并不矛盾，但却忽略了另一个问题，即不作为宿命或命定的天志如何使人自觉地为善去恶？可见，我们要论证非命的合理性，就须先弄清楚《墨子》中命的概念。

在《墨子》中，“命”字共出现137次。[⑤]其含义大概可以分为四类。一是命令、命定。二是生命、性命，如《非攻下》：“死命为上。”三是命名、称说，如《经说上》：“命之马，类也。”四是使命，如墨子释《禹誓》云：“禹之征有苗也，非以求以重富贵、干福禄、乐耳目也，以求兴天下之利，除天下之害。”墨家所指非命之命应为第一种，但命令之命与命定之命仍有很大区别。

从劳思光对“命”观念的历史考察看，在古代思想中，“命”有两种意义：一指

① 严灵峰：《墨子简编》，台北：台湾商务印书馆，1995年，第49页。
② 李贤中：《墨家的天人关系》，《哲学与文化》2012年第4期。
③ 李贤中：《墨家的天人关系》，第160页。
④ 李贤中：《墨家的天人关系》，第161页。
⑤ 引得编纂处编纂：《墨子引得》，上海：上海古籍出版社，1986年，第365–366页。

命令，一指限定。就时间先后而论，取“命令”义之“命”观念，出现应极早。此种“命”观念，以意志性为基本内容，与“人格天”观念相连。[①]而“命定”义之“命”，以“条件性”或“决定性”为基本内容，不必然涉及意志问题，却必涉及一“客观限定”之观念。由于如此意义之“命”并不涉及意志问题，故亦可不涉及价值问题。[②]根据劳思光的观点，墨家是以人格天为价值标准之根源。而在此基础上，墨家所非之命是指“命令义”之“命”，还是“命定义”之“命”？

如果墨家所非之命是指“命令义”之“命”，那么天志、明鬼与非命之间的矛盾将不可调和。在墨家思想中，天是最高的主宰，人顺从于天，天亦要赐福于人。质言之，天人关系是相互需要，相互接受的。人需要天的公平正义，因此接受天之赏善罚恶的法仪。天需要建立相爱相利的共同体，因此接受处理人世间的大小事务。为了构建相爱相利的共同体，天、鬼命令人们为义行善，而人们便应为义行善，否则就会受到惩罚。可是，若墨家非命是否定天、鬼之命令，那么墨家对天、鬼存在的论证也将变得毫无意义，这显然有悖于墨家本意。反之，如果墨家所非之命是指“命定义”之“命”，那么天志、明鬼与非命之间是可以相融相通的。事实上，在墨家看来，“命定义”之“命”只是被设想为人无力改变的现实而已，它并没有通过人的意志而成为被普遍接受的原则。因此，“命定义”之“命”不能强制限定人的行为，人亦无需根据它来达到善的目的。

当然，以上对墨家非命观念的理解还将面临质疑，即作为一种意志的命令之命，可能会被当成一种必然的命定之命。或者一种必然的命定之命，可能会当成作为意志的命令之命。对此，劳思光有强调，命定之命可不涉及价值问题。李贤中亦有说道：“天‘志’只是天所设定的应然方向，其中包含着人自由意志的选择性。”[③]可见，命令之命和命定之命的区别在于命令之命关乎价值，是应然的。命定之命关乎事实，是实然的。命令之命是为了达成兴利除害的目的，而要求人们必须为善去恶。而命定之命则试图把外部环境中的不确定性看作是必然的事实，以致使人相信不管作何努力，都不可能改变现状。显然，墨家非命的目的并不在于否定已经存在的社会现实，而在于鼓励人们改变社会现实中不合理的一面，去追求世界原本该有的样子。然而，即便将命定之命排除在价值判断之外，且将其规定在事实之中，我们有时也会因为无法分清事实与价值，而不可避免地将命令之命当作命定之义，或将命定之义当作命令之命。尤其，当我们无论怎样努力都无法改变现状时，常常会不自觉地将命令之命与命定之命视为同一。为此，能够解决这一问题的方式是，彻底否定命的存在，既没有命令之命，也没有命定之命。

关于“以命为无”，我们依然要回到对非命的论证中。其论证方法仍采用“三表

① 参考劳思光：《新编中国哲学史》，桂林：广西师范大学出版社，2005年，第72页。

② 劳思光：《新编中国哲学史》，第73页。

③ 李贤中：《墨子——导读及译注》，香港：中华书局，2014年，第284页。

法”，包括“本之者”“原之者”和“用之者”三个步骤。其中，“本之者”是向上考究天、鬼之志，圣王之事，先王之书；“原之者”是向下考察百姓的日常事实；“用之者”是使其用作刑法政令，从中观察国家百姓人民的利益。由是，论证过程如下：第一步，从本之者出发，考究天、鬼之志，圣王之事，先王之书，确定能够治理国家，听狱制罪，整顿军队的，不是命，而是宪法、刑律和誓言。第二步，从原之者的角度看，观察百姓耳目之实，判断人们能够为善去恶的原因，是出于圣王颁布的宪法和律令，而不是出于命。况且也没有人真的看到过命，那些相信命存在的人，都变得消极怠倦。第三步，就用之者而言，命之存在上不利于天，中不利于鬼，下不利于人，属于暴人之道，而非命则可以实现国家富强、人民众多、刑政得法的目标。诚如前面论证鬼神存在所强调的，以耳目之实论证鬼神存在，反之也很容易以耳目之实反证鬼神不存在。同样地，以耳目之实论证命不存在，反之也很容易以耳目之实反证命存在。所谓命与鬼神一样没有客观性、现实性，因而是难以被“证明”或“证实”，也难以被“证伪”的存在。但可以确定的是，墨家非命与明鬼在表面上看似冲突，实则目的一致，都以兴利除害作为论证之所以合理的必要条件。

以上，不难看出，墨家非命思想包含两层含义：一是否定命定之命，肯定命令之命；二是以命为无。就前者而言，墨家所肯定的命令之命虽是一种价值判断，却是源于意志的原则，而非实践的法则。[①]命令之命即是天的命令，它设定所有人都怀有“兴天下之利，除天下之害”的意图，并要求所有人都按照“十论”来实现这一意图。在这一实现的过程中，“十论”通常被作为确定的原则用以指导人的行为。然而，天不可能客观地把“十论”表现为实践上必然的。因为“十论”实际是特定时期为了达到特定的意图而必须做的事情。倘若其他任何时期不需要这些原则来达到特定的意图了，那么这些原则就会被放弃。换言之，一旦“十论”不符合“兴天下之利，除天下之害”的意图，那么它就是可以取消的、被替代的。所以说，“十论”作为天之意志的原则，很难成为绝对的道德要求，而更多是指经验性的行动建议。

至于后者，“以命为无”又将如何？无论是命令之命，还是命定之命，“命”实际是指一种条件。它意味着，只有在“命”的指引下，人的行为才是合理的和正当的。而“以命为无”则否定了这一条件性，即人无须受“命”的影响，而能够自觉地行动。

---

① 康德认为，一个客观原则的表象，就该原则对于一个意志是强制性的而言，就叫做一个（理性的）诫命，这个诫命的公式就叫做命令式。命令式分为三种：技术的命令式、实用的命令式、道德的命令式。前两种是假言命令，后一种是定言命令。其中，道德的命令式无须以通过某个行为要达成的任何别的意图为基础，就直接要求这个行为，并且唯有定言命令式才是一种实践的法则，其余的命令式虽然能够叫做意志的原则，但却不能叫做法则。因为只是为了达到一个任意的意图而必须做的事情，就自身而言可以被视为偶然的，而我们如果放弃这一意图，就在任何时候都可以摆脱这种规范。与此相反，无条件的诫命不容许意志在相反的方面任意行事，因而唯有它具有我们为法则所要求的那种必然性。（参考康德：《康德道德哲学文集》上卷，李秋零译，北京：中国人民大学出版社，2016年，第32–37页）墨家所认同的命令之命，实际指天的意志，是需要达成某种特定意图的要求。故而，本文将命令之命称之为意志的原则。

李贤中认为，墨子的非命思想可以从两个不同的层次来理解。其一，《天志上》："天欲义而恶不义。"这是天所设定的方向，人可顺可逆。其二，《明鬼下》："先生者先死。"这是天所设定的生命范围。人皆有生死，并受鬼神的裁决赏罚。[①]按照李贤中的观点，天所设定的方向是命令式的，但人无须受"命"的约束而可顺可逆。天所设定的生命范围则是命定式的，不可逆的。这意味着，在一定程度上，人拥有选择的自由，而自由的限度是合乎天志和明鬼。以此言之，墨家思想似乎也蕴含着自由的观念，但细细考察又存在着矛盾。我们对自由的传统解释是"不受他人武断意志的支配"[②]。在这里，"天"是有意志的人格天，也就是说虽然人可以选择顺从或反对天的意志，但由于如果不顺从天的意志就会遭到天的惩罚，所以人会因为害怕受到天的惩罚而被迫顺从于天的意志。《大取》有云："不得已而欲之，非欲之也。"如此，人所拥有的选择自由，是否仍属于"不受他人武断意志支配"的自由？具有赏罚权力的人格天，是对人之行为的制约（restraint），还是对人之行为的强迫（constraint）？[③]所谓自由的行动应该是指个人根据自己的知识，选择自己的方法，进而追求自己的目标，它的实现必须基于不以他人的意志为转移的外部条件。而"强制"的后果是，它使人无法自我思考、判断价值，最终成为被操纵的工具。[④]

按此，虽然"以命为无"使人摆脱了"命"的控制，但却仍然受人格天的操控。因为人选择非命，可能并不是出于自己的意志，而只不过是为了顺从于人格天的意志。一旦人格天要求反转相信"有命"，那么之前人对非命的选择，可能也会随着人格天的意志转变而选择"有命"。在这种情况下，墨家非命思想还远远谈不上涉及自由意志。至少自由应当是既能为做好事提供机会，同时又只有在也为做坏事提供机会的情况下，才能为做好事提供机会。[⑤]为此，当某人有机会做出选择时，唯有他是被嘱咐，而非被强迫来服从某项准则的，我们才能说这个人是自由的，并且要为自己的行为选择负责。[⑥]

析言之，从以上墨家非命的两层含义看，命令之命即天的命令，具体内容是"十论"。"十论"是意志的原则，而不是绝对的道德命令。所以，人可以反对"十论"，否定命令之命。在此基础上，"以命为无"则既要摆脱"命"的控制，也要摆脱"人格天"的控制，人也才能因此获得真正意义上的自由。然而，当人摆脱了"命"和"人格天"

---

① 李贤中：《墨子——导读及译注》，第284页。

② 哈耶克：《自由宪章》，杨玉生等译，北京：中国社会科学出版社，2012年，第30页。

③ 哈耶克强调关于自由的定义是以强制这一用语的含义为基础的，所以要先说清强制的意义。为此，他区分了"制约"和"强制"，认为"制约"一词经常让我们想起自由受损是因为人们不能做许多事，而"强制"一词所强调的是人们被迫去做某些事。在传统上，哲学常用"制约"一词来界定自由。不过，在哈耶克看来，自由应界定为"没有制约和强迫"。（参考哈耶克：《自由宪章》，杨玉生等译，第36、42页。）

④ 哈耶克：《自由宪章》，杨玉生等译，北京：中国社会科学出版社，2012年，第42页。

⑤ 哈耶克：《自由宪章》，杨玉生等译，第118页。

⑥ 哈耶克：《自由宪章》，杨玉生等译，第118页。

的控制而获得自由时，我们不禁会困惑自由的界限在哪里？诚然，自由要受普遍道德法则的制约，且这个普遍的道德法则不再是人格天的意志，而是非人格化的，不以人格天或人的意志为转移。如此，便给墨家思想留下一个问题，即如果“十论”不能作为普遍的道德法则，那么这个普遍的道德法则是什么，它何以作为天之所以为天的根据？

四、义：作为天之所以为天的根据

行文至此，在前文对“天”“鬼”“命”三种概念重新诠释的基础上，最后要回答的是：“义”何以作为天之所以为天的根据？对此，本文尝试将上述问题划分为三个逻辑层面，具体如下：第一，梳理《墨子》文本中“义”之内涵。第二，理清人格天和形上天的关系。第三，辨析人格天和形上天与义的关系。

首先，关于《墨子》文本中“义”的内涵。按《说文》，《墨子》之“义”写作羛，从弗。段注：“弗者，盖取矫弗合宜之意。”[①]由此，可引申出正义、规范和秩序之内涵。此外，考察《墨子》文本，“义”包含了四重内涵：一是义出自于天，即“义果自天出”；二是以义治性[②]，即“从事于义，必为圣人”；三是以利言义，即“义，利也”；四是以义为正，即“义者，正也”。相较于其他“十论”原则，“义”呈现出独有的双重特性：既超越又现实。

在此，有必要讨论一下陈问梅的观点。陈问梅亦是通过确立“义”的超越性和至上性，来论证以“义道”重构墨家哲学的可能性。然而，其将面临的问题是，在陈问梅看来，“义”禀受了天的超越性和至上性，所以才能够作为天之所以为天的根据。但陈问梅并未将“天”划分为人格天和形上天，而只将“天”看作是“依欲、恶以表现其意志的人格神”。[③]也因此，在“人格神”的掌控之下，很难建立起一心、性主体，或道德主体。[④]同时，还会造成“义之所以为义在于天，天之所以为天在于义”这一循环论证的逻辑困境。这亦意味着，陈问梅所构建的“义道”并未能真正解决“出自于天的‘义’如何能够被置于天之上而成为天之所以为天的根据”的问题。

其次，理清人格天和形上天的关系。既然只将“天”理解为“人格天”不足以论证“天之所以为天的根据在于义”，那么将“天”划分为人格天和形上天又如何呢？就二者关系而言，倘若形上天完全脱离了人格天的意志而独立存在，就意味着它只能借助于人自身的道德建立起唯一的至善。按此，形上天会被演绎为人对自己的立法，从而形成一种康德式的道德自律。但这显然与《法仪》所言“故父母、学、君三者，莫可以为治法。然则奚以为治法而可？故曰莫若法天”的观点相违背。事实上，从内容

---

① 许慎撰，段玉裁注：《说文解字注》，上海：上海古籍出版社，1981年，第633页。

② 参考拙文：《“以义治性”何以可能——墨家人性论新探》，《哲学动态》2022年第3期。

③ 陈问梅：《墨学之省察》，台北：台湾学生书局，1988年，第265页。

④ 陈问梅：《墨学之省察》，第335页。

来看，墨家思想始终只有一种“天”，只不过其所言之“天”经历了从人格天向形上天的转化过程，或者说是从明鬼思想中演绎出非命思想的理性化过程。即是说，墨家的人格天和形上天是相与为一，又各自独立。形上天虽是由人格天所生成的天志、天意和义，却独具一种超越的特质，在保留人格天威信的基础上，它有效地扮演了墨家道德形上根源的角色。故此，形上天是在人格天的基础上演变而来，但又高于人格天而成为“立法者”，并向人立法。

最后，辨析人格天和形上天与义的关系。从人格天的层面看，人格天之所以为人格天在于它是借助宗教悬设出来的神。前文通过分析《墨子》文本中有关鬼神之明的论证，可见墨家明鬼思想虽然为其所创构的“十论”道德准则披上了宗教外衣，并予以神圣的权威性，但却对鬼神信仰保持着一定的理性判断，即认为人格天和鬼神之所以存在是因为人们相信它们合乎义（兴利除害），而不是“因为存在，所以相信”。换言之，人格天和鬼神并不作为道德的基础，且当其不再适应时势发挥作用时，又是可以取消或被替代的。从形上天的层面看，形上天之所以为形上天的本质是什么？它如何能必然地成为人间秩序和道德价值的根源？如前所论，当“非命”释作“否定命定之命，肯定命令之命”之时，仍受“天之命令”的约束，并未真正摆脱“命”。而当“非命”释作“以命为无”时，则既摆脱了“命”的束缚，也摆脱了“人格天”的制约，人亦因此获得真正意义上的自由，但此时自由也没有了限度，而须要转向依靠人的道德主体性。这一道德主体性的建立，即通过“义”的超越化和内在化而生成。不过，在这里尚未解释清楚“形上天”和“义”的关系。

从“义”的源起看，《天志中》载墨子言曰“吾所以知义之不从愚且贱者出，而必自贵且知者出也”，意即“义”必然出自贵且知者，但谁是“贵且知”者呢？墨子认为：“天为贵，天为知而已矣，然则义果自天出矣。”也就是说，义出自贵且知的天。又因为“贵”“知”属于人格特质，故而此处的“天”应视为“人格天”，即“义”出自于贵且知的人格天。然而，尽管“义”出自于贵且知的人格天，却可能并不是唯一的最高的善。在墨家思想中，人格天还可能推出兼爱、非攻、尚贤、尚同等不同的善。由此，便产生一个问题：如果“义”不是唯一的最高的善，那么它何以能够作为天之所以为天的根据呢？这就关乎形上天和义的关系。《天志中》云“义果自天出”，似谓天在义先。但《天志下》又云“以天志为法”“天之志者，义之经也”，似谓天志即义，而不言先后之分。对墨家而言，“天”与“天志”是一体的，“天”无“天志”则不会有“人格”，“天志”脱离“天”则不存在。易言之，人格天和形上天是“天”的一体两面。如此便可梳理出这样的逻辑关系，即在人格天向形上天转变的过程中，出自于人格天的“义”观念由作为人格天的意志演变为作为形上天的道德法则。按此，可以推出“形上天即义”的结论。

然而，“形上天即义”这一条件似乎并不足以论证出“出自于人格天的义何以能够作为天之所以为天的根据”，人格天、形上天及义三者之间的关系仍需得到更进一步的说明。对此，本文的回应是，人格天和义的关系是合而为一，近似于车负载着物，此意味着义不是人格天唯一的善。在人格天所构建的世界里，一切运用都是基于经验的，人只能认识经验之内的事物，而对经验之外的存在则始终保持一种积极探索的认识论态度。与之不同，形上天和义是互为一体，犹如动物和灵魂的关系互为根本。在形上天所构建的世界里，义不再是被人格天所设想出来的概念，而是一种被普遍认可的道德法则，具有了客观实在性。由此，出自于人格天的“义”能够转化为与形上天为一体的“义”，从而具有超越性和内在性。又因为墨家并没有否定人格天的宗教性，所以“义”实质是披着人格神外衣的普遍道德法则。至此，可以看到，人格天、形上天和义实质上是一体的，即天即义。也正是在此基础上，以义为根本观念的墨家哲学体系不仅包含有外在的道德规范性，同时也具有建立起一心、性主体，或道德主体的可能性。

结　语

墨家之“义”是一个独特的哲学概念，既具有形而上学的意蕴，又包括经验性的实在内容。为此，有必要将其置放于墨家的思想结构及其现代转化的视阈之中加以重新定位。在上述讨论中，为了更好地诠释天和义之间的关系，本文立足《墨子》文本，将天划分为人格天和形上天，其中人格天包含宗教性，形上天蕴含义理性。人格天并非本原的存在，而人之所以相信人格天存在，是因为它合乎义。形上天则由人格天转化而来，与义互为一体。诚然，强调天与义互为规定的关系，并非为了否定天的宗教性和自然性，而在于对墨家天道观的创造性诠释，为重构以义为根本观念的墨家哲学体系提供了一种新的可能。在某种意义上，以义为根本观念实质为墨家哲学体系提供了一场哥白尼式革命意义上的重构。

Heaven is Righteousness: The Foundation of Heaven Tao of Mohism

Lin Xiaomei

Institute of Philosophy, Fujian Academy of Social Sciences (FuZhou,350001)

On the basis of establishing *yi* 义（righteousness）as the fundamental concept, this paper tries to clarify the relationship between *tian* 天（heaven）and *yi* 义（righteousness）.In Mohism, heaven has two forms, personalistic heaven and metaphysical heaven.By demonstrating the rationality of *ming gui* 明鬼（clarifying ghosts）and *fei ming* 非命（against fatalism）, Mohism highlights the necessity of personalistic heaven and metaphysical heaven.However, the conversion process needs to be finally completed by the *yi* 义（righteousness）.The *yi* 义（righteousness）of Mohism, with the transformation from personalistic heaven to metaphysical heaven, also evolved from the will as personalistic heaven to the moral law as metaphysical heaven.Therefore, the metaphysical heaven retains the deterrent effect of personalistic heaven on people's moral behavior, and thus constitutes the nature of heaven, form personalistic heaven, metaphysical heaven and *yi* 义 (righteousness) of the unity of the Mohist philosophy.

（责任编辑：史大丰）

在“求同”与“察异”之间

——海外汉学中的《墨经》逻辑思想研究初窥

张万强

摘　要：《墨经》逻辑思想是20世纪以来海外汉学研究中国古代语言与逻辑哲学、思维方法论的一个重点。以逻辑学、语言哲学中的相关概念、方法为参照，海外汉学中的《墨经》逻辑思想研究形成了“建构式”与“解构式”两条研究理路。“建构式”研究理路主要是将《墨经》逻辑思想放置于传统或现代逻辑学的知识框架内展开诠释，强调《墨经》所论的“当”“名”“辞”“类”等与“真”“概念”“命题”“类”等逻辑学概念相应，并主张对《墨经》所论的“侔”等论式及其运用加以符号化刻画和分析。“解构式”研究理路主张从先秦思想文化发展的大背景出发，对《墨经》逻辑思想进行诠解，认为墨家所论的相关语词、论式是一种基于古汉语语形、语义特点的初步尝试。海外汉学对于《墨经》逻辑思想的上述解读，可以为探讨当代中国逻辑思想史研究中存在较大争议的“逻辑与文化的关系”等问题提供视角与思路借鉴。由此，对此一主题加以述评和审度，就有助于进一步理解和把握《墨经》逻辑思想的特质，促进相关问题的学理探究。

关键词：海外汉学　《墨经》　逻辑思想

作　者：张万强，西安电子科技大学人文学院哲学系副教授（西安710100）。

《墨经》逻辑思想是20世纪以降海外汉学把握中国古代逻辑与语言哲学的一个重点内容。海外汉学中的中国语言哲学和逻辑思想研究，在内容上主要包括古代哲学家对使用自然语言来形成可靠的说理论式的逻辑洞见，以及对“名”“辩”之效果、功用等主题的具体认识。尽管海外汉学界近年来愈加关注名家、道家、儒家等先秦其他诸家的逻辑思想史贡献，但对墨家逻辑思想的研究仍是重中之重。[①]就此而言，《墨经》所包含的一些重要逻辑概念的界定、推理论式的说明与例示等，就顺理成章地成为了诠

【基金项目】国家社科基金后期资助项目“墨家逻辑哲学研究”（19FZXB003）阶段性成果。

① Willman, Marshall D., “Logic and Language in Early Chinese Philosophy”, *The Stanford Encyclopedia of Philosophy*（Fall 2023）, https://plato.stanford.edu/entries/chinese-logic-language/. 2024年4月29日。

解此一主题的重点内容。围绕《墨经》逻辑思想的学理诠释，以齐密莱乌斯基（Janusz Chmielewski）、成中英（Chung-Ying Cheng）、葛瑞汉（A.C.Graham）、何莫邪（Christoph Harbsmeier）、陈汉生（Chad Hansen）等为代表的海外学人，以文本翻译和分析为基础，或以现代逻辑的概念和技术进行重构式诠解，或以比较哲学的视野和理论进行反思与审度，形成了不同的观点见解和研究理路。本文试图整理其中较有代表性的观点和理路，并尝试将之归结为"建构式"与"解构式"两条线索进行简要评述，以图阐明海外汉学《墨经》逻辑思想研究的问题域和方法论特色。这一工作，或可为中国逻辑史学界讨论相应问题提供"他山之石"。

一、"建构式"研究理路的形成与展开

尽管海外汉学对中国文化与思想的兴趣由来已久，但真正对中国古代哲学所运用的推理模式加以研究则自20世纪始。法国汉学家马森·奥尔瑟（Paul Masson-Oursel）进行了逻辑学、印度因明和中国古代逻辑的比较研究，法国马伯乐（Henri Maspero）在西方首次系统地解释了墨家逻辑思想，他认为墨家所提出的"效"等推理论式，实质上都只是墨家在论辩实践中总结出的具有范例性质的论证模式而已。①此外，胡适的《先秦名学史》（*The Development of the Logical Method in Ancient China*）对包括《墨经》逻辑思想在内的中国古代逻辑方法进行了系统介绍，该著作对其后的汉学家进一步研究墨家辩学产生了重要影响。尽管马伯乐、胡适等的墨家逻辑研究较为缺少相对系统的现代逻辑知识的运用，但却确立了以西方逻辑学知识（如归纳法、演绎法、类比推理等）比较诠解墨家逻辑思想的"建构式"基本研究理路。

20世纪60年代，波兰逻辑学家和汉学家齐密莱乌斯基认为，对研究中国古代逻辑思想而言，了解西方形式逻辑至关重要。按照此一认识，齐氏以自身所受的严格和系统的现代逻辑训练为基础，试图用西方的逻辑概念和理论来分析和阐发墨家辩学为代表的中国古代逻辑思想。在1962到1969年间，他先后以《中国古代逻辑注解》（*Notes on Early Chinese Logic*）为题，发表了八篇重要的中国逻辑史研究论文，其中讨论了《墨经》所论的同异、类、真、效等概念和问题。齐氏所提的方法及其研究见解为后来研究中国逻辑史的汉学家们所普遍认可和接受，并成为一个基本方法论。这一方法论的要义在于将《墨经》逻辑思想放置于传统或现代逻辑学的知识框架内展开诠释，强调《墨经》所论的"当""名""辞""类"等与"真""概念""命题""类"等一些逻辑学概念相对应，并强调可对《墨经》所论的"侔"等论式及其示例加以符号化刻画和分析。以下，本文围绕齐氏对"同异"问题和"效"论式的诠释，说明这种研究理

① See: H.Maspero, "Notes sur la logique de Mo-tseu et de son é cole", *T'oung Pao*, XXV (1928), pp.10-18. 本文转引自 Janusz Chmielewski, "Notes on early Chinese logic (Ⅲ)", *Rocznik Orientalistyczny,* Vol.27, No.01 (1963), pp.104-105.

路的方法论面向。

首先看齐氏对《墨经》中的“同”“异”问题的理解。他将“同”“异”分别翻译为Similarity和Difference，并认为给“同”和“异”下一个清晰的逻辑定义（即指出两个事物的同或异的充要条件）是非常困难的。尽管如此，齐氏还是区分了墨家辩学所说的两个事物之间的“同”有“同一关系”（即“重同”）和“相似关系”（主要是“类同”，也包括“体同”和“合同”）即 $(a\ sim\ b) \underset{df}{=} (a=b) \vee \sum_{\varphi}(\varphi a \cdot \varphi b)$，而表示相似关系的公式对于任何对象都是成立的，即任何物都有相似性；表示两类事物之间的同异关系则可借用集合论来诠解，即当说A类事物与B类事物之间具有类同关系，也就相当于说A中的元素x与B中的元素y之间具有同一关系，即可被定义为 $(A\ sim\ B) \underset{df}{=} \sum_{x \in A} \sum_{y \in B}(x=y)$，两类事物是相同的当且仅当属于其中一类的事物同时属于另一类，反之，说A类与B类相异，可被定义为 $(A\ dif\ B) \underset{df}{=} \prod_{x \in A} \prod_{y \in B}(x \neq y)$。[①]齐氏还在第八部分引用墨家的“狂举”之说来说明事物间“类同”和“类异”关系对判断之真假是非的影响，即用“若举牛有角马无角以是为类之不同也，是狂举”指出，“牛不是马”这一命题的成立需要满足每一个牛类动物都要与每一个马类动物不同，且用以判定每一个牛区别于每一个马的属性应是一遍有一遍无有的。[②]此外，齐氏还研究了墨家的矛盾命题，即“辩胜，当也”和“辩无胜，必不当”，并进而阐发说这里的“当”和“不当”相当于“真”和“假”，墨家辩学固然是求胜的，但所求之胜则必须是一种符合事物实际情形的“正当的胜”，这些论述也潜在地断定了，墨家辩学具有“真”和“命题”等逻辑概念。[③]

再看齐氏对《小取》中所论的“效”之诠释。齐氏在借鉴吸收胡适和詹剑锋关于“效”式推论的理解的基础上，同时参考了马伯乐的“‘效’与演绎推理并不相关，而只是墨家从辩论实践中总结出来的具有范例性质的一个论证的定义”[④]等观点，和李约瑟（Joseph Needham）的墨家辩学的“效”是基于“天之法则”（methods of Nature）的一种“思维法式”（model-thinking）[⑤]观点，尝试用数理逻辑中的函项演算来解释“效”。从《小取》关于“效”的界定来看，“效”首先是通过“法”来定义的。齐氏根据《经上》和《经说上》71条关

---

① See: Janusz Chmielewski, “Notes on early Chinese logic（VII）”, *Rocznik Orientalistyczny*, Vol.31, No.01（1968）, p.125, p.135.

② See: Janusz Chmielewski, “Notes on early Chinese logic（VIII）”, *Rocznik Orientalistyczny*, Vol.32, No.02（1969）, pp.85–95.

③ See: Janusz Chmielewski, “Notes on early Chinese logic（VI）”, *Rocznik Orientalistyczny*, Vol.30, No.01（1966）, pp.41–42.

④ H.Maspero, “Notes sur la logique de Mo-tseu et de son é cole”, T’oung Pao , XXV（1928）, pp.10–18. 本文转引自Janusz Chmielewski, “Notes on early Chinese logic（III）”, Rocznik Orientalistczny, Vol.27, No.01（ 1963）, p.104.

⑤ See: Joseph Needham, Science and Civilisation in China, Vol.2, Cambridge: Cambridge University Press, 1956, p.184.

于“法”的定义和解释，认为“意、规、圆，俱可以为法”能被理解为“如果某物合乎圆的概念，那么该物是圆的；或，如果某物能够用规画出来，则该物是圆的，等”这样的假言命题，据此进一步将“法”的“所若而然”之定义形式化刻画为$\varphi x \supset \psi x$。要言之，齐密莱乌斯基认为《小取》所说“效”概念有两个层次，即：

$$\overbrace{\overbrace{\left[\prod_{x}(\underbrace{\varphi x}_{\text{法}} \supset \psi x\right]}^{\text{效}} \supset \overbrace{(\underbrace{\varphi x_k}_{\text{故}} \supset \psi x_k)}^{\text{所效者}}}^{\text{效}}$$

在齐密莱乌斯基看来，“故”是“法”的一个特例，而“效”则是由“效”和“所效者”所构成的一个从普遍到特殊的“必然地得出”的有效演绎推理式。质言之，“效”既是一个通过归纳程序而达致的且能被接受为真的全称判断，同时该全称判断还可以作为一个能被用以推导出具体的特称判断的普遍前提。在用以表示“效”概念一阶逻辑公式$[\prod_{x}(\varphi x \supset \psi x)] \supset (\varphi x_k \supset \psi x_k)$中，后件部分是“所效”，前件部分则是一个全称判断命题“效”。这个普遍的全称命题“效”之所以成立，则需要通过如下的归纳程序来完成。即：

$$\left.\begin{array}{l}\varphi x_1 \supset \psi x_1 \\ \varphi x_2 \supset \psi x_2 \\ \cdots\cdots\cdots\cdots \\ \varphi x_n \supset \psi x_n\end{array}\right\} \prod_{x}(\varphi x \supset \psi x)$$

显然，“效者”一旦被认为一个真命题，则“所效者”也必然地会被认为是一个真命题。齐密莱乌斯基还认为，孟子所说的“凡同类者举相似也”（孟子的这句话可以形式化为：令x、y表示任意两事物，xRy表示事物x、y为同类事物，xSy表示事物x相似于事物y，则孟子的这句话就具有如下形式：$[\forall x\forall y(xRy \rightarrow xSy \wedge ySx)]$中的“凡”就相当于《小取》中所讲的“效”。[①]尽管齐密莱乌斯基运用现代逻辑技术对“效”作为推理形式的概念进行了逻辑分析，但他亦认为，逻辑理论与逻辑运用并不一定相一致，墨家逻辑所提出的“效”式推理在墨家辩学中甚少得以运用，墨家辩学在实际推理中运用到的是一些其他的有效推理式。[②]

---

① See:Janusz Chmielewski，“Notes on early Chinese logic（III）”，*Rocznik Orientalistyczny*，Vol.27，No.01（1963），pp.103–121.

② *See*:Janusz Chmielewski，“Notes on early Chinese logic（IV）”，*Rocznik Orientalistyczny,* Vol.28，No.02（1965），pp.87–88. 齐密莱乌斯基以《天志上》中的“天欲义而恶不义”的论证结构为例，进行了如下分析。（1）（A）天下有义则生，无义则死。（B）有义则富，无义则贫。（C）有义则治，无义则乱。（2）（A）然则天欲其生，而恶其死。（B）欲其富而恶其贫。（C）欲其治而恶其乱。（3）此我所以知，天欲义而恶不义也。（转下页）

基于这种形式化分析，齐密莱乌斯基对古汉语和中国古代逻辑的评价非常高，认为汉语特别是古代汉语，以其实际上没有变化的单音节字词，这种固有的未被语法所分化的、缺乏严格界定的语言形态，比任何印欧语系更适合逻辑思想的自然发生和发展，古汉语的言说与书写系统之间存在的对应关系，与现代逻辑所运用的符号语言也更相一致。[①]这些对汉语与中国古代逻辑关系的论述，涉及墨家逻辑的合法性及其逻辑与文化间的关系等论题，这些论题也是关涉《墨经》逻辑思想的重要问题。显然，齐密莱乌斯基的工作，在阐发《小取》中的“辟”“侔”“援”“推”等论式方面尚不够，

（接上页）令：天下 $=a$　（有）义 $=\varphi$　生 $=\varphi_1$　欲 $=\Phi_1$

天 $=b$　无义、不义 $\}=\varphi^1$　死（$\supset$ 无生）$=\varphi'_1$　恶（$\supset$ 无欲）$=\Phi'$

富 $=\varphi_2$

贫（$\supset$ 无富）$=\varphi'_2$

治 $=\varphi_3$

乱（$\supset$ 无治）$=\varphi'_3$

则可改写为：

(1) (a) $(\varphi a \supset \psi_1 a)\cdot(\varphi' a \supset \psi_1' a)$

(b) $(\varphi a \supset \psi_2 a)\cdot(\varphi' a \supset \psi_2' a)$

(c) $(\varphi a \supset \psi_3 a)\cdot(\varphi' a \supset \psi_3' a)$

(2) (a) $(b\Phi\psi_1 a)\cdot(b\Phi'\psi_1' a)$

(b) $(b\Phi\psi_2 a)\cdot(b\Phi'\psi_2' a)$

(c) $(b\Phi\psi_3 a)\cdot(b\Phi'\psi_3' a)$

(3) $(b\Phi\varphi a)\cdot(b\Phi'\varphi' a)$

齐氏还引入“≡” $(p \equiv q) \overline{\overline{\text{df}}} (p \supset q \supset \cdot (q \supset p)$　$(p \equiv q) \overline{\overline{\text{df}}} (p \supset q \supset \cdot (q' \supset p')$

因此，就有(1) (a) $\varphi a \equiv \psi_1 a$

(b) $\varphi a \equiv \psi_2 a$

(c) $\varphi a \equiv \psi_3 a$

(2) (a) $(b\Phi\psi_1 a)\cdot(b\Phi'\psi_1' a)$

(b) $(b\Phi\psi_2 a)\cdot(b\Phi'\psi_2' a)$

(c) $(b\Phi\psi_3 a)\cdot(b\Phi'\psi_3' a)$

将(1)代入(2)中可得如下结构

$$\begin{array}{c}(1a-c)\\ \underline{(2a-c)}\\ 3\end{array}$$

即

$$\begin{array}{c}(1a)\\ \underline{(2a)}\\ 3\end{array}\qquad\begin{array}{c}(1b)\\ \underline{(2b)}\\ 3\end{array}\qquad\begin{array}{c}(1c)\\ \underline{(2c)}\\ 3\end{array}$$

上述论证分析可参见本注释中齐密莱乌斯基的论文《中国古代逻辑注解(4)》。我认为，他对《天志上》“天欲义而恶不义”所作的逻辑分析，与他对于“效”式推理的理解具有相关性。具体来说，$1A \wedge 2A \rightarrow 3$、$1B \wedge 2B \rightarrow 3$ 和 $1C \wedge 2C \rightarrow 3$ 实际上就相当于得到作为推导特称命题之前提的全称命题意义上的“效”的归纳程序。结合齐密莱乌斯基对上述论证结构的形式化分析，可以看出他对“效”式推理的理解，也主要以事物之间所具有的“类同”和“类异”关系（即同法者同类、同类则相似）作为基础。

① See: Janusz Chmielewski, “Notes on early Chinese logic (IV)”, *Rocznik Orientalistyczny*, Vol.28, No.2 (1965), pp.107–108.

将“效”诠解为演绎推理论式也尚欠妥当，对墨家辩学中的“真”概念之研究也缺乏系统和明晰，但正是基于他的诠解和分析，“建构式”研究理路才成为汉学家展开《墨经》逻辑思想研究的重要方法论。

持此种“建构论”式研究理路展开《墨经》逻辑思想研究的另一代表人物当推葛瑞汉。葛瑞汉在《〈墨子·小取〉中的逻辑》(*The Logic of the Mohist* “*Hsiao-ch'ü*”)、《后期墨家的逻辑、伦理和科学》(*Later Mohist Logic, Ethics and Science*)等论著中讨论了《墨经》逻辑思想。在《〈墨子·小取〉中的逻辑》一文中，葛瑞汉在翻译《墨子·小取》篇的基础上，系统用西方的逻辑学和哲学概念来解释《小取》逻辑思想中所涉及的一些关键词项，如将“或”诠解为特称量词some，“尽”诠解为全称量词all，“法”诠解为model和standard，即判断是非的基本标准，并认为墨家所提及的“辟”“侔”“援”“推”等论式的正确运用需要立足于对事物和言辞间的“类同”“类异”关系的正确认识基础上。此外，该文也分析了“是而然”“是而不然”等论证，并扼要讨论了古代汉语对《小取》逻辑思想进一步发展的制约。在《后期墨家的逻辑、伦理和科学》一书中，葛瑞汉更进一步对《墨经》进行了翻译，并对其中关涉的核心的逻辑学、伦理学和科学概念进行了诠解，对墨家逻辑、伦理和科学思想出现的历史背景进行了阐述，而对《小取》篇的解释及其关涉墨家逻辑思想的核心概念的阐发与前述论文也大体上相一致①。葛瑞汉讨论“同异”问题时，特别指出了《大取》《小取》在构造论证时并不只是考虑事物之间的相似性，还重在考虑语句之间的相似性。②这也就是将墨家辩学所论的“类同”和“类异”关系阐发到了事物和言辞两个层次。另外，他对墨家的判断论也有所阐发，特别指出“以辞抒意”的本质就是用语句或命题来表达思想中所形成的对事物的认识，即“辞”可以被理解为相当于逻辑学中所论的命题。在后来的《论道者：中国古代的哲学论证》(*Disputers of the Tao: philosophical argument in ancient China*)一书中，葛瑞汉更进一步阐发这一点说，尽管《墨经》和中国古代逻辑文本中所说的“辞”跟拉丁语系的拼音语言的“主谓”式命题表达形式有所差别，但也可被翻译为现代逻辑中的符号语言，也就是语句。③与齐密莱乌斯基一样，葛瑞汉对《墨经》文本的翻译和研究，也突出了以西方逻辑学概念来比照分析《墨经》中的逻辑思想。

齐密莱乌斯基与葛瑞汉的《墨经》逻辑思想研究，都遵循了以西方逻辑学体系中的相关概念比照解释《墨经》相关条目，进而试图建构《墨经》逻辑思想的形式体系。此种形式体系，既包含有对“命题”“有效推理”等概念的界说，也包含了对相应论式

---

① See: Derk Bodde, “Reviewed Work: Later Mohist Logic, Ethics and Science by A. C. Graham”. *Journal of the American Oriental Society*, Vol. 102, No. 1 (Jan. – Mar., 1982), pp. 143–145.

② See: A.C. Graham, “The Logic of the Mohist Hsiao-ch' ü”. *T'oung Pao*. Second Series, Vol. 51, Livr. 1 (1964), p. 26.

③ See: A.C.Graham, *Disputers of the Tao: Philosophical Argument in Ancient China*. La Salle, IL: Open Court.1989.pp.394–395.

所进行的或归纳或演绎或类比推理的解释。循此进路，《墨经》逻辑思想与西方形式逻辑体系之间就具有了内容上的类同性，从而确证了《墨经》逻辑思想的逻辑学地位。

二、“解构式”研究理路的基本面向

面对“建构式”研究理路确证的《墨经》逻辑学说，有的汉学家提出了这种对《墨经》加以逻辑学解读的做法是否恰当，是否合乎中国思想史实际的质疑。由此，有的汉学家开始尝试辨明中西语言和思维之异，界说了《墨经》中并未包含有如“真”“效”等逻辑学所讨论的重要概念，《墨经》所论述的相关推理论式也只是一种基于古汉语语言特点的“迷茫”尝试，《墨经》逻辑思想是根本异于西方逻辑学说的另一种思维方法。本文试图将此种解读方法概括为“解构式”研究理路。其基本特点是强调对《墨经》的解读必须放置于墨家思想乃至先秦思想史的大背景中，主张从中西哲学思维之异的角度，探究包括《墨经》在内的先秦名辩学说的特征与价值，并进一步提炼出讨论中国古代逻辑思想和哲学的诠释原则，此原则当是“对中国古代哲学文本中的一段话的解释与一章的解释和一本书的解释，乃至与作者和作者所在的学派的哲学理论都要保持一致”。[①]持守这一研究理路的代表学者当首推陈汉生。陈汉生在《汉语、中国哲学与“真”》（*Chinese Language, Chinese Philosophy, and“ Truth”*）及其《中国古代的语言和逻辑》（*Language and Logic in Ancient China*）等论著中，以最为重要的逻辑学概念“真”为中心，探究了《墨经》所代表的先秦名辩思想与西方逻辑学之间的根本不同。以下，本文结合陈汉生的相关观点来辨析此种“解构式”研究理路的基本特点。

首先，陈汉生认为中国古代哲学思想中未能形成“真”观念。在《中国古代的语言和逻辑》一书中，陈汉生认为基于中国思想背景的墨家辩学并没有遭遇西方哲学中的“真假”或“意义”问题，墨家的“三表法”强调的是语言在评价规范方面的语用功能，而非在描述事物意义上的语义功能，是强调语言效果的实用主义学说。[②]在《汉语、中国哲学与“真”》一文中，陈汉生进一步主张，中国古代哲学未能产生“真”概念的观点，与此相应，如有效性、逻辑后承和可靠性等逻辑概念在墨家辩学中都难以得到讨论。[③]而正是囿于“真”概念的缺失，后期墨家在研究语句间的推理关系时最终陷入了“是而然”“是而不然”“一是而一非”等混乱情形，并最终走向了认为“作为发现道的工具语言是无用的”的观点。[④]

其次，陈汉生认为《墨经》所说的“类”与西方哲学中“Class”概念有着本质不

---

① 陈汉生：《中国古代的语言和逻辑》，周云之等译，北京：社会科学文献出版社，1998年，第7页。

② 陈汉生：《中国古代的语言和逻辑》，周云之等译，第105页。

③ See: Chad Hansen, “Chinese Language, Chinese Philosophy, and ‘Truth’”. *The Journal of Asian Studies*, Vol.44, No.3 (May, 1985). pp. 491–492.

④ 陈汉生：《中国古代的语言和逻辑》，周云之等译，第163页。

同。陈汉生特别看重“类”概念在墨家辩学中的关键作用，认为“类同”主要强调的是一种处于不同自然类中的事物之间的相似性关系，而非一个表示同一自然类所涵摄的对象之间的关系；“异类不比”或者说“不类之异”则是一种“不合日常习惯的比较”，比如用木棍和夜晚进行长度的比较，就是一种不合习惯的用法，因此木棍和夜晚就属于“不类之异”的关系。墨家辩学在使用“类”概念时，很多时候都局限在对墨家提出的道义判断加以说明的范围之内，就此而言，“类”跟西方哲学所用的“Class”概念是本质不同的两个语词。①

再次，陈汉生提出了汉语“大名词”（Mass-Noun，也被译作物质名词）假说，用以解释中国思想中何以缺乏“真”概念。所谓“大名词”，指的是与可数名词不同的没有复数形式、不能加数词或不定冠词以组成名词短语的名词，如“水”、“草”等，人们可以通过增加一些表达式将大名词分割成可数的单元，如“一杯水”，但这些表达式却具有多样性，如水还可分割成“一滴水”“一壶水”等。古代汉语中的大名词说明，中国古代哲学思想对世界的认识主要表现为一种“由整体到部分”而非“实体附加属性”的模式，而这也构成了中国古代难以形成主谓式的陈述语句进而形成抽象的“真”概念的语言学因素所在。这一假说在用以进行中西方语言及其思想的比较研究时，具有一定的解释力。

总之，以陈汉生为代表的“解构论”诠释理路，首先否定了“类”概念在研究推理方面的意义，而只是将其局限于不同自然类中事物之间的相似性。其次，还指出墨家所说的“是非”并不含有语义意义上的“真”“假”，而只是一种道德判断上的可接受性；进而断定了《小取》中所论及的诸论式在反映推理关系时的混乱。最后，还主张墨家辩学所论的言辞间的推理关系应被理解为一种误读，从而形成一种古汉语语句推理关系在根本上是“约定论”乃至“无用论”的观点。由此，“解构论”研究理路就彻底否定了《墨经》辩学思想的逻辑学地位。

三、“建构论”对“解构论”的回应

面对“解构式”研究理路对《墨经》逻辑思想的否定，主张“建构论”研究理路的汉学家作出了新的分析和回应。20世纪90年代以来，以何莫邪为代表的“建构论”者再次重申。了解中国逻辑史的一个必要前提是要具有基本的逻辑学和分析哲学的基础知识。尽管从表面上看，西方哲学在进行推理和论证时所运用的推理结构与中国思想有所不同，二者所运用的语言工具也迥然相异，但却都使用的是本质相同的逻辑工具，如相关的逻辑联结词“并非”“合取”“析取”等，和共同的逻辑规律，如“同一律”“矛盾律”“排中律”等。由此，“建构论”者辩护了《墨经》逻辑思想的逻辑学地位，为从逻辑学角度深化《墨经》辩学体系研究奠定了方法论上的基础。“建构论”

① 陈汉生：《中国古代的语言和逻辑》，周云之等译，第140—144页。

所作的回应及其进展的代表性论著，当首推《中国科学技术史》丛书第七卷第一部分《语言和逻辑》(*Language and Logic*)。以下，本文围绕何莫邪及其他研究者的相关观点，考察“建构论”的新展开。

何莫邪在全面考察了西方汉学界关于中国古代汉语和古代逻辑研究的基础上，以中国古代有关语言问题与逻辑问题的经典文献为主要参考资料，以西方语言理论和形式逻辑的基本观念为基本参照，从与希腊—拉丁语言的分析比较角度，探究了古汉语的语法、语义和语用问题，并深入探讨了存在于古汉语中的逻辑概念。他断定说，中国古代的确发展出了印欧语系以外的唯一的本土逻辑体系，以墨家辩学为代表的中国古代逻辑思想的确存在。何莫邪的立论依据在于，墨家辩学中的确存在一些重要的逻辑概念。(1)“语句”及“命题”概念。尽管有的西方汉学家认为，古汉语中缺乏将不同的语句或命题区分开来的标点符号，因而“辞”只是“名”的简单连接。但他认为，古汉语主要是通过句末虚词和韵脚来区分开语句。这些虚词主要有“矣”“乎”“与”“已”“而已矣”“也”等。古汉语中区分开陈述句、命题和其他字符串的是“言”。实际上，古希腊所说的logos就有言说的意思，这一点与中国古代逻辑是一样的。他认为，在古代汉语中，将可以判断真假值的语句称作“辞”(即命题)，但遗憾的是，并没有给“辞”一个权威的清晰定义。如亚里士多德所说的那样，只有能够判断为或真或假的句子才是命题。(2)意义理论。古代汉语中不存在某个词、句的固定意义。要了解某一个词、某一句话的意义必须要理解它在文本中所要表达出的意义，即某个特定的使用者在某个特定的场合中进行特定交流时所使用的意义。汉语的语用倾向远大于语义倾向，汉语文献中某个词或句并不常具有固定的客观意义，而多是使用该语句或语词的人所要表达出来的意思。先秦时期的古代汉语，表示意义的词主要有“谓”“指”等，作者还详细考察了中国古代解说文字的基本理论(即把汉字根据构造划分为指事、象形、形声、会意、转注、假借，象形字是用文字的形体表示具体的事物和概念，即“画成其物”；指事字即是用象征符号表示意义，如纯粹作为符号的“一”“二”等，或在象形字基础上加符号，主要指抽象、概括的事物；会意字是用两个或两个以上的单字组成新字，等)，从而试图诠释汉字的意义理论。实际上，古汉语没有把意义归属于句子，而是归属于句子的使用者。语句并未在本质上被视作其所表示之意义的表征，而是语句的使用者借以传达给听众的意义表征。(3)“真”概念。墨家提出“三表法”和“天志”作为判断言辞是非的标准，并用“当”“然”“是”和“可”等语词表达“真”观念，“辞”的“当”与“不当”相应于命题的“真”与“假”。(4)“必然性”。《墨经》所论之“必”含有必然性的涵义，但中国古代逻辑思想并没有充分讨论“命题间的必然逻辑关系”，如一个命题是从另一个命题必然地得出等问题。(5)“矛盾性”。如墨家逻辑就有“悖”对矛盾律的认识，尽管这一认识尚欠深刻。(6)“类”概念。中国古代逻辑思想所说的“类”并不能简单等于数学上所说的抽象的集合或类，而只是中国古代认识与论证模型的基本的文化概念。(7)“属性”概念。《墨经》逻辑侧重研究的是事物类之间的同异，以及运用于指称事物的“名”，而很少研究事物的抽象属性、数量等。《墨经》并未形成抽象实体的概念，也没有类似“property”这样的用以表示“属性”的范畴词。与事物属性相关的汉语词主要有“性”“情”“貌”“状”“理”，可以用于表达某种抽象概念，但都与“属性”不相等价。“性”可以被理解为事物存在的本质属性，“情”即物x之所以被命名为x所具有的属性，“貌”“状”即表示事物可感知的属性。（8）“包含关系”。《墨经》将包含关系主要处理为“整体”与“部分”之间的关系，表示“包含”关系的语词主要是“属”这个概念。（9）知识与信念问题。他考察了墨家的知识论，即《经上》所描述的形成认识的过程，将知识分为“闻”“说”“亲”的知识理论，以及对反知主义的反对（“知无知，悖”），并指出中国古代的知识论，不仅要求形成对某一事物的知识，知道如何给予该事物正确“命名”，也论及了先验知识可能（如墨家的“名知”）。对这些重要概念的分析是一些其他的研究著作中较少注意到的部分，而精细研读这一部分，对讨论中国逻辑史中的一些重要概念有很大的启发意义。

其次，何莫邪还重点考察了以《小取》篇为主的逻辑理论。他认为，墨家将“辩”主要视作是建立某种对世界的摹略描述，和对概念所作的详尽逻辑分析。如果说亚里士多德的逻辑主要处理的是概念之间的相容、不相容关系，那墨家逻辑思想的着眼点重在从全局上处理名实关系。此外，他还论及了墨家辩学的“故”“辞”“类”和“类比推理”的概念，以及在论述“是而然”“是而不然”时墨家是如何引用代入规则等问题，如（1）“白马是马”为真，而“骑白马是骑马”也为真；（2）“盗是人”，而“杀盗是杀人”则不为真。这其中引用的代入规则，又该如何保证其适用性。最后，何莫邪在考察《小取》篇中的逻辑理论的同时，还归纳总结了《墨子》中所实际运用到的一些推理论证案例，进行“经论互诠”式的分析。

除了何莫邪之外，方克涛（Chris Fraser）通过讨论《墨经》所涵括的“真”（Truth）、“实在”（Reality）、“判断”（Judgment）等概念来回应“解构论”对《墨经》逻辑思想的否定。方克涛的《墨经》逻辑思想研究主要集中在《墨家辩学中的“真”》（*Truth in Mohist Dialectic*）、《中国古代思想中的相异性、判断和推理》（*Distinctions, Judgment, and Reasoning in Classical Chinese Thought*）和《墨家的实在概念》（*The Mohist Conception of Reality*）等文中。在《墨家辩学中的“真”》一文中，他主要反对了陈汉生的“墨家辩学没有形成抽象的‘真’观念”的观点，并论述了墨家辩学为什么具有“真”观念。他认为，后期墨家用“谓”“谓之”等语词作为判断的标识，表达了具有断定内容的某种思想，“谓X是（非）Y”，实际上就是在表达命题“X是（不是）Y”。辩者围绕两个矛盾命题（如‘这是牛’和‘这不是牛’）的真假问题进行辩驳。《墨经》中所用的“当”“是”“然”等语词与“真”概念也紧密相关，即“当”实际上是用以表示一个命题正确与否的词语，与“真”相当。“当”在《墨经》文本中的使用兼有语用和语义两层涵义，“当”跟“真”一样，都能够用来表示命题之真。除“当”之外，“然”和“是”在《墨经》中也部分承担了表示语义“真”概念的功能。《墨经》虽未在形式上以一个特殊的“真”语词以表达“真”概念，但这并不等于说《墨经》

在事实上并不具有“真”概念，实际上，《墨经》是用“当”等多个语词表达了“真”概念。[①]在《中国古代思想中的相异性、判断和推理》中，他进一步考察了“辩”字在古汉语中的三种用法，即指称将事物彼此区别开来的活动（辩同异之意）、论证和辩者三义，“辩”在先秦哲学和逻辑思想中的核心用法是其第一层意义，后两种用法是从第一种用法中延伸出来的，而《经上》和《经说上》对“辩”的定义和《小取》对“辩者，明同异之处”都说明了“辩”的这层意义。《小取》的“明是非之分”则主要是一种表示命题真假的“语义”理论。因此，就必须将“辩”的“别同异”和“明是非”结合起来进行考察，而墨家辩学所区别出来的事物之间的同异关系主要表现为“四种同”和“四种异”，正是立足于对事物之间的同异关系的说明，古代汉语形成的命题的真假才能得到确认，如说“F，G也”，在古汉语中实际上表示的就是“F与G的‘同’关系”，这种标示同异关系的表述在先秦哲学和逻辑思想的汉语文本中起着逻辑系词（be or be not）的作用。而人们在实践中用以区别言辞是非的标准正是立足于人们所形成的“法”“理”的认识，所以方才有《小取》中的“中效，是也”和“不中效，非也”的论述。更进一步，墨家辩学所论的推理论证也立足于这种对事物的“类同”“类异”关系的区分之上，推理也就可相应地被理解为一种将新事物归类为一个业已被区分开来的具有共同的“法”或“理”的事物类中去，而这一“法”或“理”事实上就是一种人们在实践中形成的“类同”“类异”关系。[②]在《墨家的实在概念》一文中，他主要论述了墨家辩学对“实在”观念的认识，如从“三表法”“天志”和“非命”以及知道这些实体的“闻知”“说知”和“亲知”，通过这些相关论述试图说明墨家的“实在”观念是整个先秦哲学中最具有形上学特征的，同时，“法”对理解墨家的伦理学、认识论和形上学以及逻辑思想都极其重要。[③]方克涛对《墨经》中所涉的“真”概念问题进行了详尽和充分的论证，也指出了事物间的同异关系是形成言辞真假和推理正确与否的基本前提，从而达致了为《墨经》逻辑思想进行辩护的客观效果。

结 语

海外汉学对《墨经》逻辑思想的解读经历了一个由“建构”到“解构”再到新的“建构”的发展过程。这一发展过程同时也是海外汉学对如何把握《墨经》逻辑思想的逻辑学性质，及其如何理解逻辑概念、规则与不同文化形态间的关系的逐步认识历程。以齐密莱乌斯基、葛瑞汉为代表的“建构论”者，强调对《墨经》逻辑思想的

---

① See：Fraser，Chris，“Truth in Mohist Dialectic”，*Journal of Chinese Philosophy*，Vol.39，（2012）. pp.351–368.

② See：Fraser，Chris，“Distinctions，Judgment，and Reasoning in Classical Chinese Thought”. *History and Philosophy of Logic*，Vol.34，No.1（2013），pp.1–24.

③ See：Chris Fraser，“The Mohist Conception of Reality”，In Chenyang Li and Franklin Perkins，eds.，*Chinese Metaphysics and Its Problems*，Cambridge：Cambridge University Press，2015，pp.69–84.

解读应基于对西方逻辑学尤其是现代逻辑的理解和把握之上，并以相关的逻辑学术语翻译、诠释了《墨经》的相关逻辑概念，并对相应的论式及其示例进行了形式化分析，从而建构了《墨经》辩学思想的逻辑学性质。然而，这一建构的过程，实难摆脱对中西思想所关切主题和思维特质之不同的体察，从而也就无法避免来自方法与史实上的质疑。由此，陈汉生持守中西语言与思维之异，试图通过论说《墨经》缺失“真”观念、未能形成“判断”或“命题”，并以此为据来解构“建构论”者所主张的逻辑学性质判定。为了回应此种“解构”的相关批评，以何莫邪、方克涛等为代表的新的“建构论”者深入阐释了《墨经》所内蕴的一系列具有关键性的逻辑学概念，尤其是对“真”“类”“判断”等进行了新的分析和论证，从而辩护了《墨经》逻辑思想的正当与合理。同时，“建构论”者也吸收了“解构论”所主张的中西思维方法论根本相异的重要见解，注重从“同”“异”两个角度比较诠解《墨经》辩学思想的逻辑学性质，逐步形成了“形式相异”与“原理相同”的两层界说，并重新厘定了《墨经》辩学思想的逻辑学性质。由此观之，海外汉学对《墨经》逻辑思想的认识，正是在秉持与逻辑学两相比较的“求同”与“察异”立场中，逐步达致了研究的深化，从而成为当代先秦逻辑史研究的有益补充和重要方法论参照。

Between“Seeking Similarity” and“Observing Differences”

——*A Preliminary Study on the Logic Thought of Mohist Canon in Sinology*

Zhang Wanqiang
School Of Humanities, Xidian University (Xi'an,710100)

The logic thought of *Mohist Canon* is a key point of studying, understanding and grasping ancient Chinese philosophy of language and logic in overseas sinology since the 20th century. With reference to the related concepts and methods in logic and philosophy of language, the study of the logic thought of *Mohist Canon* in overseas sinology has formed two research approaches: “Constructional mode” and “Deconstruction mode” . The “Constructional mode” approach to the study is mainly to place the logical thought of *Mohist Canon* in the knowledge framework of traditional or modern logic and to interpret it, emphasizing that the concepts of “Dang” , “Ming” , “Ci” and “Lei” in *Mohist Canon* correspond to the logical concepts of “True” , “Concept” , “Proposition” and “Classes” , it also proposes to symbolize and analyze the “Mou” and other theories in *Mohist Canon*. Based on the background of the development of thought and culture in the Pre-Qin period, the theory of “Deconstruction mode” is proposed to interpret the logical thought of *Mohist Canon*, it is believed that the Mohist's conceptions and expressions are a failed attempt based on the features of ancient Chinese morphology and semantics. The above-mentioned interpretation of the logic thought of *Mohist Canon* in overseas sinology, it can be used for reference to explore the controversial issues of "The relationship between logic and culture" in the study of the history of logical thought in contemporary China. Therefore, a review and evaluation of this theme will help us to understand and grasp the characteristics of *Mohist Canon's* logical thought, and promote the theoretical research on related issues.

（责任编辑：高深）

摒“他者”而显“自我”

——论方克涛译《墨子》的学术生命力

聂 韬　敬琼尧

摘　要：2020年，西方墨学家方克涛的《墨子》英译本正式出版。该译本较之于前人诸多墨译本中不断扩充的副文本信息而言，更突显出译者的研究底蕴以及译文本身的学术张力。本文首先回顾了自理雅各以来，在《墨子》英译百年历史中，墨译者们所面临的“他者”困境以及为之做出的努力，并在此基础上，以挖掘方译本的学术特征为主要线索，从翻译范围的精简、句式与术语的翻译“同一性”“浅描”批注呈现方式这三个方面去挖掘其译文对墨子思想脉络的有效构建。方克涛以“自我”的哲学积淀去打破译者在面对典籍翻译时普遍“他者”化的典籍翻译模式，也蕴含着语际阐释的典籍译文同样能够具备如语内校勘和本体研究成果一般蓬勃的生命力与可阐释的空间。

关键词：方克涛　《墨子》　精简原文　翻译同一性　浅描

作　者：聂韬，电子科技大学外国语学院副教授（成都610000）；敬琼尧，电子科技大学外国语学院硕士研究生（成都610000）。

2020年，曾在多伦多大学执教的方克涛（Chris Fraser）[①]的《墨子》英译本《最本质的墨子：道德、政治以及逻辑的书写》（*The Essential Mòzǐ: Ethical, Political, and Dialectical Writings*）正式出版。其实早在2016年，方克涛在其第一本墨学专著——《墨子哲学：第一个后果主义者》（*The Philosophy of Mozi: The first Consequentialists*）的序言中便已有所预告，他指出：“为了补充这一哲学研究，我已经完成了一个全新的《墨子》节译本。”[②]而在译本的前言里，方也再次强调该译本对于其墨学研究的补充价值。[③]

【基金项目】国家社会科学基金青年项目“先秦名学典籍在英语世界的翻译、传播与影响研究”（19CZW013）阶段性成果。

① 目前，在多伦多大学执教多年的方克涛已经回到了香港中文大学哲学系执教。

② Chris Fraser, *The Philosophy of Mòzǐ: The first Consequentialists, New York: Columbia University Press*, 2016, p.13.

③ Chris Fraser, *The Essential Mòzǐ: Ethical, Political, and Dialectical Writings, New York: Oxford University Press*, 2020, p.33.

方克涛再三强调的其译本之意义，很难不让笔者联想至接近一百年前梅贻宝的《墨子》英译，该译本尽管是梅名为《墨子：一位被人忽视却与孔子匹敌的对手》（*Motse: The Neglected Rival of Confucius*）博士论文的附录，但却对后世《墨子》译本的体例、语言都产生了巨大的影响。纵观跨越百年的《墨子》译介史，方译本的“横空出世”，可以被视为对于其自身墨学研究的补充与反思，而之于整个海外墨学的传播与影响而言，更是提供了新的典籍翻译范式。本文试图在勾勒百年《墨子》译介特征的基础上，尽力挖掘方译本所呈现出译文本身的生命力，最终指出在典籍翻译中，译著需要在原文既存的困难和障碍中求得自身在研究与阐释意义上的丰富与发展。

一、从起源至发微:《墨子》英译的百年现状

自1861年理雅各在《中国经典》中英译《兼爱》三章以来,《墨子》节译本先行，而全译本也在21世纪以后频繁出现。目前，包括方译本在内,《墨子》已有16部已出版的英译本，梅贻宝、华兹生（Burton Watson）、葛瑞汉（A.C.Graham）、叶山（Robin Yates）、艾文贺（Ivanhoe）、汪榕培与王宏、李绍崑（Cyrus Lee）、艾乔恩（Ian Johnson）、诺博诺克（John Knoblock）与王安国（Jeffrey Riegel）等，众多中外墨学家、译者们都在《墨子》的译介史上留下了浓墨重彩的一笔。尽管众多译者的翻译旨趣以及期望达到的翻译目的都不尽相同，但倘若以译者的视角去参阅现有的《墨子》英译本，我们或许可以大致归纳出墨译者们在翻译《墨子》时所要处理的共同顾虑。

首先是对《墨子》原材料范围的翻译取舍。《墨子》的全译本之所以在21世纪才“千呼万唤始出来”，需归咎于《墨子》中“墨经”和“备城门”诸篇的理解成本。在20世纪《墨子》层出不穷的语内翻译（即《墨子》校勘本）中，大量“佶屈聱牙”的文本在学界尚有争议，谨慎的早期墨译者们更难以承担这“烫手山芋”的语际翻译，如梅贻宝、艾文贺、华兹生等人都不约而同地避开了这两个部分的翻译。现有的汪榕培与王宏、李绍崑以及艾乔恩的三大全译本，除了汪、王的译本以外，①后两者对这些篇章的处理也是极为小心谨慎的，李绍崑在其译本中强烈推荐葛瑞汉、李渔书、叶山对这两部分的相关研究，②而艾乔恩则是通过展现其参阅的大量《墨子》校勘本证明自己翻译的“中立性”。

其次关于译者对潜在目标读者的主动选择和实际接受情况。要全面地回答这个问题其实并不简单。与儒家在海外传播的状况不同，子学典籍的海外潜在读者绝非“科普意义”上的普罗大众。而从语言风格和译文的易懂程度来看，1963年华兹生的节译本，最适合于那些企图了解墨子思想，却没有相关语言和文化背景的英语世界中的普

① 无论是汪榕培与王宏译本的引言还是章节注释中,都没有专门提及对“墨经”和“备城门”篇在文本争议和阐释难度上的特殊性,参见汪榕培、王宏:《英译墨子》,长沙:湖南人民出版社,2006年。

② 李绍崑:《英译墨子全书》,北京:商务印书馆,2009年,第184页、第202页、第285页。

通读者，但有趣的是，由于该译本的年代较早，且在国外出版，其传播范围和影响力较广等主客观因素，该译本在出版后成为21世纪前众多海外墨学研究者参照的主要《墨子》译本，甚至围绕着华兹生对“利”与“天”等关键术语的译词选择，还间接引发了海外汉学家关于墨家“功利主义”与“神命论”思想的学术讨论。[①]

最后，纵观《墨子》现有英译本的演变趋势，我们的确能观察到《墨子》英译的重要转向。时间越靠后的《墨子》译本，译者越倾向在译著之中、译文以外增添大量的补充性信息，也就是“副文本”，如引论、解释性语言、校勘信息、术语表等形式。

梅贻宝、华兹生和汪榕培的译本都仅在序言或引言中简要地介绍了墨子、墨家、当时的历史语境等。而到了艾乔恩与王安国的时期，译者甚至不惜动用数十页的篇幅，辟出专门的章节分别介绍墨子其人、其时代、其核心思想、墨学与其他学派的互动，以及后世对其思想的评价和阐释等等。除此之外，碍于翻译与本体研究的学科跨度，译者们没有能力和信心引领读者，因此在译文中也尽可能用尾注、脚注等形式补充相关的校勘来源和研究性成果，以便以饱满的注释去体现自身的客观性。

然而，就算在这些副文本“饱满”的《墨子》英译本中，我们能感受到的也只是译者与《墨子》原文极其“礼貌克制”的距离感。这种“距离感”源于译者始终将自己置于“语言”层面的“纽带”，但却是“思想”层面的“他者”。严谨细致如艾乔恩和王安国一样的墨译者会详细罗列《墨子》校勘本的各种出处、叙述研墨者的学术观点，但却鲜有任何对于墨家思想、语句争议的自我思考与表达。

笔者之所以有此感触，也是基于两本西方汉学家“以研代译”的墨学成果进行对照，我们姑且称其为“专译本”，即汉学家葛瑞汉于1978年出版的《后期墨家的逻辑、伦理与科学》（*Later Mohist Logic Ethics and Science*）以及叶山在1980年哈佛大学答辩通过的博士论文《被围陷的城市：重构〈墨子〉军事章节文本里的技术与组织》（*The City under Siege: Technology and Organization as Seen in the Reconstructed Text of the Military Chapters of Mo-tzu*）。所谓“以研代译”，不仅由于二者都不能被视为严格意义上的《墨子》英译本，而且还因为葛瑞汉和叶山分别对“墨经”和“备城门”篇章的结构、语法和词汇做了系统性的考证和分析，致力于在语际翻译的基础上展现出自身的研究与思考。翻译成为了其学术研究的辅助性工具，此两本专译本的出现，也为新千年后艾乔恩和诺、王的译本带来了极大的压力和挑战。艾乔恩2010年的全译本在香港出版（后称港大版），在其接受了海外墨学研究者的批评后，又于2013年修订推出企鹅版，较之前作，去掉了大量冗杂繁多的副文本，并在关键术语的处理上更为谨慎。而后者则是王安国在去世的诺博诺克的电脑中发现的译本草稿，

① 参见聂韬：《墨子“功利主义”思想研究的英语书写》，《四川师范大学学报（社会科学版）》2015年第3期。以及Paul.R.Godlin，“Why Mozi is included in Daoist Canon Or，why there is more to Mohism than Utilitarian Ethics，” in R. King，Dennis Schilling，eds.，*How Should One Live: Comparing Ethics in Ancient China and Greco-Roman Antiquity*，Berlin：De Gruyter，2011.

其后花费了14年的时间修订才最终面世。王安国在序言中也承认自己对“墨经”翻译缺乏信心，无法超越叶山和葛瑞汉，因而避开了对其的翻译，只翻译了政治和哲学章节。①

让我们再回到方克涛。在2020年的节译本出版前，早在20世纪80年代，他便投身于中国先秦哲学思想的研究领域，其对《墨子》的研究肇始于1998年，且这份浓厚的兴趣一直持续到当下。因此，从学术背景和翻译目的来看，其译本的滥觞更接近于葛瑞汉与叶山的学术目的，但相比二者翻译范围极其受限的“专译本”而言，方决定在译本中尽力展现从“早期墨家”到“后期墨家”的思想演变过程，此举动在整个墨学史中都是前无古人的。

方译本共分为五个部分，共39篇。（一）杂篇：法仪第四、七患第五、辞过第六、三辩第七；（二）三元组：尚贤三篇、尚同三篇、兼爱三篇、非攻三篇、节用上中、节葬下、天志三篇、明鬼下、非乐上、非命三篇；（三）非儒下；（四）辩经：经上下、经说上下、大取、小取；（五）对话：耕柱、贵义、公孟、鲁问、公输。后附尾注、词汇表、附录。

前文已经有所论及，方译本最大的特征在于补充其浸淫数十年的墨学研究，因此，其所聚焦的篇章内容、提供的注释补充、运用的翻译手法等一切都是围绕《墨子》哲学思想的本体研究而展开的。在前言中，方自己总结其译本的三大特征：（1）精心挑选翻译材料，着重展现墨家思想的演变过程；（2）忠于原文语言和说理风格；（3）重哲学阐释，轻历史和语言学表达。②一言以蔽之，方克涛希望通过对翻译材料的有效挑选，实现从《墨子》原文到译文材料的重构，并在此基础上维持《墨子》原有的语句特征、保证术语翻译的一致性，在简洁性批注的辅助下，依靠译文本身厘清并呈现墨家思想的脉络。

二、以“精简”代替“详备”：方译本对《墨子》的哲学建构

与先秦其他文献一样，现存的《墨子》版本都经历了早期的编撰和后世尤其是清代的整理与校勘。《墨子》中内容过于繁杂，并存在很多争议性的语句，且并非所有的文字记载都与墨家思想相关。方克涛在序言中反复强调，希望该译本的读者能够了解墨子的哲学，③因此，为了在译文中“构建思想体系”这一主干，方选择了修枝散叶，即在学术意义上完成这一部思想脉络清晰的节译本。这与过往节译本的材料挑选原

① John Knoblock and Jeffrey Riegel. *Mozi: A Study and Translation of the Ethical and Political Writings*, Berkeley: University of California, 2013, p.16.

② Chris Fraser, *The Essential Mòzǐ: Ethical, Political, and Dialectical Writings*, New York: Oxford University Press, 2020, pp.33–39.

③ Chris Fraser, *The Essential Mòzǐ: Ethical, Political, and Dialectical Writings*, New York: Oxford University Press, 2020, p.33.

因有本质的区别，前人译者，如华兹生，诺、王，艾文贺等译者大多因为“墨经”和“备城门”篇章这两座难以逾越的大山而放弃对它们的译介，而方克涛则需要自己的译本能更好地服务于墨学本体研究，展现出译本本身的学术生命力。

总的来说，方的译文主要省译了以下两类原文本：1.大量繁琐的历史事件、古代文献以及以传说为论据的记载；2.部分被严重损毁；或在现有研究中还不足以还原，具备极大争议的；或需要依靠繁琐的论证才能阐释明了的文本记载。而这两类通常都对阐述墨家思想脉络助益甚微。

方译本中大刀阔斧地删去了《墨子》起始篇（方称其为杂篇）中的开篇三章，即《亲士》《修身》《所染》。迄今为止，除了专注“兼爱”三章的理雅各、仅翻译了“十论”核心十一章的华兹生以及葛瑞汉和叶山对于《墨经》和《备城门》篇章的专译本以外，其余译者均有翻译。

在中外墨学学界里，有关这三个章节的学术争议由来已久。清代的“通儒”汪中与孙诒让等人在校勘《墨子》时，便认为这些章节出处存疑，文本中所涉及的事件发生时间要晚于墨子的生平，如《亲士》中提到的“吴起之裂”“孟贲之杀”等。其后的校勘者如吴毓江和王焕镳等人进一步附和，这三章中部分论述与《墨子》核心思想主张显得格格不入，如“是故佞臣伤君，谄下伤上。君必有弗弗之臣，上必有詻詻之下”既可以视为墨子“承孔子之术”，却又更像汉儒董仲舒的“三纲”之言，而“今有五锥，此其铦，铦者必先挫……故彼人者，寡不死其所长，故曰：太盛难守也”又颇具庄子的文风。[①]可以说，学界对于此三章的生成原因和思想归属判断尚未定论，方克涛2016年的专著中，也对三章的编纂成书时间有所考证，他认为其生成时间要远远晚于“十论”，甚至这三章从论述和思想层面都不能归于《墨子》一书里。[②]此三章在译本中的存在并无益于墨子哲学思想的展开，若在译本中阐发过多或者不阐发，都会对在译本中构建墨子的思想体系带来不必要的障碍和理解成本。因此，方克涛决定在与自身研究相匹配的译本中删除这三章，也是基于现有学术考证的考虑。

在这样的考量下，方在译本中还删去了诸多与墨子思想主线无关的段落。如在《非儒》开篇，墨子批判了儒家的仪礼制度，其中涉及到婚葬礼仪的细节，以及墨子的评述，都被方一一删除。方克涛是希望让读者明晰墨家“非儒”的事实的，但他更倾向于将译本论述的核心始终关照于“墨”，而非“儒”。因而，除了篇章中“婚葬”的具体礼制被大量删减，文中晏子与齐景公的互动桥段都经历了一场去粗存精的省译过

① 见于孙诒让《墨子间诂·亲士篇》中关于“是以甘井近竭，招木近伐，灵龟近灼，神蛇近暴”一句的校注，有“《庄子·山木》篇亦云：直木先伐，甘井先竭”之语。参见孙诒让：《墨子间诂》，北京：中华书局，2001年，第4页。

② 方克涛发现，在《亲士》与《所染》篇中根本就没有出现与“墨子”有关的论述，其语句论述与儒家和道家的思想更接近，而《所染》无论是其行文模式以及对一些史实的引证都明显与《墨子》成书时间相偏离。参见Chris Fraser, *The Philosophy of Mòzǐ: The first Consequentialists*, New York: Columbia University Press, 2016, p.33.

程。[1]值得一提的是，文中晏子列数的儒家几大罪状，如“浩居而自顺”“好乐而淫人”“立命而怠事”“宗丧循哀”“机服勉容”却被方克涛悉数保留，因为这恰好与墨家的“非乐”“非命”“节葬”“节用”等核心思想一一对应。

此类段落的精简旨趣在方译本几乎所有篇章中都有出现。例如在《明鬼下》篇中，墨子在原文中连举了“周宣王杀杜伯、郑穆公遇句芒、燕简公杀庄子仪、巫使杖责观辜、齐君审中里徼”五个古书记载来支撑“鬼神”存在的观点，进而突出鬼神的威慑作用。

在“十论”的中、下篇章中，为了增强说理的权威性和真实性，论述里多引圣王事迹和古书典籍中的示例来佐证核心观点，这也是对明辨是非与真假的“三表法”中“有本之者、有原之者”的应用。

在方译本之前，所有对“明鬼”篇有所翻译的译者们，都如实还原了这几个故事，但方却认为这些故事过于相似、抑或是目的过于单一，完整保留反而显得文段“冗长”以及论述拖沓。因此，无论是其出于减少读者的阅读负担，还是使读者无障碍地把握《明鬼》的核心思想等考虑，例证的数量多少，反而是次要的，译文的呈现仅保留了“假设——举例论证——得出结论”这一说理结构。正如此处，方克涛仅翻译了“周宣王杀杜伯”这一首例，并将余下全部精简入原文一句“非惟若书之说为然也”，用以说明“三表法”中“有本之者”的重要性，再以“虽有深谿博林，幽涧毋人之所，施行不可以不董，见有鬼神视之”的结尾来完成整个“有鬼”的说理链条。[2]

当然，我们也可以回归至原文本身去看待方这一翻译策略在实现其学术目标以外的合理性。墨家之所以“明鬼”，其重心并非在于证明鬼神的存在，而是强调鬼神“赏贤罚暴”的功能，并以神秘的鬼神力量向“治乱天下”提供威慑力和合法性。[3]当代的读者在阅读《明鬼》篇时，应当是“祛魅”墨子“明鬼”这一看似“迷信”，但实则领悟背后暗含的“因果论”甚至是“上同于天”的墨家政治哲学，因此，那些繁复且冗杂的关于鬼神的“文献记录”反而会徒增“迷信”，进而增添了读者误读墨家思想的风险。

这种“以研代译”的做法凸显了方克涛对其译本有着绝对的话语权，他想通过这样的方式提醒他的读者，更可能是他的学生、墨家思想研究的入门学者，他们并非要在《墨子》的译文中去习得儒家繁琐的礼仪制度，去细读墨子转引的历史记载中各种

---

① 方译本中，省略了前处晏子答齐景公“孔子为人何如”以及后处“孔某乃恚，怒于景公与晏子……季孙与邑人争门关，决植”的桥段，仅保留了中间“孔某之齐见景公……敬见而不问其道”一段，参见Chris Fraser, *The Essential Mòzǐ: Ethical, Political, and Dialectical Writings*, New York: Oxford University Press, 2020, pp.319–324.

② Chris Fraser, *The Essential Mòzǐ: Ethical, Political, and Dialectical Writings*, New York: Oxford University Press, 2020, pp.219–226.

③ 从《明鬼下》篇首的“并作由此始，是以天下乱。此其故何以然也？则皆以疑惑鬼神之有与无之别，不明乎鬼神之能赏贤而罚暴也。今若使天下之人，偕若信鬼神之能赏贤而罚暴也，则夫天下岂乱哉！”而在《明鬼下》最末，墨子仍在强调“今天下之王公大人士君子，中实将欲求兴天下之利，除天下之害，当若鬼神之有也，将不可不尊明也，圣王之道也。”这一首一尾的呼应，我们都不难发现墨子并非单纯想证明“鬼神”的存在。

有关鬼神的“街谈巷语”，更不要急躁于一开始就厘清《墨子》的编纂过程中喧嚣未停的语句争议。

进而，要想在译文中展现从早期墨家到后期墨家的思想演变脉络，对《墨经》的翻译必不可少，但这又极为考验译者的学术研究水平。在翻译《墨经》篇章时，方克涛遵循了前辈汉学家葛瑞汉在专译本中“A、B、C、E”的序列排布方式，重构了《墨经》篇章。此做法源于方自身对葛瑞汉《墨经》研究的再研究，可追溯至其对葛瑞汉2003年再版的《墨经》专译本——《后期墨家的逻辑、伦理和科学》的书评。[①]

在面对《墨经》中部分文本损毁严重、晦涩难懂、内容学科属性较为复杂的现状，方克涛将不能确认原貌和原意的两类文本直接省译。如《墨经》中A15—18几则，无论是在历代《墨子》的校勘本还是中外学者的专门研究中，对句子构成和句意的理解都莫衷一是，尽管艾乔恩的全译本中也翻译了这些片段，但在注释中每每强调，“此处存有争议，勉强试译，仅供参考”；[②]针对“学科属性较为复杂”的文本，方克涛也直接删去了与哲学无关的部分，如从B17“景不徙。说在改为”到B29“买无贵。说在反其贾”，这几则记载的皆是后期墨家对于朴素的光学与力学现象的发现，与墨家的思想与哲学体系并无太大关联。

以“精简”的译文代替原文的“详备”，在这背后，是方克涛对其自身学者身份的秉承与自省。身为墨学的海外研究者，他深知在“有涯”的学术研究中，挖掘《墨子》中各种历史、本体思想以及后学阐释的局限性，这并非是一本译著能够涵盖的。因而，他无意如新世纪的艾乔恩与诺、王一般，打造一个看似“注疏详备、内容完整”的《墨子》译本，他选择在译文中牢牢地把握住从“十论”到“墨经”的墨家思想脉络，这是其在译本中贯穿始终的翻译理念。

三、捍卫句式与词意：方译本对“同一性”的坚持

尽管方克涛在译文中将与墨子思想脉络无关的段落大量“精简”，但却坚持对《墨子》中重复性语句和诸多术语在通篇翻译中的“同一性”原则。

---

① 方克涛主动向香港中文大学出版社发出再版葛瑞汉1978年专译本的请求，请求顺利通过后，受出版社邀请为这一再版写下了书评“Introduction: Later Mohist Logic, Ethics and Science After 25 Years”，一并收录在其中。文中，方以后辈学者的身份指明了葛在文本重构和图表修正、文本语法细读、阐释后期墨家哲学科学理论三个方面的重要成就，同时也针对四分结构体系（fourfold organizational scheme）对《墨经》结构的阐述作用、“名”与“辩”的划分等提出了几点质疑。参见Chris Fraser, *Later Mohist Logic, Ethics and Science*, Hongkong: Chinese University Press, 2003, p. xvii-xxxiv.

② 艾译本在《墨经》第A15和A16评论，“This is an extremely problematical C&E and the reading offered is very tentative.”“With uncertainty surrounding much of this C&E, any interpretation must be tentative.”参见Ian Johnston, *The Mozi: A Complete Translation*, Hong Kong: The Chinese University of Hong Kong, 2010, p386.

早在先秦时期，荀子便对《墨子》的风格存有“墨子蔽于用而不知文”的评价[①]。当代海外汉学家如戴卡琳、方克涛等人在其各自的墨学研究中也有提及这一点。[②]这可能是由于墨子注重逻辑推理的思维方式，而这种思维方式在《墨子》原文中主要表现为重复句式和段落叠进、大量术语重复出现等文本特征。

首先，《墨子》中大量重复的句式结构在《墨子》的“十论”篇章中体现得尤为明显。无论是《墨子》的研究者还是译者，都无法忽视这一突出的文本特征。海外墨学家如葛瑞汉、戴卡琳、方克涛等学者，都将这种早期墨家独特的说理方式，作为能够展现墨家思想演变的句法载体，进而对《墨子》“三元组”的篇章结构的生成、《墨子》关键术语内涵的演变等进行更为深入的研究和探讨。[③]

对于译者而言，面对这一特征，他们需要在“忠实原文”与“取悦英语母语者对句法多变形式的喜好”这二者之间做出翻译策略的权衡。诚然，在译者主体性倾向“归化”和“异化”这件事上，并没有绝对的优劣之分，正如前文所言，译本潜在的目标读者也是需要考量的因素。以往众多译本对这些特征的关照往往参差不齐，知行并不合一。在2010年戴卡琳对艾乔恩译本的评论文中，戴卡琳也指出了艾的译文实则忽略了该类语言特征，进而暴露出针对重复性语句和术语翻译的“混乱”“不一致”等问题。[④]戴卡琳以此批评艾乔恩，是因为其在译本的引言中直言道，《墨子》文本的“核心章节在一定程度上呈现出程式化和重复的特点，这也可能是墨子有意为之，译者不该回避。这毫无疑问是墨子所述哲学要点的一部分，是其阐释和论述用到的重要手段”。[⑤]

例如《兼爱上》的前两段均以“圣人以治天下为事者也”开头，艾乔恩将两处分别译为“A sage who takes the ordering of the world as his business”和“A sage, in taking the ordering of the world to be his business”[⑥]，而方克涛则用“The sage, who takes ordering the

---

① 《荀子·解蔽》中有“墨子蔽于用而不知文，宋子蔽于欲而不知得，慎子蔽于法而不知贤，申子蔽于势而不知知，惠子蔽于辞而不知实，庄子蔽于天而不知人”之说。参见荀况：《荀子》，哈尔滨：北方文艺出版社，2013年，第402页。

② 原文为“The Mozi 墨子, a book of seventy-one units, was seriously neglected in the course of Chinese history partly due to its perceived low literary value and uninteresting content.”参见Carine Defoort and Nicolas Standaert, *The Mozi as an Evolving Text: Different Voices in Early Chinese Thought*, Leiden: Brill, 2013.

③ 参见Carine Defoort and Nicolas Standaert, *The Mozi as an Evolving Text: Different Voices in Early Chinese Thought*, Leiden: Brill, 2013.

④ Carine Defoort, “A Translation of the Mozi,” *Monumenta Serica*, vol. 59, no.1 (December 2011), p.496.

⑤ 原文为“Further, whilst the style of the core essays may be, to a degree, formulaic and repetitive, this is likely to have been for a purpose and should not be allowed to deflect attention from what is, in fact, a content of undoubted philosophical substance, and methods of presentation and argumentation which were quite novel in the context of the more common compilations of gnomic utterances and edifying anecdotes.”参见Ian Johnston, *The Mozi: A Complete Translation*, Hong Kong: The Chinese University of Hong Kong, 2010, p.xi.

⑥ Ian Johnston, *The Mozi: A Complete Translation*, Hong Kong: The Chinese University of Hong Kong, 2010, p.131.

world as his task"[①]的译文来维持原文的程式化结构。从文意而言，"圣人以治天下为事者也"放在前两段的开头，是为了强调两段共同的对话对象以及适用范围，在语义上并没有递进或转变的迹象，打乱这种句式重复性反而会破坏逻辑标记和原文的语言风格。从此处可观之，艾乔恩所认可的《墨子》重复且程式化的结构，并在自己的译文中尽力重现的"自我期望"，远远没有达成。

其次，相比在译文中实现"重复性语句"的文本特征，对于译者而言，维持《墨子》中频繁出现的术语的译词"同一性"才更难完成。因为无论是在特定的上下文语境中，在线性、动态的逻辑论述过程里，术语的内涵和外延，都可能会出现或细微、或巨大的改变。方克涛在序言中写道，"墨家学说在表达自己的主张时会用到一些重要的术语，如果翻译时对这些术语不加以重视，那么墨家学说的概念、推理、主张中一些细微而精要的细节将会因此遗失"。[②]

考虑到华兹生、梅贻宝等人的译本稍显久远，笔者选取的是新世纪后艾乔恩以及诺、王这两个较新的译本，去考量方译本独到的处理方式。

《墨子》文本中多次出现"说"一字，有时通"悦"，有时作"说"的动词或名词解。后者通常有"表达""言论"，或者引申为"学说""主张"之意。以及我们试着选几处《墨子》中"说"的原文，用以比照这三个译本的处理方式：

> "今王公大人欲王天下，正诸侯，夫无德义将何以哉？其说将必挟震威强。"——《尚贤中》
>
> "且今天下之王公大人士君子，中实将欲为仁义，求为上士，上欲中圣王之道，下欲中国家百姓之利，故尚贤之为说，而不可不察此者也。"——《尚贤下》
>
> "去若不善言，学国君之善言；去若不善行，学国君之善行。则国何说以乱哉？"——《尚同上》
>
> "然则明辨此之说将奈何哉？"——《非命上》

艾乔恩将其分别处理为"say/method/said to/theories"[③]；诺、王将其分别译为"theorize/

① Chris Fraser, *The Essential Mòzǐ: Ethical, Political, and Dialectical Writings*, New York: Oxford University Press, 2020, p.123.

② 原文为"Significant details of the Mohists' concepts, reasoning, and doctrines can be obscured if a translation is insensitive to the distinctive terminology they use to express their thought."参见Chris Fraser, *The Essential Mòzǐ: Ethical, Political, and Dialectical Writings*, New York: Oxford University Press, 2020, p.33.

③ Ian Johnston, *The Mozi: A Complete Translation*, Hong Kong: The Chinese University of Hong Kong, 2010, pp.79,85,95,319.

argument/ argue/arguments"[①]；而方克涛则为"doctrine/doctrine/不译/doctrine"[②]。

方克涛对于术语翻译"一致性"的捍卫在本例中可见一斑，他尽量为不同篇章语境中所出现的同一术语也选择相同的译词，但这并非易事。如此例中《尚同上》一处，"则国何说以乱哉"，艾乔恩将整句译为"Then how can there be said to be disorder in the district"，诺、王译为"Then how can anyone in the state argue there is disorder"。在古代汉语中，"说"基本不存在用作语气助词的情况，因此，在处理句中的"何说"时，艾和诺、王都选择将"说"译出，即如实传达语境中"怎么还会存在国家混乱这一言论（说法）"之意。

倘若方在此处继续使用"doctrine"，即倾向"说"的"主张""学说"引申之义，对于此处而言，在程度上明显过犹不及了。方所采取的翻译策略既可以被视为一种"省译"，也可以被解读为将"何说"作为强化该句反问语气的整体，最后的译句为"Then how could the district be in disorder"，尽管在句子的情感层面不及保留"说"的语句，但原意并没有太大的偏离。

方在引言中有明确的说明，他希望将《墨子》通篇术语翻译的"一致性"视为此译本的目标之一，而补偿具体意义的方式就是通过行文细节、注释以及上下文语境来实现。[③]正如对"说"的处理一般，在方译本里，诸如"法""仁""士""政"等术语，方克涛都尽量跨越上下文语境，保证其译词的统一。[④]

方的这般坚持，并不是说前人译者没有意识到译词不一致的严重性，但笔者认为这里应当将"术语"一分为二。《墨子》中的一些最为核心的术语，它们代表着墨子最精练性的主张，如"兼爱""节葬""天志"等等，在海外汉学界也都存在着多种翻译方式。例如"兼爱"，基本为"universal""impartial""love""care"四个词的排列组合。译者有权利根据自身的理解发挥其"主体性"，对于这些核心术语的译词，都力图做到在自己的译本中通篇的一致性。

然而，更为棘手的情况在于，《墨子》中同时存在着大量实际归属于整个先秦话语体系的"术语"，如前文提及的"说""法""仁"等等，《墨子》文本内的语境不同，文本外各学派的阐发方式不同，都有可能招致其内涵的偏正与迁移。诸如艾乔恩、诺博诺克和王安国等谨慎且严谨的墨译者们，在这类术语的"通篇一致性"和

---

① John Knoblock and Jeffrey Riegel. *Mozi: A Study and Translation of the Ethical and Political Writings*, Berkeley: University of California, 2013, pp.99, 107, 115, 290.

② Chris Fraser, *The Essential Mòzǐ: Ethical, Political, and Dialectical Writings*, New York: Oxford University Press, 2020, pp.87, 94, 99, 239.

③ 原文为"Two aims of this translation, then, are to use English terms with associations and implications that correspond fairly well with those of the Mohists' Chinese terms and to use these terms consistently, supplementing them with annotations clarifying the details of Mohist usage in particular contexts"，参见Chris Fraser, *The Essential Mòzǐ: Ethical, Political, and Dialectical Writings*, New York: Oxford University Press, 2020, p.35.

④ 在方译本中，将"法"统一译为"model"；"仁"统一译为"benevolence"；"士"统一译为"officer"；"政"统一译为"as government policy"。

“展现术语在上下文语境的差异性”的取舍下最终选择了后者。前文有所提及，在2013年艾乔恩企鹅版译本里，我们能够看出其在考量海外墨学家对其前作的“批评”后所作出的一些改动。但面对戴卡琳等人对术语翻译不一致的诘难，并非系统性研究墨学的艾乔恩明显是无法解决这个困境的。但为了力求客观，他在企鹅版的末尾附录中增设“术语表”[①]，将《墨子》中频繁出现的术语及其对应的译词全部列出，而这一举动与在富有争议的字词旁附上校勘本和校勘者的信息一样，同样是将阐释的选择权交付给读者。

身为墨学研究者的方克涛，对于《墨子》中术语的学术敏感度和研究深度远远超出了一般译者对特定语境中术语的单个内涵的把握。在方克涛早期的墨学研究中，他便已针对“义”“是”“非”等术语在《墨子》中的表达以及演变进行了较为深入的哲学研究，以此挖掘墨子的功利思想与逻辑思想体系。[②]

方译本，是期望通过捍卫原文本中这些不断重复的术语的同一性，并以此为线索，找到具备“共性”的译词，让译本在原文本跨越段落和篇章的基础上实现相互指涉、层层推进的作用，进而构建起一条逻辑明晰的墨子思想体系。而从另一个角度来看，既然荀子所言“墨子蔽于用而不知文”为实，那么，为何要在译本中通过译词的变换来补偿墨子文本的“文采”呢？这种意味，或许只有常年浸淫于墨学本体研究的方克涛等学者才能够更加深入体会了。

四、以“浅描”代替“深度翻译”：方译本的副文本呈现模式

当海外汉学家、译者对中国典籍和文学作品进行翻译之时，通常会采取所谓“深度翻译”（Thick Translation）的模式，即在译文外补充大量的解释性内容，并通过序言、注释、后记、章节引入等副文本的方式进行呈现。译者在译著中留下批注的信息，对于典籍翻译来说，是极为重要的，副文本既是对译文的补充，也是译者在翻译过程中自我思索的如实体现。《墨子》自英译以来，诸多的复译本都有着不同篇幅的“副文本”，这与其原文本的损毁和解读的争议性有莫大的关联，《墨子》的译者更需要依托副文本去实现对原文本在语际层面的考证、校注甚至是勘误等阐释过程。

在方译本出版前，新世纪已出现了《墨子》艾译本和诺、王译本两种复译本，前者历经了约二十年才完成翻译并最终出版，并前后有港大版和企鹅版两个版本。而后者自王安国发现诺博诺克的草稿到修订出版，也用了接近十四年的时间。译者所耗费的心血无法被常人衡量，但通过审视其译本，我们可以发现，译者将其翻译

① Ian Johnston, *The Book of Master Mo*, London: Penguin classics, 2013, pp.708–712.

② 参见Chris Fraser, “Mohism and Self–Interest,” *Journal of Chinese Philosophy*, vol. 35, no. 3 (2008), pp.437–54. 以及Chris Fraser, “Mohism and Motivation,” in C. Fraser, D. Robins and T. O’Leary, eds., *Ethics in Early China: An Anthology*, Hong Kong: Hong Kong University Press, 2011.

过程的点滴耕耘都以副文本的形式，连同译文一同呈现于译著之中。在艾译本中，加注、脚注、尾注、译后评注等译文旁的副文本大量出现，而译文篇章的前后也有序言、术语表、日期换算表等方便读者参考；诺、王译文中尽管没有脚注，但会在每个核心篇章译文前附上一篇较长的引论并加注，同时在译文中原字句存在争议的地方标注出可查考的校勘本作者的姓名，并在译文后单起附注来陈列所有章节所涉及的主要问题。

艾与诺、王在副文本上所体现的“深度翻译”翻译模式，是译者面对《墨子》时所展现出译者层面最大程度的尊重与谨慎，但这也直接导致其译著的篇幅大大增加。艾乔恩的港大版篇幅高达1036页，尽管2013年的企鹅版对副文本进行了删减，但也有716页之多；而作为节译本的诺、王译本，也有524页的篇幅。艾乔恩与王安国都不约而同地在序言中无奈地表达了自身能力的局限性。王安国指出，他在诺博诺克译文的基础上，尽可能地通过标注和增添副文本来保证严谨，他相信诺博诺克一定会同意其“共同译者”的身份的。①

单看方克涛为了构建思想体系而大量删减原文本的做法，我们能够推断，极力做“减法”的他，大概率不会采取“深度翻译”作为译著副文本的呈现模式。值得一提的是，国内学者殷燕在对冯友兰《庄子》译本研究中提到了“浅描”（thin description）一词，她认为，20世纪初冯友兰的哲学家和致用型的翻译模式中包括译注的“浅描”。②“浅描”其实是一个与“深描”（thick description）相对应的概念，而后者在阿皮亚（K. A. Appiah）引入翻译领域后，逐渐发展为我们前文提及的，目前在海外译者的译著成果和国内研究中都汗牛充栋的“深度翻译”。

无论是其哲学家的身份还是极为显明的墨子思想梳理目标，方克涛为自己译本所定下来的翻译基调与冯友兰的《庄子》译本非常相似，甚至，方译本比冯氏更符合“浅描”的特征。方译本通篇的译文中没有出现任何形式的注释，方克涛只是将体现主体性的解释性语言全部纳入了译著末尾专列的“解释性批注”“词汇表”两章之中，这样就缩减了译文的长度和繁多注释所带来的阻塞感，减小了读者的阅读压力，进而强化读者对文本中墨子哲学思想线索的专注力。此处因袭“兼爱”三章中方克涛的做法。

---

① John Knoblock and Jeffrey Riegel. *Mozi: A Study and Translation of the Ethical and Political Writings*, Berkeley: University of California, 2013, p.xii.

② 殷燕在文中对“浅描”使用的是与“深度翻译”相对应的概念，指的是在译本中添加的注释或评注在深度和广度上，明显略于深度翻译的注释或评注，参见殷燕：《哲学家视野和致用型翻译——冯友兰英译〈庄子〉的副文本考察》，《中国翻译》2021年第1期。而冯全功则对“thin translation”进行了较为深入的研究，其译为“瘦身翻译”，指译者在翻译过程中将某些信息进行删减或简化的行为与理念，但冯全功对此概念的应用与殷燕所用全然不同。冯全功将此概念运用于“用A语言书写B语言文化的事，然后再从A语言转换成B语言的文本”，参见Quangong Feng, “Thin translation: its definition, application and some other issues,” *Asia Pacific Translation and Intercultural Studies*, vol.9, no.1 (2022), pp.59–72.

首先，从注释的数量和篇幅来说，方克涛相较于艾与诺、王的译本，只“浅”不“深”。艾乔恩的“港大译本”对“兼爱”上中下三篇分别作注15处、28处、40处，共计83处，尽管这些注释都较为简短，平均长度为两到三行，但依旧数量众多，且信息门类也十分繁杂[①]；诺、王译本并没有过于挤压正文的空间，而是撰写一篇7页的章前引来替代过于分散的注释[②]，仅在译文中保留校勘者的姓名信息，并在译著末尾的附注专章中对“兼爱”三章共作注46处，而方译本仅作注24处。

《兼爱中》有一句“古者禹治天下，西为西河渔窦，以泄渠孙皇之水”。对于“西河”与“渔窦”，艾乔恩与诺、王在翻译为“West River”和“Yudou”并附上注释：

艾：In this clause，为is taken as治理following WHB has this note on西河：“古称西部地区南北流向的黄河为西河”On渔窦，LSL has the following note（referring to ZCY）：“张纯一据《水经注》，认为即鲤鱼涧，其地在黄河南岸山西境内。”[③]

诺、王：West River is an old name for that part of the Yellow River that flows north to form part of the big bend around the Ordos. The location of the river called Yudou is uncertain. Sun Yirang suspects that the graph yu 渔 is an error for wei 渭，and that the river is really the Wei，the famous tributary of the Yellow River that flows from west to east through southern Shaanxi Province.[④]

在艾的脚注里，“Z&Q”为“周才珠和齐端瑞”，“WHB”为“王焕镳”，“LSL”为“李渔叔”，他们都为《墨子》的校勘者，而王安国更是在注释中说明孙诒让对“渔”字的勘误问题，并由此判断“渔窦”的地理位置。

方克涛只是在译文正文中为“禹”“渔窦”“孙”“皇”这些专有名词标注了音调，并未做任何批注。由此可见，方克涛认为原文中涉及“重要历史人物”和“地理位置”，甚至是重要校勘本的校注都没必要介绍、保留，这本无益于阐释墨家思想中核心概念的内涵、支撑其他学派之间的互动。

其次，从注释的内容来说，方克涛的“浅描”，强调的是哲学的格义，而非语句的校勘。方克涛的所有注释，皆是对译文句意在思想层面的介入性阐释，既保证了批注的简洁性，并维持了对墨子核心概念和思想体系、章节间逻辑线的强调。在方译本的

① 艾译本的注释涵盖的内容十分广泛，主要涉及：1，对重要概念的解释区分；2，重要字词的读音与解释；3，不同校勘本对有争议的概念或句子的解释；4，对中国文化负载词的不同解释；5，对重要历史人物和地理位置的介绍；6，原文引用所涉及的古籍；7，原文与同时期其他哲学思想的互动。

② 诺、王译本的注释如艾译本一样，保留了对重要历史人物和地理位置的介绍、重要校勘本的信息等，同时梳理原文的思想脉络、行文思路及与其他先秦学派思想的互动性等等，如在“兼爱”的章前引中，王安国深入讨论了墨子“兼爱”中的“爱”在“上中下”三篇的演变过程，“兼爱”这一主张与墨子思想体系中其他概念跨章节的互动，如“义”“别”“天”等。

③ Ian Johnston，*The Mozi: A Complete Translation*，Hong Kong：The Chinese University of Hong Kong，2010，p.142.

④ John Knoblock and Jeffrey Riegel. *Mozi: A Study and Translation of the Ethical and Political Writings*，Berkeley：University of California，2013，p.423.

"解释性批注"中，有关"兼爱"三篇的批注仅有24个，其中7个以"compare"开头，提示此处与其他篇章的联系；6个以"alternatively"开头，补充对该句的其他理解或表达；7个详解该句子或该文化负载词在整体语境中的具体含义；另有4个提示本句与诸如"兼""法""交""用"等墨子其他核心概念的联系。

《兼爱下》中，"天下之士"对"兼"提出质疑，"'兼'即善矣，虽然，岂可用哉？"方克涛对"用"字有所批注，他认为，这里的"用"实则是社会实践层面的"受益"，即"三表法"中的第三表"有用之"，并陈列出《非命》篇章中相关段落的位置。①同样强调《墨子》篇章中语句的关联性批注还有对"然，乃若兼则善矣，虽然，天下之难物于故也"这一句同时出现在了"兼爱"中、下两篇之中，而艾乔恩与王安国只在注释中提供了对"于、故"的校勘信息②，方克涛更注重解释这一句在两篇中的细微差异，《兼爱中》用于说明"兼爱"很难在社会团体层面去实现，而《兼爱中》则侧重于"兼爱"从根本上是否是可行的。③

在本篇末尾的"惠君、忠臣、慈父、孝子、友兄、悌弟"一处，方克涛指出，这是《墨子》全书中对于"社会伦理关系"最完整的记载，"君臣""父子""兄弟"都必须要在"兼"的基础上才能够实现"惠、忠、慈、孝、悌"。④"用"与"三表法"的关系，"兼爱"与"非命"篇章的关系，甚至文本中墨家与儒家各自的核心思想的互涉，可以说，方克涛在批注中的"提醒"，是其学术思考对译文研究性的补充。

由此可见，方克涛的批注方式展现出与艾和诺、王完全不同的翻译意图。无论艾与诺、王在译本中多么谨慎地援引校勘，力求客观，尽可能地拓展副文本的广度和深度，他们之于《墨子》，始终是陌生的他者，所谓的"深度翻译"，是副文本的"深度"，但绝非译文的。方克涛在批注中的"浅描"，是期望通过自身的墨学研究底蕴，在简洁的批注中再次强调译文的思想深度，而非"语义"的深度，即没必要执着于文

---

① 原文为"The issue is whether it can be applied beneficially as a social practice. 'Use' is the third of the Mohists' three standards for evaluating a statement or teaching as right or wrong, beneficial or harmful. See §§35.1, 36.1, 37.1.", 参见Chris Fraser, *The Essential Mòzǐ: Ethical, Political, and Dialectical Writings,* New York: Oxford University Press, 2020, p.341.

② Ian Johnston, *The Mozi: A Complete Translation*, Hong Kong: The Chinese University of Hong Kong, 2010, p.138. 以及John Knoblock and Jeffrey Riegel, *Mozi: A Study and Translation of the Ethical and Political Writings,* Berkeley: University of California, 2013, p.151.

③ Chris Fraser, *The Essential Mòzǐ: Ethical, Political, and Dialectical Writings,* New York: Oxford University Press, 2020, p.341.

④ 原文为"This is the most complete list in the Mòzǐ of the relational virtues—virtues associated with excellent performance of what the Mohists take to be the three core pairs of relational social roles: ruler and subject, who are expected to be generous and loyal, respectively; father and son, who are to be paternally kind and filially devoted; and elder and younger brother. Younger brothers are to show fraternal devotion; the virtue associated with elder brothers is variously described as being amicable, respectful, good, and peaceful or harmonious." 参见Chris Fraser, *The Essential Mòzǐ: Ethical, Political, and Dialectical Writings,* New York: Oxford University Press, 2020, p.342.

字的注疏与考证，而是以其哲学家的身份介入译文，“浅描”出一条能够快速厘清墨子思想体系的捷径。

五、结语：“异”与“同”：译文的自我生命力

在跨文化的语际下，典籍的海外传播与影响需要依靠翻译，这本质上是一场异质文化双向影响的互鉴活动。身为译者，抑或是翻译研究者，我们都必须承认，翻译是一场“异”的考验，译文无法实现与原文完全的“同一性”。然而，典籍的语际翻译真的只能是原文的复制与重现么？法国翻译伦理学家安托瓦纳·贝尔曼甚至认为译文是原文“苍白的影像”和“回声”，即默认了翻译的第二性。①典籍译文确实脱胎于原作品的特定语境中，但它是否能够具备自我的生命力，在异质文化中去丰富、延续与发展？译者的介入，必定会面临着“异”与“同”的两难，但如果“同”无法达成，是否需要在继承与发展中突破翻译“不可能之必要性”的困境。②

诚然，无论是《墨子》的语言层面的诸多争议还是其思想层面的复杂性，都在加重译者于翻译过程中所面临的障碍与限制。但是，恰恰是这些困难也建构了《墨子》以及《墨子》译本在时代的更迭中动态的、存在无穷潜力的成长空间。笔者认为，百年来《墨子》语内的校勘本之所以层出不穷，正是得益于这些争议的既存以及墨子思想的可阐释性。那么，典籍译本为何不能在学术研究的视野下，彰显出如语内校勘和本体研究一般的生命力呢？

方克涛沉淀多年的墨学研究，对两种语言以及文化关系的把握和积累，让他看到了《墨子》英译在副文本内容他者化，即所谓“深度翻译”以外的另一种可能。在面临《墨子》语际翻译的“同异关系”时候，“忠实原文”并不一定是一味地复刻《墨子》躯干中所有细枝末节的纹理，或者用详实的副文本信息去“讨好”《墨子》语内校勘者。“忠实原文”的灵魂，即在译本中清晰地描摹出承载墨子思想脉络的过程，译文外的一切信息的呈现皆是为此目的而服务的。方克涛身为《墨子》之外的“他者”，借助翻译，在其译本中突出了“自我”，展现出自身强大且系统的墨学研究理念。方译本是其墨学研究的一次里程碑式的自我证明和超越，同时也赋予了其译著的读者，在译文的“生命力”中去主动挖掘墨家思想的潜在能量。

---

① Antoine Berman, *Pour une critique des traductions: John Donne,* Paris: Editions Gallimard, 1995, p.78.

② 对于翻译“不可能之必要性”的阐释，参见刘云虹：《试论文学翻译的生成性》，《外语教学与研究》2017年第4期。

Rejecting "the Other" and Showing "the Self"——On the Academic Vitality of the English Translation of Mozi by Chris Fraser

Nie Tao　Jing Qiongyao

School of Foreign Languages, University of Electronic Science and Technology of China, 611731

In 2020, the English translation of *Mozi* by Chris Fraser, a western Mohist, was published. Compared with many previous translations featuring increasing paratexts, this translation highlights the translator's research foundation and the academic vitality of the translation itself. This paper first reviews "the other" dilemma faced by *Mozi's* translators and their efforts to solve such difficulties in the hundred years since James Legge's translation. On this basis, the author takes the academic characteristics of Fraser's translation as the main clue to explore its effective construction of Mohism from the three perspectives - the simplification of translation scope, the translation "consistency" of sentence patterns and terms, and the presentation of annotations with the characteristics of "thin description" . With the "Self" built on philosophical accumulation, Fraser breaks the usual translation mode of "the other" in the Chinese classics' translation, which also implies that the translation of Chinese classics with interlingual interpretation can also have vigorous vitality and interpretable space as intralinguistic collation and ontological research do.

（责任编辑：高深）

一篇儒、墨、道兼综的政治哲学文献

——论郭店楚简《唐虞之道》出于“子张氏之儒”

高华平

摘　要：关于郭店楚简《唐虞之道》的主要思想和学派归属，学术界历来存在不同观点。由于郭店楚简《唐虞之道》中的“唐虞之道”“尧舜之王”和“尧舜之行”三个概念之间是既互相联系，又与《五行》篇中的“仁”“义”“礼”“智”“圣”一样，存在着道德层次和境界的差别，故“唐虞之道”不能简单地等同于“尧舜之道”。郭店楚简《唐虞之道》中道家思想的表现，主要是其中包含了道家杨朱的养生学说和道家的“时”“命”观念。郭店楚简《唐虞之道》中所包含的战国墨家思想，一是其“利天下而弗利”的义利观，二是其“尚贤”的主张。郭店楚简《唐虞之道》站在儒家的立场上调和整合儒、道、墨三家的思想，与“子张氏之儒”的思想观点和价值取向最为接近，故它应该是一篇“子张氏之儒”的政治哲学文献。

关键词：《唐虞之道》　“子张之儒”　学派归属

作　者：高华平，暨南大学教授（广州510632）。

郭店楚简《唐虞之道》自1993年发表以来，研究者甚众。除文字的考释之外，学者们研究的重点基本都集中于该篇的主题思想及其学派归属方面。关于《唐虞之道》的主题思想，郭店楚墓竹简整理者因为该篇首句“唐虞之道，禅而不传”而拟其篇题为《唐虞之道》，故研究者皆认为该篇的主题是宣扬尧舜“禅让”政治制度的。而对该篇宣传“禅让”政治制度之思想主张的学派归属，学术界则存在着不同的看法。最早李学勤先生提出或许应划归于纵横家①，继之更多学者认为应该归属儒家，并出现了属于儒家孔子本人所作、属于孔门七十子思孟学派（子思或孟子）所作、属于儒家子游学派或不知具体学派的儒者所作等不同的观点。②近年，则有很多人认为《唐虞之道》

【基金项目】国家社科基金后期资助项目“先秦诸子与上古的氏族、部落及国家——先秦诸子远源考论”（23FZXB011）阶段性成果。

① 李学勤：《先秦儒家的重大发现》，《中国哲学》第20辑，沈阳：辽宁教育出版社，1999年，第13页。

② 案：对《唐虞之道》的学派归属，多数学者，如廖名春、姜广辉、李景林、丁四新、周凤五、彭裕商等人都认为属战国儒者所作；周凤五、李景林等主张《唐虞之道》属于子思、孟子学派；裘锡圭认为不知属于儒家哪一学派；丁四新则认为属于思孟之前的儒家。（以上参见仝卫敏：《郭店楚简〈唐虞之道〉篇研究述评》，《管子学刊》2003年第1期）此外，袁青认为《唐虞之道》属于子游学派（袁青：《郭店楚简〈唐虞之道〉的学派归属》，《中华文化论坛》2014年第3期）；彭裕商等人最初认为“该篇含有墨家思想”，后来则主张“它应为儒家作品”。（彭裕商：《禅让说源流及学派兴衰——以竹书〈唐虞之道〉〈子羔〉〈容杨氏〉为中心》，《历史研究》2009年第3期）。

虽为儒家著作，但亦借鉴了墨、道等家的一些思想，尤其是与墨家思想有较多的联系和一致之处；[①]特别是比利时学者戴卡琳（Carine Defoort），认为《唐虞之道》将《孟子·尽心上》所描述的杨朱的“自私”和墨翟的“利他”的两种极端思想，“很好地融合成了中庸之道”，因此“在《唐虞之道》中，我们可以看到杨、墨思想确实像血液一样，蜿蜒地、流畅地汇入儒家思想的筋肉里”[②]。

那么，郭店楚简《唐虞之道》的主题思想及其学派归属到底是怎样的呢？它是否真如有些学者所说的那样，虽属儒家学派却同时也吸收了道家杨朱和墨家墨翟的某些观点呢？对于这些问题，我认为我们既要紧扣原作加以分析，更要将它放在战国中后期先秦诸子百家思想的相互联系中加以研究，只有全面和准确理解了《唐虞之道》的文本内容及其思想形成的时代背景，我们才能更好地了解《唐虞之道》的学派归属。

一、“唐虞之道”与“尧舜之王”和“尧舜之行”

郭店楚简《唐虞之道》因发表时有整理者由首句“唐虞之道，禅而不传”而拟定的“唐虞之道”四字标题，故学者多以为此篇的主旨即是儒家的仁学和德治理论。但在经过进一步研究之后，已有越来越多的学者注意到《唐虞之道》不仅讨论了儒家的“禅让”问题，也涉及道家和墨家思想。即使仅就儒家思想而言，“讨论的也并非只是‘禅让’，还涉及很多与‘禅让’并无直接关联的内容，如描述圣人礼敬天地之事，对尧、舜之‘孝’的讨论，对性命问题的阐发等”[③]。而且关于《唐虞之道》的篇题四字的涵义，有学者认为，“唐虞之道”应即《孟子·公孙丑下》《韩非子·忠孝》之所谓“尧舜之道”。[④]

那么，《唐虞之道》的内容除了尧舜的“禅让”之外，还有哪些与“禅让”并无直接关系的内容呢？“唐虞之道”即等于“尧舜之道”吗？对于这些问题，我觉得可选择先从与“唐虞之道”关系最为接近的“尧舜之道”开始讨论。郭店楚简《唐虞之道》第1、2简即曰：

> 唐虞之道，禅而不传。尧舜之王，利天下而弗利也。不传，圣之盛也；利天下而弗利，仁之至也。

这里，简书的作者已经把“唐虞之道”的定义说得很清楚了，那就是所谓“禅而

---

① 薛柏成：《郭店楚简〈唐虞之道〉与墨家思想》，《吉林师范大学学报》（人文社会科学版）2006年第4期。

② ［比利时］戴卡琳（Carine Defoort）：《墨子主杨朱的血液在儒家的筋肉里：〈唐虞之道〉的中道观》，《中华文史论丛》2006年第4辑，上海：上海古籍出版社，2006年。

③ 皮然然：《论〈唐虞之道〉中“孝”与“禅”的关系》，《哲学动态》2016年第12期。

④ 黄锡全：《〈唐虞之道〉疑难字句新探》，《长沙三国吴简整理暨百年简帛发现与研究国际学术研讨会论文集》，北京：中华书局，2005年，第213页。

不传”，即“禅让”。但问题是，在“唐虞之道”之后，简书的作者紧接着又加了一句“尧舜之王，利天下而弗利也”，而且还以此为“仁之至也”。“尧舜之王”之中“尧舜”当然是指唐尧、虞舜，用它代替“唐虞”应该没有问题；但所谓“利天下而弗利”，却更像是墨子在《兼爱》《非攻》所提倡的与“亏人以自利”相反的“兼相爱，交相利”，似乎与“唐虞之道，禅而不传”并不完全一致。不仅如此，郭店楚简《唐虞之道》第6简还有“尧舜之行，爱亲尊贤”之说。由此看来，在《唐虞之道》一篇中，“唐虞之道”和“尧舜之王”“尧舜之行”三个概念之间，如果说“唐虞”即指尧舜、“唐虞之道”可换成“尧舜之道”的话，那么“唐虞之道”（“尧舜之道”）与“尧舜之王”“尧舜之行”之间的差别则是十分明显的。“唐虞之道”是“禅而不传”；“尧舜之王”是“利（爱利）天下”（《吕氏春秋·用民》）而不“自利”；“尧舜之行”既与“唐虞之道”“尧舜之王”同处一篇之内，且《唐虞之道》本身也有对三者关系的说明。从这个意义上讲，或许正如有的研究者所云，“唐虞之道”或即先秦诸子所谓“尧舜之道”，以“尧舜之道”为此篇标题亦可。故紧接简书《唐虞之道》第6简“爱”字之后，第7简曰：

（爱）亲故孝，尊贤故禅。孝之杀（施），爱天下之民；禅之传，世无隐德。孝，仁之冕也。

由这段文字可以看出，在简书《唐虞之道》的作者看来，“唐虞之道”之所以能“禅而不传”，乃是由于尧舜的“爱亲而尊贤”和“禅也者，上德授贤之谓也”（第20简）；而“爱亲而尊贤”和“上德授贤”，又是其“利天下而弗利”的“仁之至也”的表现。可见，“唐虞（尧舜）之道”“尧舜之王”和“尧舜之行”三者实际是互相联系的。可以说，“唐虞之道”是“圣之盛也”，是最高的道德境界，体现为具体的道德原则就是“尧舜之王，利天下而弗利也”；再落实为具体的道德行为，则是“尧舜之行，爱亲而尊贤”。从这个意义上讲，“唐虞之道”也可以说是“尧舜之道”，甚至可以说就是“尧舜之王”或“尧舜之行”。故传世文献如《孟子》《韩非子》等书中，就将“仁政”、“仁义”（或“仁义之道”）、“孝弟（悌）”、“孝悌忠顺”等德目，乃至“十一而税”等“为政”之制，皆视为“尧舜之道”。

《孟子·公孙丑下》：

曰：“……我非尧舜之道，不敢以陈于王前，故齐人莫如我敬王也。”（孙奭疏：“所谓尧舜之道，即仁义之道也。”[①]）

同书《离娄上》：

① 《十三经注疏（清嘉庆刊本）》（四），北京：中华书局，2009年，第5860页。

孟子曰："……尧舜之道，不以仁政，不能平治天下。"（范氏曰："此言治天下不可无法度，仁政者，治天下之法度也。"①）

同书《万章上》：

孟子曰："……伊尹耕于有莘之野，而乐尧舜之道焉……"（赵岐注："伊尹初隐之时，耕于有莘之国，乐仁义之道……"②）

同书《告子下》：

孟子曰："……尧舜之道，孝弟而已矣……"

白圭曰："吾欲二十而取一，何如？"孟子曰："子之道，貉道也……欲轻之于尧舜之道者，大貉、小貉也；欲重之于尧舜之道者，大桀、小桀也。"（朱熹注："什一而税，尧舜之道也。多则桀，寡则貉。今欲轻重之，则是小貉、小桀而已。"③）

同书《尽心下》：

孟子曰："非之无举也，刺之无刺也，同乎流俗，合乎污世，居之似忠信，行之似廉洁，众皆悦之，自以为是，而不可与入尧舜之道，故曰德之贼也。"（赵岐注："孟子言乡原之人……其人自以所行为是，而无仁义之实，故不可与入于尧舜之道也。无德而人以为有德，故曰德之贼也。"④）

在这些例文中，孟子就是将"仁义之道"（赵岐注、孙奭疏）和作为"治天下之法度"的"仁政""孝悌""什一而税"的"赋法""仁义之实"（赵岐注）等皆视为"尧舜之道"的，而这些与郭店楚简所谓"尧舜之王"和"尧舜之行"也是基本相同的；只有以"什一而税"为"尧舜之道也"一条，似与简书中"尧舜之王利天下而弗利也"的"爱天下之民""足民养生"主张不协。但根据赵岐、孙奭和朱熹的解释，孟子之所以以"什一而税"为"尧舜之道"，而以白圭的"二十而取一"的税法为"小桀"和"小貉"之道，主要是因为这种"轻"税法看似减轻了民之负担，有利于"足民养生"，但它实际是破坏"礼义"之举，"无君臣、祭祀、交际之礼，是去人伦；无百官有司，是无君子"（朱熹语）；但"居中国当行礼义而欲效夷貉无人伦之叙，无君子之

① 朱熹：《四书章句集注》，北京：中华书局，2012年，第280页。

② 《十三经注疏（清嘉庆刊本）》（四），第5956页。

③ 朱熹：《四书章句集注》，第353页。

④ 《十三经注疏（清嘉庆刊本）》（四），第6049页。

道”（赵岐注），是绝对不可行的。简书《唐虞之道》在将“尧舜之王，利天下而弗利”和“尧舜之行，爱亲而尊贤”的道德原则和道德行为进一步具体化时，也是将其落实到“孝”“弟”“亲”“爱”“忠”“敬”和“大顺之道”等“礼义”方面的。故郭店楚简《唐虞之道》既以舜为例言“忠”“孝”之德目，曰：“古者虞舜笃事瞽盲，乃戴其孝，忠事帝尧，乃戴其臣。”（第9简）又于第4、5、6三简详细说明所谓“尧舜之行，爱亲而尊贤”曰：

> 夫圣人上事天，教民有尊也；下事地，教民有亲也；时事山川，教民有敬也；亲事祖庙，教民孝也；太学之中，天子亲齿，教民弟也；先圣与后圣，考后而甄先，教民大顺之道也。

简书在这里所讲的“事天”“事地”“事山川”“事宗庙”“太学之中”及其相对应的“教民有尊”“有亲”“敬孝弟”“大顺之道”等等，概而言之，殆即朱熹注《孟子》时所谓“君臣、祭祀、交接之礼”，此乃人伦之大端；而所谓“什一而税”的税法，则是这些人伦礼义制度的基础和保证，故孟子以之为“尧舜之道”；而《韩非·忠孝篇》则以“天下皆以孝悌忠顺之道”为“尧舜之道”也。

既然郭店楚简的“唐虞之道”和“利天下而弗利”的“尧舜之王”及“爱亲而尊贤”的“尧舜之行”，实际就是“尧舜之道”——三者的关系是如此紧密——“利天下而弗利也，仁之至也”；“爱亲故孝，尊贤故禅……孝，仁之冕也；禅，义之至也”；“不禅而能化民者，自生民未之有也”。那么，是否可以如有的学者那样，认为“唐虞之道”就是《孟子》《韩非子》所说的“尧舜之道”呢？如果二者可以等同，那么郭店楚简《唐虞之道》又为何从来不使用“尧舜之道”一词（概念），而只是使用了“尧舜之王”和“尧舜之行”概念呢？我认为，对于这个问题，应该再就这几个概念所包含的诸德目之间的关系进行更深入的探讨。

郭店楚简《唐虞之道》是一篇以儒家的“仁学和德治学说为主旨的哲学文献”，其中有“圣”“仁”“义”“贤”“道”“德”“孝”“弟”“忠”“爱”“时”“命”等众多德目。这些德目的出现，有的次数多，有的次数较少，有的有所界定，有的则没有。如简书第1简曰“禅而不传，圣之盛也；利天下而弗利也，仁之至也。”第7—8简曰：“孝，仁之冕也；禅，义之至也。”这其中的“禅”先是被认定为“禅而不传，圣之盛也”；后来又被界定为“禅也者，上德授贤之谓也”；并说：“禅，义之至也。”那么，“禅”到底是“圣之盛”还是“义之至”呢？可见，这些德目之间的关系十分复杂，有待于进一步厘清。

如何进一步厘清郭店楚简《唐虞之道》一篇中“圣”“仁”“义”“道”“德”“礼”“孝”“弟”“忠”“爱”“时”“命”诸德目之间的关系，我认为郭店楚简《五行》篇中关于“仁”“义”“礼”“智”“圣”五者关系的论述，可提供很好的借鉴。郭店楚简《五行》曰：

> （仁）型（形）于内谓之德之行，不型于内谓之行。义型（形）于内谓之德之型（形），不型（形）于内谓之行。礼型（形）于内谓之德之行，不型（形）于内谓之行。智型（形）于内谓之德之行，不型（形）于内谓之行。圣型（形）于内谓之德之行，不型于内谓之德之行。

《五行》篇是儒家子思、孟子一派久佚的著作，1973年出土的长沙马王堆汉墓帛书中也有《五行》一篇，而且其中的这一段文字也与郭店楚简的内容基本相同；不同的只有郭店楚简《五行》此段中的最后一句："圣型（形）于内谓之德之行，不型于内谓之德之行。"此句帛书《五行》作"圣型（形）于内谓之德之行，不型（形）于内谓之行。"以往的研究者对此有很多讨论。有的学者认为郭店楚简《五行》"不行于内谓之德之行"一句中的"德之"二字为衍文，[①]有的则认为：这是因为"竹简本抄写者"属于子思、孟学派，而思、孟"略法先王而不知其统，犹然而材剧志大，闻见杂博，案往旧造说，谓之'五行'，甚僻违而无类，幽隐而无语，闭约而无解（《荀子·非十二子》）"，"'竹简本抄写者'看到了帛书《五行》那种本子中'不形于内谓之行'"，其中"圣的内容与'不形于内谓之行'的规定不符，因为下文接着又说：'德之行五和，谓之德；四行和，谓之善。''不行于内'的前四行只有仁、义、礼、智，并不包括'圣'，而这里又要说它'不行于内谓之行'，不正是'无类'吗？"所以"竹简抄写者"这才有意将"不行于内谓之行"改为"不行于内谓之德之行"的。[②]

但在我看来，帛书《五行》的抄写者和今天的竹帛《五行》研究者似乎都弄错了；他们犯了同样的错误，即他们都没有看到在子思、孟子那里，"圣"是高于"仁""义""礼""智"的一"行"，它不论是"形于内"还是"行于外"都是"德之行"。相传为子思所作之《中庸》曰："君子依乎中庸，遁世不见而不悔，唯圣人能之。"又说："诚者，天之道也；诚之者，人之道也。诚者，不勉而中，不思而得，圣人也。"孟子也说，圣人"时中"，已达到内外、天人一体。他们都强调了"圣人"虽在"人道"中，实已进至"天道"，即已超凡入"圣"。故"圣"虽与前"四行"一样同在"五行"之中，却实已超越了前"四行"，故"形于内""形于外"皆可谓之"德之行"（"天之道"）也。这就相当于《老子》对"道""德"与仁、义、礼、忠信等的区别（《老子》第38章曰："故失道而后德，失德而后仁，失仁而后义，失义而后礼。夫礼者，忠信之薄而乱之首。"即是如此）。

再回过头来看郭店楚简《唐虞之道》中的"唐虞之道"与作为"尧舜之道"的"尧舜之王"和"尧舜之行"的关系。简书说："唐虞之道，禅而不传。"又说："禅而不传，圣之盛也。"这说明"唐虞之道"已在"圣"域了。但"尧舜之王，利天下而弗利也"，则仅为"仁之至也"，即仅达"仁"境。再看"尧舜之行"，其表现为"爱

---

① 刘钊：《郭店楚简校释》，福州：福建人民出版社，2003年，第69页。

② 梁涛：《郭店楚简与思孟学派》，北京：中国人民大学出版社，2008年，第223页。

亲而尊贤”，而“爱亲故孝，尊贤故禅”。“孝”即“孝悌”，简书曰：“孝，仁之冕也。”《论语·学而》曰：“孝悌也者，其为仁之本欤？”说明“孝”与“悌”，都是“仁”的表现。“尊贤故禅”，“禅，义之至也”，则说明“禅”是“义”的至上之境。根据郭店楚简《五行》篇来看，在仁、义、礼、智、圣“五行”中，仁、义、礼、智上升到最高境界方为“圣”境，故“圣”既与“仁”“义”“礼”“智”之“四行”并列为“行”，又可以高于其他“四行”而常为“德之行”。至于“礼”“忠”“信”等德目，“礼”为“五行”中的“四行”之一，“忠”“信”在简书虽未明确说明其与“五行”的关系，但其在“五行”之外则是无疑的。故它们皆是明显属于比“圣”低一层次的德目。[①]只有“道”“德”二目，简书中没有涉及它们与“五行”的关系，但从《老子》第三十八章“失道而后德，失德而后仁，失仁而后义，失义而后礼”排序来看，当属“圣”的序列——只是它们属于与儒家的“五行”德目不同的系统——“仁”“义”“礼”“智”“圣”属于“儒家”系统；“道”“德”“仁”“义”“礼”则属于道家系统。由此也可以见出，“唐虞之道”实际上是高于“尧舜之道”之“尧舜之王”和“尧舜之行”的范畴，因此也就不能简单地说“唐虞之道”就是“尧舜之道”了。

二、杨朱和墨翟

“唐虞之道”之所以是高于以“尧舜之王”和“尧舜之行”为内容的“尧舜之道”，其中还有一个重要的原因就是《唐虞之道》在宣扬尧舜“禅让”天下、“传贤不传子”的同时，还肯定乃至宣扬了虞舜的坦然接受“禅让”。可以说，因为作为“尧舜之道”的“尧舜之王”和“尧舜之行”，更多的乃是尧舜在其“位”治天下的原则和方法，而非关于“王位”继承的根本原则，所以“尧舜之道”就不是“唐虞之道”。而郭店楚简《唐虞之道》的主题思想，也就被牢牢固定在了宣扬儒家“禅让”观这一点上，其中所包含的道家思想和墨家思想（或杨朱、墨翟思想），也就并不是、也不可能是其中一种独立的思想成分，更不能成为说明《唐虞之道》是一篇属于儒、道、墨思想的杂糅或某种“折中”杨朱、墨翟思想观点之作的例证。

杨朱，又作“阳子居”，或称“杨子”，其生卒年学术界一般定在公元前395到公元前335之间[②]。我曾在多篇文章中对此有辨析。我认为，杨朱师事老子一事是可信的，他应与孔子同辈，而年岁略长于墨子[③]。

墨翟，即墨家的创始人和代表人物墨子。墨子的生平事迹，《史记》中仅有附记于

---

① 高华平：《先秦诸子与楚国诸子学》，北京：北京师范大学出版社，2016年，第240页。案：《孟子·尽心下》有另一序列，曰：“可欲之谓善，有诸己之谓信，充实之谓美，充实而有光辉之谓大，大而化之之谓圣，圣而不可知之之谓神。”“圣”媲于“神”，但高于“大”“美”“信”“善”。

② 钱穆：《先秦诸子系年》，北京：商务印书馆，2002年，第284页、第695页。

③ 高华平：《先秦道家的养生学派——杨朱“为我”学说述论》，《河南师范大学学报》2018年第1期；高华平：《墨家对先秦诸子的学术批评》，《文史哲》2020年第5期。

《孟子荀卿列传》中的“盖墨翟，宋之大夫，善守御，为节用。或曰并孔子时，或曰在其后”数语。清代学者孙诒让认为墨子当“生于周贞定王之初年（引者注：前468），而卒于安王之季（引者注：前376）”。近代学者一般皆用孙说。但我经过综合考证后认为，墨翟实出生于鲁昭公十七年（前525）至二十二年（前520）之间，卒于楚惠王五十一年（前438）之后[①]。

根据《汉书·艺文志》的“序说”，墨子和墨家的思想主要有“贵俭”“兼爱”“上贤”“右鬼”“非命”“尚同”等。“贵俭”，即《墨子》书中之“节葬”“节用”。“兼爱”，即孔子所谓“泛爱众”（《论语·学而》），在墨子则是与“自爱”“自利”相对的所谓“兼相爱，交相利”。“上贤”，即“尚贤”；“右鬼”则是“明鬼”，“谓明鬼神之实有也”（孙诒让:《墨子间诂·明鬼下》）；“尚同”，乃明“尚同为政之本，而治要也。”（孙诒让:《墨子间诂·尚同下》）而凡此诸义，概而言之，皆所谓“治天下”“利天下”而已矣。故墨子已先孟子而言“仁义”（《墨子·尚同下》《非攻下》），其于仁义则曰：“仁，体爱也”；“义，利也”。（《墨子·经上》）又曰：“万事莫贵于义。”（《墨子·贵义》）这就是说，墨子之学的主旨全在一个“利”字。“仁爱”（《经说上》曰：“仁，爱己者非为用己也，不若爱马者。”孙诒让《间诂》引张文伯云：“爱己非为用己也，爱马为用马也……言当观‘仁’于兼爱。”[②]），即“体爱”，亦即“兼爱”，而“兼爱”即“交相利”；而“义”亦“利也”。故墨子之所谓“仁义”，乃全在一个“利”字，而墨子之学的根本特点亦即郭店楚简《唐虞之道》所谓“尧舜之王，利天下而弗利也”。而《孟子》中与墨子相对的杨朱思想，则主要乃是针对墨子所立之“兼爱”“尚贤”“右鬼”“非命”而“非之”的“贵己”（《孟子·公孙丑上》称为“为我”，《管子·立政九败解》称为“自贵”）学说。

二十世纪中国学术界有两位重要的学者顾实和蒙文通，曾对杨朱和杨朱学派及其思想作过深入研究。顾实的《杨朱哲学》一书完成于1930年，初版于1931年。该书分为上、中、下三篇。上篇《显真》论杨朱其人，包括杨朱之姓名籍贯，杨朱与老聃、先秦汉魏诸子与杨朱等；中篇《明取》论杨朱之时世、思想、主义及其徒属；下篇《辟伪》则对各种伪造的杨朱之言逐一进行揭露和批判。此书应该是迄今为止对杨朱及其哲学思想做出最全面研究的著作。在此书中，顾实认为杨朱之思想可约分为“第一、本来思想，第二、教成思想，第三、中立思想”三期。“本来思想”殆同于孔子之积极进取，“教成思想”乃“奉教于老子以后之思想”，“中立思想”则为于南北、孔老具有“显著调和色彩”的思想。顾实还认为，杨朱思想中存在“全性（全生）主义”“为我（贵己）主义”“察辩主义”和“人道主义”等四大“主义”[③]。蒙文通在二十世纪四十年

① 高华平:《墨子生卒年新考》,《江西师范大学学报》2018年第5期。

② 孙诒让:《墨子间诂》(上),北京:中华书局,2004年,第333页。案:《墨子·经说上》“不若爱马”后有“者,若明”三字,“者”,原作“著”,“著若明”三字连读。孙诒让疑“著”为“者”之误,“若明”二字为衍文。今据孙说以改。

③ 顾实:《杨朱哲学》,长沙:岳麓书社,2011年,第94-103页。

代发表过专论——《杨朱学派考》。蒙氏认为杨朱之学属北方道家，其思想特点是既谈仁义，也重养生。其学说之根据在因循养生之学；其养生之旨即《吕氏春秋·不二》所谓“杨生贵己”和《淮南子·汜论训》所谓“全生（性）保真”，而其后则此养生之旨流衍为“忍情性”与“纵情性”二派[①]。

但在我看来，杨朱的“为我”（“贵己”）和“全生”“尊生”（也就是“养生”）实际是并不矛盾的，其重点都在养生。这是因为，先秦道家（至少在稷下黄老道家之前）基本都是隐逸之士，主动与现实政治保持疏远的关系，故是否“利天下”或如何“治天下”皆不在当时道家学派的思考范围之内。如果你一定要追问他如何“治国”或“利天下”的问题，他只能回答以“无为”或“顺自然”（“因循”）。《淮南子·道应训》曾记杨朱后学詹何对楚王如何“治国”之问云：

> 楚庄（襄）王问詹何曰：“治国奈何？”对曰：“何明于治身，而不明于治国。”楚王曰：“寡人得立宗庙社稷，愿学所以守之。”詹何对曰：“臣未尝闻身治而国乱者也，未尝闻身乱而国治者也，故本任于身，不敢对以末。”楚王曰：“善。”（《列子·说符》略同）

这说明，杨朱之学的宗旨的确在“治身”或“养生”二字，“自利”或“利天下”甚至“利”字本身都不在杨朱之学的考虑范围。故《淮南子·汜论训》曰：“全性保真，不以物累形，杨子之所立也，而孟子非之。”冯友兰以为孟子所谓“拔一毛利天下而不为”，应解为“虽利之以天下而不肯为”[②]；而比利时学者戴卡琳亦认为：“在杨朱学派的著作中，关于‘利’的思想与墨家‘利天下’的理想并不相干，而不像孟子描述的那样互相冲突。”[③]这些都说明，杨朱之学“全生”（即“养生”）之学，其所谓“保真”和所谓“不以物累形”，都与“自利”“利天下”之“利”无关，而只是希望保持我的“自然”之本真（显示为“贵己”或“为我”的特征，而故意“自利”而不“利天下”）而已。

当然，由于先秦哲学中的养生“全生”之“生”有“生成”“生灵”“生命”等多重含义[④]，而且道家有“死生存亡”本为一体而为人之不可奈何之“命”的观念，故杨朱的“全生”或“养生”学说中本然地就包含有“听天由命”“死生有命”“安之若命”的思想成分，《淮南子·汜论训》也因此才特别指出在“兼爱”“尚贤”“右鬼”之外，杨朱还专门针对墨子之“非命”观进了批评（“非之”）[⑤]。但这也说明，杨朱应是具有

---

① 蒙文通：《杨朱学派考》，《古学甄微》，成都：巴蜀书社，1987年，第243—267页。

② 案：冯友兰认为：《孟子·尽心上》“拔一毛利天下而不为”，与《韩非子·显学》“不以天下大利易胫一毛”同义，皆应解为“虽利之以天下而不肯为”，而非“拔其一毛可以利天下而杨朱不为”。冯说见其《中国哲学史》上卷，重庆：重庆出版社，2009年，第114页。

③ 戴卡琳（Carine Defoort）：《墨子主杨朱的血液在儒家的筋肉里：〈唐虞之道〉的中道观》。

④ 张岱年：《中国古典哲学概念、范畴要论》，北京：中国社会科学出版社，1987年，第114页。

⑤ 高华平：《墨家对先秦诸子的学术批评》。

与墨子“非命”观相对的“有命论”的观点的，而这种“有命论”的观点显然也是根源于其“全生”或“养生”的思想的，应属于其“全生”或“养生”思想的一部分。

在杨朱、墨翟的思想中，杨朱以“养生”或“全生”为主，由此而显示出“为我”或“贵己”（即“保真”）和“安时处顺”“听天由命”的特征，正是在这一点上与墨子的“兼爱”“非命”之说构成对立。但由于当时的“显学”除“杨、墨之言盈天下”之外，还有儒、墨“显学”的是非之争，“是其所非，而非其所是”（《庄子·齐物论》），故杨朱、墨翟的思想观点并不必然地针锋相对的，而有可能如《淮南子·汜论训》所云，杨朱是针对墨家的；而墨子则是针对儒家“孔子之所立”的“夫弦歌鼓舞以为乐，盘旋揖让以修礼，厚葬久丧以送死”诸义的。

再就郭店楚简《唐虞之道》来看，《唐虞之道》中的确包含有某些道家杨朱和墨家墨翟的思想成分。《唐虞之道》中所包含的道家杨朱学派的思想，主要有两个方面：一是其提倡的道家养生学说，二是其所主张的道家的“时”“命”观念。《唐虞之道》提倡道家杨朱学派的养生观，见于简文第10和第11简：

……禹治水，益治火，后稷治土，足民养生，顺乎脂肤血气之情，养性命之政，安命而弗夭，养生而弗伤，知□之正者，能以天下禅矣。

郭店楚简《唐虞之道》此处提倡的养生（养性）观之所以应该归之于道家杨朱学派，当然是因为它与杨朱“全性（生）保真”之说同，而与儒、墨二家之说异。“墨家理想的圣王形象，应该像大禹一样，以自苦为极。这里丝毫容不下养生的观念。”[①] 但《唐虞之道》却说：“禹治水，益治火，后稷治土”，都是为了“足民养生”；就连尧舜之所以“能禅”，也是因为他能懂得“顺乎脂肤血气之情，养性命之政”的“天命”（或“天道”）的缘故。这就不仅与墨家的“夏政（正）”相背，而且也与儒家孔子的“周道”有异。因为儒家虽也承认存在“尧舜禅让”的事实，但却并不认为此“禅让”是自作主张的政权授受，而应该如《孟子·万章上》所云，是由“天时”和“民心”所决定的；即使是所谓“唐虞禅，夏后、殷周继，其义一也”，也并非是谁的主动让位退出，故不存在“老者不堪劳而休”的问题。《唐虞之道》所谓“古者圣人廿而冠，卅而有家，五十而治天下，七十而致政。四肢倦惰，耳目聪明衰，禅天下而授贤，退而养其生”之说，与现在已知的儒家世硕《养性书》中的养生观（见《论衡·本性篇》）明显异趣。

郭店楚简《唐虞之道》还包含了道家的“时”“命”观念。简书第11—12简既曰“安命而弗夭，养生而弗伤”，则“能以天下禅矣”，第14—16简接着又说：

古者尧生于天子而有天下，圣以遇命，仁以逢时，未尝遇（贤，虽）并

① 王博：《关于〈唐虞之道〉的几个问题》，《中国哲学史》1999年第2期。

于大时，神明将从，天地佑之，纵仁、圣可举，时弗可及也……夫古者舜处于草茅之中而不忧，知命也。登为天子而不骄，不流也。

在郭店楚简《唐虞之道》成书的战国中期的诸子百家中，墨家正如《汉书·艺文志》所云："顺四时而行，是以非命。"是明确否认"命"并批判"命定论"的；只有儒、道两家是相信"命"的。但由于先秦诸子百家对"命"的态度皆与其对"天"的观念相联系，甚至可以说是植根于其"天"的"观念"的，故当时诸子百家的"命"观念基本就是他们的"天命"观。儒家自孔子以来因有自然之天和道德意志之"天"的区别，故儒家孔子的"命"有时是指由最高主宰的道德意志之"天"赋予的"天命"，有时则是纯偶然性"盲目的异己力量"。道家认为"天"即是纯自然之"天"，世界万物亦皆属自然，"命""天命"即"天道"，皆为天道自然："死生存亡，穷达贫富，贤与不肖毁誉，饥渴寒暑，是事之变，命之行也；日夜相代乎前，而知不能规乎其始者也。"（《庄子·德充符》）而人之得失、穷达、遇与不遇，都是纯粹的偶然性事情。[①]道家将此称之为"命"，亦称之为"时"或"时命"，曰："且夫得者，时也；失者，顺也"（《庄子·大宗师》）；"遇不遇，时也"（同上，《胠箧》）；"古之所谓隐士者……非藏其知而不发也，时命大谬也。当时命而大行乎天下，则反一无迹；不当时命而大穷乎天下，则深根宁极而待：此存身之道也"（同上，《缮性》）。[②]郭店楚简《唐虞之道》亦"时""命"并用，曰"古者尧生于天子而有天下"，是"圣以遇命，仁以逢时"；"舜处于草茅之中而不忧，知命也"。而所谓知"时""知命"，也就是"知道"，亦即《庄子·盗跖篇》所谓"势为天子而不以贵骄人，富有天下而不以财戏人"；或《吕氏春秋·本生篇》所谓"上为天子而不骄，下为匹夫而不惛"。可见，《唐虞之道》的作者是既持道家杨朱的养生（养性）观，也持道家的"命"观念的——是完全将"时""命"视为人无可奈何的、不以人的意志为转移的偶然性因素的。因此我们也就不难知道，先秦墨家的"非命"，虽表面上看是在批判当时儒家的"死生有命，富贵在天"的"天命"观的，但实际上针对的却只是道家的天命观和当时儒家中与道家相同的、不以"天"为人格意志之"天"，而以"天"为纯自然之"天"的"天命"观中的以"死生存亡、穷达贫富、贤与不肖毁誉、饥渴寒暑"皆是偶然的机遇——"是事

① 高华平:《先秦的"命""天命"概念与儒墨"天命"观的异同及实质》,《哲学动态》2023年第2期。

② 案:儒家有时也讲"时",如《中庸》曰:"君子而时中。"《孟子·万章下》称"孔子,圣之时者也"。《礼记·礼器》曰:"礼,时为大,顺次之,体次之,宜次之,称次之。尧授舜,舜授禹,汤放桀,武王伐纣,时也";"礼也者,合于天时,设于地财……"等。但"君子时中"既指君子"其容貌君子,而又时节其中也"(郑玄注);"孔子,圣之时者也",亦只是说"孔子时行则行,时止则止";即时时"量时宜动。中,权也。"《礼记·礼器》曰:"礼,时为大"和"尧授舜,舜授禹,汤放桀,武王伐纣,时也",仍然只是"言圣人制礼"或改制,要依时代环境而定(郑玄注),即是说:"尧舜所以相授者,尧舜知子不贤,自能逊退而授人,此时使之然也。桀纣凶虐,不能传立与人,汤武救民之灾,亦时使之然也。可见,儒家所言"时"皆"时刻""时事""时势"之"时",与道家"时命"之"时"完全不同。

之变，命之行也”的“命”观念的。

郭店楚简《唐虞之道》中所包含的战国墨家的思想也主要有两个方面：一是其“利天下而弗利”的义利观，二是其“尚贤”的主张。《唐虞之道》第1—2简曰：

> 尧舜之王，利天下而弗利也。禅而不传，圣之盛也。利天下而弗利，仁之至也。古昔贤仁圣者如此。

我们知道，先秦诸子百家中，道家在稷下黄老学派之前的老庄学派都是敝屣富贵的“道德之士”。杨朱“全性保真”“不以天下大利易胫一毛”，自然也不会考虑是否“利天下”的问题。儒家的孔子虽然也谈“仁义”，但他的“仁”只是道德的原则，即使到了孔门后学那里，“义”已“成为了一项维护等级制度的规范了”，也“仍然含有一定的普遍意义”，故先秦儒家各派皆严于义利之辩。[①]只有墨家既将“义”界定为“利也”；又将“仁”解为“体爱也”，即解为“爱己非为用己也”的“兼相爱，交相利”也。郭店楚简《唐虞之道》既说“利天下而弗利也，仁之至也”，又说“禅，义之至也”。可见其所谓“仁”“义”皆是“利天下而弗利”，即都在一个“利”字上，故无疑应属于墨家的思想。

郭店楚简《唐虞之道》包含有墨家思想的另一方面，是其所谓“尚贤”的主张。《唐虞之道》除第6简曰：“尧舜之行，爱亲尊贤。”第8—9简曰：“爱亲忘贤，仁而未义也……亲尊贤，虞舜其人也。”在“爱亲”的同时又强调“尊贤”之外，第20—21简又说：“禅也者，上德授贤之谓也。上德则天下有君而世明；授贤则民兴教而化乎道。”即在“尊贤”之外还主张“授贤”，显然是墨家“尚贤”思想的反映。

在战国时代，先秦诸子对“贤”的态度差异很大。道家从老庄到“道法家”都明确主张“不尚贤”。《老子》曰：“不尚贤，使民不争。”（第3章）《庄子》曰：“至德之世，不尚贤，不使能。”（《庄子·天地》）即是如此。先秦诸子中主张“尚贤”的，主要是儒、墨二家。《论语》载“仲弓为季氏宰，问政”，孔子答以“举贤才”（《子路》）《中庸》曰：“凡为天下国家有九经，曰‘脩身也，尊贤也……’。”孟子认为，一个国君如果能“尊贤使能，俊杰在位，则天下之士皆悦而愿立于其朝矣”，而可以“王天下”。（《孟子·公孙丑上》）墨家则不仅主张“尚贤”，认为“尚贤者，政之本也”；而且还说“古者圣王之为政，列德而尚贤，虽在农与工肆之人，有能则举之，高予之爵，重予之禄……有能则举之，无能则下之”。（《墨子·尚贤上》）使“尚贤”成为了墨家政治理想的一种重要的治国方略和政治制度。

郭店楚简《唐虞之道》的思想宗旨是宣扬“禅让”的，但又将这种“禅让”与“尊贤”或“授贤”联系在一起，曰：“尊贤故禅”；“禅也者，上德授贤之谓也”。明显是吸收了墨家的思想。

---

① 张岱年:《中国古典哲学概念、范畴要论》,第161页。

从上面我们分析的郭店楚简《唐虞之道》全篇所包含的杨朱道家的“养生（性）”观和（“时”）“命”观念，以及墨家的“利天下而弗利”和“尚贤”等观念来看，我们不难见出，在郭店楚简《唐虞之道》“利天下而弗利”命题中的“自利”与“利他”（“利天下”）既非该篇作者所要折中调和的两种对立思想，更非《唐虞之道》中道家杨朱和墨家墨翟思想的共同话题。换言之，在郭店楚简《唐虞之道》中，简书作者所要折中调和的与其说是道家杨朱与墨翟“自利”与“利天下”（“利他”）两种极端观点的冲突，还不如说他是站在儒家立场上折中和调和儒、道、墨等诸子百家思想观点。因为《唐虞之道》在涉及养生、“时”“命”和“利（他）”“尚贤”等观念时，实际上不仅仅是采用了儒、墨、道三家中某一“家”的观点，而是以儒家自孔子以来“折中”的方法，对它们各有取舍和扬弃，通过“养生”找到了墨子“利天下”和杨朱“贵己”（“为我”）学说的结合点，并使之同时又成为了儒家“禅让”和“致仕”观念的根据；通过“爱亲”和“尊贤”的并重，将儒家的孝道、墨家的“尚贤使能”和道家“时”“命”观调和起来了，特别是将“尧生于天子而有天下”和“舜处于草茅之中而不忧，登为天子而不骄”两种形态的“禅而不传”结合成为了“唐虞之道”——借助舜的兼“为瞽盲子”“为尧臣”及“南面王天下”的三重身份，宣扬了儒家“为人子”“甚孝”、“为人臣”“甚忠”和“王天下”“甚君”的观点。

由此可见，郭店楚简《唐虞之道》的思想旨趣并不在于简单地折中调和道家杨朱的“自利”（“贵己”“为我”）与墨家墨翟的“利天下”两种极端的观点，而是要在全面折中调和儒、道、墨等多种诸子思想的基础上，形成一种新的儒家的“人道”观。

三、《唐虞之道》属“子张氏之儒”的作品

综合此前学界的研究成果和本文上述论述分析可知，郭店楚简《唐虞之道》是一篇以儒家“禅让”思想为主，并吸收了道家杨朱学派的养生和“有命论”，以及墨家墨翟“兼爱”和“利天下”思想观点的政治哲学文献。但由于在儒家的创始人孔子那里，孔子的思想本是极其丰富和复杂的。孔子说：“为政以德，譬如北辰，居其所而众星共之。”（《论语·为政》）早已被人视为“孔子实兼道家”之证；[①]而《论语·子路》孔子所谓“为政”之先“必也正名乎”之说，又表明孔子思想中实亦包含了先秦名家思想的成分。[②]至于说到了孔子弟子“七十子”及其后学那里，他们虽然仍属儒家之列，但实际已经分化严重。《荀子·非十二子》既赞颂仲尼、子弓之儒“总方略，齐言行，壹统类，而群天下之英杰而告之以大古，教之以至顺……”，又“非”子思、孟轲之儒曰：“略法先王而不知其统……案往旧造说，谓之五行。甚僻违而无类，幽隐而无说，闭约而无解。”斥“子张氏之贱儒”“子夏氏之贱儒”和“子游氏之贱儒”。《韩非子·显

① 张尔田:《史微》卷三《原儒》,《史微》,上海:上海书店出版社,2019年,第41页。

② 高华平:《论先秦儒家对诸子学派的学术批评》,《哲学研究》2019年第4期。

学》篇则曰："自孔子之死也，有子张之儒，有子思之儒，有颜氏之儒，有孟氏之儒，有漆雕氏之儒，有仲良氏之儒，有孙氏之儒，有乐正氏之儒……故孔、墨之后，儒分为八，墨离为三，取舍相反不同……"而近代学者则认为："若夫孔子，则时有近道家者"，"时有近墨家者"；"道家也、法家也、墨家也、农家也、纵横家也、阴阳家也，在孔子之门各已有所趋向矣"；颜渊、仲弓、子桑伯子"近乎道家者流也"；"闵子骞亦近乎道家之廉介者也"；"曾点亦近乎道家之隐逸者也"；而"子路近乎法家者流也"；宰我"是近乎墨家者流也"；"子贡亦近乎纵横家者流也"；"樊迟盖近乎农家者流也"。[①]

到约公元前300年之前郭店楚简《唐虞之道》产生的战国中期，孔子及其弟子"七十子"之徒皆已不在人世，在世的儒家学者应属于"七十子"之弟子或再传弟子[②]。《荀子·非十二子》将子思、孟轲并列而"非"之，实有以矣。而其中所斥之"子张氏之贱儒""子夏氏之贱儒""子游氏之贱儒"，显然也属于"子思、孟轲"之伦——属于"七十子"所开创的、由其弟子或再传弟子继承和发展的各派儒家思想。郭店楚简《唐虞之道》既然是一篇以儒家"禅让"思想为主导、并吸收有道家杨朱学派"养生"观和"有命论"、墨家墨翟之"兼爱"观和"利天下"思想的政治哲学文献，那么它在战国中期的哲学思想界中最有可能出于孔门儒家哪个学派的思想呢？

通过对比郭店楚简《唐虞之道》和传世文献中对战国中期（公元前300年）以前儒家各派思想文献的记载，我认为郭店楚简《唐虞之道》最有可能应该是一篇属于当时"子张氏之儒"的政治哲学文献。

"子张氏之儒"的开创者自然应该是子张氏本人。子张，即孔子弟子颛孙师。《史记·仲尼弟子列传》曰："颛孙师，陈人，字子张。少孔子四十八岁。"《孔子家语》的记载与之相同。子张的这个年龄，大致与墨翟同时而稍晚，而孟子则更晚，故不及见子张。关于子张的思想，直接的记载很少，《史记·仲尼弟子列传》取《论语》中的"子张学干禄""问行"及问"士何如斯可谓之达矣"三则，以见子张之学思方向皆不在理论知识的学习，而是侧重于社会实践（特别是政治和道德实践）思想方面。而这与整个《论语》一书中关于子张的其他记载也是互相吻合的。据学者统计，《论语》子张共出现27次（其中子张23次，子张的字"师"出现4次）。[③]在这些记载中，虽然所记主要是孔子回答子张的问话，"但可见子张所关心的是什么问题"。[④]子张"问政""问从政"或"干禄"以及"问十世可知""问令尹子文""问高宗谅阴"等，这些直接或间接的都与社会的政治实践有关；而子张"问仁""问行""问明""问善人之道"等

---

① 陈柱:《诸子概论》,上海:华东师范大学出版社,2015年,第194-195页。

② 案:依钱穆《先秦诸子系年》的研究,亲受孔子之炙者年龄最小的当为孔子之孙子思。子思的生卒年为公元前480—前402年。孟子尝受业于"子思之门"或"子思之门人"(《史记·孔子世家》)。郭店楚简《唐虞之道》的成书年代当在公元前400—前300年之间的孟子时代,应出于孔子"七十子"弟子或再传弟子之手。

③ 杨伯峻:《论语译注》,北京:中华书局,1980年,第217页、第267页。

④ 郭沫若:《十批判书》,北京:人民出版社,2013年,第98页。

等，则显然属于道德实践的范围。这说明，在孔门的“德行”“言语”“政事”“文学”四科之学中，子张之学是严重“偏科”的，即是偏向于“德行”与“政事”二科，甚至主要是偏向“政事”一科的。因为孔子有“为政以德”的思想，故“德行”一科中的“德”，显然是与“政事”相联系的，即更多地表现为一个人在社会政治活动中“政德”或“公德”。而从《论语》中所记子张与孔子的问答来看，子张在思想上虽然与“七十子”一样，皆是奉孔子为“圣人”而几乎是把孔子的话当作“圣旨”（《论语·卫灵公》载：“子张问行。子曰：‘言忠信，行笃敬……’子张书诸绅。”可以为证），但他也的确如孔子所云：“师也过。”（《论语·先进》）对孔子思想有过度解释的倾向或有“过中”之嫌。如，孔子虽然有时也赞赏道家“无为”的思想，甚至有时也有“乘桴浮于海”的念头，但他却始终对道家隐逸之“欲洁其身，而乱大伦”（《论语·微子》）的人生哲学予以明确反对。但子张思想中道家思想则显然更强烈。《论语·公冶长》载：

> 子张问曰：“令尹子文三仕为令尹，无喜色；三已之，无愠色。旧令尹之政，必以告新令尹。何如？”子曰：“忠矣。”曰：“仁矣乎？”曰：“未知，焉得仁？”

对《论语·公冶长》的这段文字，以往研究者的讨论多集中在其中“令尹子文三仕为令尹，无喜色；三已之，无愠色”一句中的“令尹子文”，是否为《庄子·田子方》和《吕氏春秋·知分》的“孙叔敖三为令尹”之误和“未知，焉得仁”中的“知”是读“知（zhī）还是读“智”（zhì）上。但我认为，《论语·公冶长》这段文字中真正值得关注的，并非是其中“三仕为令尹，无喜色；三已之，无愠色”的是孙叔敖还是斗子文，以及“未知，焉得仁”中的“知”是“读如字”、还是读“智”的问题。因为这里的“三为令尹”和“三去令尹”的是斗子文还是孙叔敖，都应该当成“先秦小说家”的“小说”人物看待，并不影响这段文字中孔子和子张对这个“小说”人物的思想态度；而“未知，焉得仁”中的“知”是“读如字”还是“读智”，也同样不影响孔子对这种行为的评价。所以我认为这段文字中最值得关注的地方，是子张和孔子师徒二人在对同一人、同一事情的不同评价或思想倾向上。

在现有文献中，关于某人“三为令尹，无喜色；三已之，无愠（忧）色”故事的记载，在先秦诸子著作中，除《论语·公冶长》之外，主要还见于《庄子·田方子》和《吕氏春秋·知分》两篇。在这两篇中，尽管“三为令尹，无喜色；三已之，无愠（忧）色”的主人翁由斗子文换成了孙叔敖，但其中“三为令尹，无喜色；三已之，无愠（忧）色”的事情则完全相同。且《庄子·田方子》还有孙叔敖对自己如何能做到“三为令尹”和“三去令尹”皆不喜不忧原因的说明，曰：“吾何以过人哉！吾以其来不可却也，其去不可止也，吾以为得失之非我也，而无忧色而已矣。我何以过人哉！且不知其在彼乎，其在我乎？其在彼邪，亡乎我；在我邪，亡乎彼。方将踌躇，方将四顾，何暇至乎人贵人贱哉！”而《庄子·田方子》中这段孙叔敖对自己如何能做到

“三为令尹”和“三去令尹”皆不喜不忧原因的说明，很容易使人联想到《庄子·人间世》所记孔子回答叶公子高“使齐”应“知其不可奈何而安之若命”时“听天由命”的思想和《吕氏春秋·知分》所谓“命也者，不知所以然而然者也，人事智巧以举错者不得与焉”之类的话——它们都极为相似，具有强烈的“命定论”倾向，而同于《庄子·德充符》中孔子所谓面对“生死存亡、穷达贫富、贤与不肖毁誉”时，应将其视为“事之变，命之行也”的观点。而在《论语·公冶长》此段文字中，子张在问孔子令尹子文何以能“三为令尹，无喜色；三已之，无愠（忧）色”时，实是包含有子张以子文“其为人也，喜怒不形，物我无间”，即已达到了儒家最高的道德境界，故而“疑其仁”的意思。换言之，在子张看来，道家人物令尹子文“三为令尹”和“三已之”皆不喜不忧，实已达到了儒家“德行”的最高境界。而这，显然是与孔子“但许其忠，而未许其仁也”①的态度迥然不同的。——在这里，子张氏思想中的道家思想的成分是十分明显的。

同样，在《论语》一书中似也可以找到一些反映子张墨家思想成分的蛛丝马迹。现行的《论语》书中有《子张》一篇，其中“子夏之门人问交于子张”一章曰：

> 子夏之门人问交于子张。子张曰：“子夏云何？”
>
> 对曰：“子夏曰：‘可者与之，其不可者拒之。’”
>
> 子张曰：“异乎吾所闻：‘君子尊贤而容众，嘉善而矜不能。我之大贤与，于人何所不容？我之不贤与，人将拒我，如之何其拒人也？”

在这段文字中，子张的“君子尊贤而容众”的思想主张，是“偏向于博爱容众这一方面的”，即近似于墨家的“兼爱”。②所以《荀子·非十二子》中痛斥“子张之儒”曰：“弟佗其冠，神禫其辞，禹行而舜趋，是子张氏之贱儒也。”即认为子张和他所开创的儒家一派，是把“禹之父鲧为舜所诛戮，而禹臣服于舜；舜之弟象作恶不悛，而舜封之有庳”作为“君子尊贤而容众”的楷模加以“摹仿”，“亦步亦趋”的。而《荀子·儒效篇》则斥子张氏之儒：“其衣冠行伪（为）已同于世俗矣，然而不知恶者；其言议谈说已无以异于墨子矣，然而明不能别。”这就不只是说他们“在表面上和墨家有相似”，而实际是说他们在思想上“似乎更和墨家接近了”。③

从《论语》及先秦诸子的相关记载，我们虽不能获得子张其人及“子张氏之儒”思想的详情或全貌，但仍然可以见出其大致的轮廓：子张是儒家孔子思想的忠实继承者，他唯恐对孔子重要的话语有所遗忘（“书诸绅”），亦步亦趋；但却不免因为不具有孔子的“中庸”或“中道”精神而常常陷入“过”（偏激）。如孔子曾有“无为而治

① 朱熹：《四书章句集注》，第80页。

② 郭沫若：《十批判书》，第96–97页。

③ 郭沫若：《十批判书》，第96–97页。

者其舜与”（《论语·卫灵公》）和“亡之，命矣夫”的感叹，子张氏便不顾孔子发出这些感喟的具体语境而当成了孔子的一贯思想；孔子曾有“礼，与其奢也，宁俭”之说（《论语·八佾》），又曰：“禹，吾无间然矣。”（同上，《泰伯》）子张又把“尚俭”“禹道”当成了孔子思想的特点而在其后学群体中加以提倡，以至于使“子张氏之儒”的言行遂“无以异乎墨者矣”。

而如果我们将郭店楚简《唐虞之道》中所反映的基本思想与上文所论“子张之儒”的思想加以比较，我们就会发现，二者之间除郭店楚简《唐虞之道》的“养生”思想可能因为子张氏本人在世时杨朱之学尚未成为“显学”，而尚未见诸子张氏本人的言行而仅为郭店楚简《唐虞之道》的作者吸收之外，其余皆与“子张氏之儒”的思想完全符合。因此，我们可以断定，郭店楚简《唐虞之道》是一篇“子张氏之儒”政治哲学的文献。而在郭店楚简《唐虞之道》与“子张氏之儒”思想互相契合的诸方面中，我认为最主要乃表现在郭店楚简《唐虞之道》以舜为“圣人”的典范而处理尧、舜关系和调和与综合儒、道、墨三家思想这一点上。

尧、舜，包括禹，皆为先秦儒家理想人格的典范。《论语·泰伯》曰：“巍巍乎，舜、禹之有天下也而不与焉！”（又曰：“禹，吾无间然矣。”）对舜、禹一同赞颂。又曰：“大哉尧之为君也！巍巍乎！唯天唯大，唯尧则之。荡荡乎！民无能名焉。巍巍乎其有成功也，焕乎其有文章！”并有《尧曰》一章，专记尧教舜之言曰：“咨！尔舜！天之历数在尔躬，允执其中。四海困穷，天禄永终。”则又似尧德在舜之上（自然也在禹之上）。道家的老子“绝圣弃智”（《老子》第十九章）。庄子认为“圣人”之“尘垢粃穅，将犹陶铸尧、舜者也”（《庄子·逍遥游》）；尧、舜之“始为天下，兴治化之流，浇淳散朴，离道以善，险德以行……然后民始惑乱，无以反其性情而复其初”。（同上，《缮性》）不仅贼乱了天下，而且极大地伤害他们自己的身体，与道家杨朱的养生之旨相背。《庄子·徐无鬼》曰：“卷娄者（成玄英疏：“谓背项俯曲，向前挛卷而伛偻也。”），舜也……尧闻舜之贤，举之童土之地（成玄英疏：“地无草木曰童土。”）……年齿长矣……而不得休归，所谓卷娄者也。”说的就是这个意思。墨家以“三表法”论证自己“兼爱”“非攻”“尚贤”“尚同”“非命”“贵俭”“非乐”等“十论”之义，多本之“昔者三代圣王禹、汤、文、武”以为说（《墨子·非命下》《节葬下》《天志上》），但于其所论之“道”则云乃“考之乎商周虞夏之记”，而言“祖述尧舜禹汤文武之道者也”（《尚贤上、下》《非命下》）；于尧则称其“尧得之服泽之阳，举以为天子”（《尚贤中》），于舜则称其“耕历山……渔雷泽”（《尚贤中》），只有在宣扬其“节葬”观时，尧舜才被同时作为典范。《墨子·节葬下》曰：

> 昔者尧北教乎八狄，道死，葬蛩山之阴。衣衾三领，穀木之棺，葛以缄之……舜西教乎七戎，道死，葬南己之市。衣衾三领，穀木之棺，葛以缄之……禹东教乎九夷，道死，葬会稽之山，衣衾三领，桐棺三寸……葛以缄之……。

由此可以见出，即使是在儒、墨两家皆以尧舜为“圣人”这一点上，尧与舜两人的“德行”也并非是完全相同的，更不用说在道家那里尧舜不仅属于“圣人”之“尘垢秕糠”，而且与“凡人”的“养生之道”亦相违背。“子张氏之儒”作为忠实继承孔子学术思想的孔门后学，他们自然能认识到、并力求调和孔子思想内部存在着的某种矛盾与张力，特别是当时社会虽儒、道、墨“俱道尧舜”，却“取舍不同”（《韩非子·显学》）的差异。而郭店楚简《唐虞之道》也正体现了一种既欲忠实继承孔子思想，又内含有先秦诸子道、墨等“家”思想因素，并巧妙地调和与整合诸家思想中的矛盾与张力的特点，故可以说郭店楚简《唐虞之道》无疑是一篇属于孔门后学“子张氏之儒”的政治哲学文献。

郭店楚简《唐虞之道》既以儒家禅让思想为主导，主张爱亲忠孝，又包含有道家杨朱“养生”观和老庄的“有命论”；同样还包含有墨家尊贤、“利天下”等思想观念。它之所以能实现这些思想成分的整合或和谐统一，其最基本的原因乃是因为该篇简书的作者巧妙地处理了唐虞或尧舜二者的关系。简书名曰《唐虞之道》，依理唐、虞（即尧舜）本应在“禅让”中处于同等重要的地位，但由于在唐虞或尧舜“禅让”中，唐尧只有“让位”之举，虞舜则既有“让位”之举，又有接受唐尧“禅让”而“王天下”之实，且道家还有从社会和个人两方面否定“禅让”之论。面对此种局面，简书《唐虞之道》的作者首先是以“有命论”这种儒、道两家皆有的，且尤为道家所主张的观点对尧舜二人分别加以评判，以为“古者尧生于天子而有天下”，既属于“圣以遇命，仁以逢时”；舜之接受“禅让”而为天子、“禅让”天子而“退休”，亦属“知命也”。这样，就不仅巧妙地将尧、舜不同的“禅让”形式等同了，成功地将全篇的重心转移到了论述虞舜一人身上。实际上也就将舜的“处于草茅之中而不忧，登为天子而不骄”，“方在下位，不以匹夫为轻；及其有天下也，不以天下为重”，与《论语·公冶长》中的令尹子文“三为令尹，无喜色；三已之，无愠色”，或《庄子·田子方》《吕氏春秋·知分》中的孙叔敖“三为令尹无荣华，三去之无忧色”等同了——在“知命”论上调解了儒、道、墨、杂诸家文本上的矛盾与差异。而且，根据《庄子·逍遥游》记载，在先秦诸子中具有与令尹子文或孙叔敖相似的道家风范的人物，还有一位“举世而誉之而不加劝，举世而非之而不加沮”的宋钘（宋荣子）。但就是这位宋钘（宋荣子），在《荀子·非十二子》中却被荀子将之与墨翟并列而“非”之。这说明，在《庄子》中“定乎内外之分，辩乎荣辱之境”的宋钘（宋荣子），在儒家荀子眼中则正如在“子张氏之儒”那里一样，应该完全是一位墨家成员——尽管荀子对宋钘（宋荣子）“非”之的态度与“子张氏之儒”对宋钘（宋荣子）似的尹文子肯定和称赞的态度正好相反，但由荀子将“举世而誉之而不加劝，举世而非之而不加沮”的宋钘（宋荣子）划归墨翟一派可知，“子张氏”肯定和称赞令尹子文的言论，应该也包含了他以令尹子文同于墨家、且有力图兼融儒、道、墨三家思想的倾向。

其次，在成功地将唐虞“禅让”的重心巧妙地转移到“虞舜禅让”之后，郭店楚简《唐虞之道》又以虞舜同时接受“禅让”和主动“禅让”（“让位”）为中心，把“利天下”与“养生”（“自利”）、“爱亲”和“尊贤”（“忠孝”与“禅让”）等和谐统一起来了。在这里，“爱亲”和“尊贤”、“利天下”与“退而养其生”，因为虞舜的同时接受“禅位”和主动“禅让”而得到了统一。因为虞舜“至孝”，“笃事瞽叟”，“忠事帝尧”，而“爱亲故孝”，“孝之施，爱天下之民”，故尧“禅让”于舜和舜受尧的“禅让”，都成了合乎儒家的道德原则的事情。而虞舜晚年“退而养其生”，也不仅符合儒墨的“尊贤”和墨家的“利天下”原则，还与儒家的所谓“致政”（“致仕”）和道家的“养生”主张相一致，达到儒家思想主导下的儒、道、墨思想的和谐统一。

总之，郭店楚简《唐虞之道》是一篇以儒家“禅让”思想为主体，并成功整合了先秦儒、墨、道思想中关于个人在社会生活中如何平衡个体自由与社会责任之间的矛盾与张力的政治哲学文献。这篇文献所显示出的思想倾向与战国中期“子张氏之儒”的思想取向较为一致，应该属于“子张氏之儒”的著作。而“子张氏之儒”调和或整合先秦诸子儒、道、墨等百家思想的思路与实践，也在一定程度上开创了此后中国哲学的发展方向。

A comprehensive political philosophy literature of Confucianism, Mohism and Taoism——Guodian Chu Slips “Tang Yu Zhi Dao”came from “Zi Zhang Zhi Ru”

Gao Huanping
Jinan University (Guang Zhou,510632)

Abstract: There have always been different views on Guodian Chu Slips “Tang Yu Zhi Dao” main ideas and schools of thought in the academic circle.Because the three concepts of “Tang Yu Zhi Dao” , “Dao of Yao and shun” and “Dao of Yao and shun” in “Dao of Tang and Yu” on the bamboo slips of Guodian, are related to each other, like “Benevolence” , “Righteousness” , “Propriety” , “Wisdom” and “Sage” in “Five elements” , there are differences in moral level and realm, therefore, “Dao of Tang and Yu” can not be simply equated with “Dao of Yao and Shun” . The Taoist thought in Guodian Chu Slips’s the Tao of Tang and Yu is mainly embodied in the Taoist yang Zhu’s theory of keeping in good health and the Taoist concept of “Time” and “Life” . The thoughts of the Warring States Mohist school contained in Guodian Chu Slips’s Dao of Tang and Yu are the view of righteousness and benefit of benefiting the world and profiteering, and the view of respecting the sages. Guodian Chu Slips’s “The Tao of Tang and Yu” is the most similar to the “Confucian school of Zi and Zhang” in terms of ideas and values, therefore, it should be a political philosophy document of “Zi Zhang’s Confucianism” .

（责任编辑：蒋威）

《墨子》与清华简《说命（上）》的关联

史大丰

摘　要：傅说的故事是墨家为张扬其“尚贤”学说而宣扬起来的，其根据是古《书》篇《说命》。后人所言多本《墨子》为说，将傅说故事作为古代圣王举贤不避贱的典型之一。利用《墨子》中的引述对楚简本《说命（上）》重新解读，可知武丁起用傅说是根据天命而非是尚贤。《墨子》所引《说命》存有古义，对正确解读楚简本《说命》上篇、了解傅说故事的原貌有很重要的参考价值。

关键词：墨子　说命　傅说　失仲　武丁

作　者：史大丰，枣庄学院文学院教授（枣庄277160）。

武丁和傅说，是古书中记载的著名的明君贤臣故事之一，目前能看到的传世文献的记载，主要是说商王武丁做了个梦，梦见上天赐给他一个贤人叫“说”，武丁就让百工画了像去找这个贤人，最后在傅岩找到了傅说。傅说是个胥靡（囚犯），在傅岩筑城，被武丁发现并起用为公，辅助武丁成就了中兴大业，武丁也因此成为古代的明王之一。

这是个较为有根据的故事，因为它是出自古《尚书》的篇章《说命》。现在清华简本《尃敓之命》（下简称《说命》）三篇公布[①]，诸多学者对此作了多方解读，但是仍有许多问题没有弄明白。特别是和傅说事迹有密切关系的《说命（上）》，更是诸说纷纭[②]，留下了一些不好解释的难题。笔者认为，要正确地解读《说命（上）》，还离不开《墨子》对《说命》的引述，其中有古人对《说命》的理解，最为切合《说命》文意，抛开《墨子》去解读《说命（上）》是不适当的；同时，因为《墨子》引文简略，后人也存在着一些误解。这里拟据《墨子》的引述重新解读清华简《说命（上）》，同时对相关问题作

【基金项目】本文系国家社科基金重大项目“中华简帛文学文献集成及综合研究”（项目编号:15ZDB065）、国家社科基金后期资助项目“归藏易研究”（项目编号:22FZWB007）、枣庄学院区域文化专项“《考工记》汇校集解与古代工匠精神研究”的阶段性成果。

① 李学勤主编:《清华大学藏战国竹简（叁）》,上海:中西书局,2012年（下简称“《清华大学藏战国竹简（叁）》”）。

② 诸家说可参看侯传峰:《清华简〈说命〉集释》（下简称《集释》）,曲阜师范大学硕士学位论文,2020年6月,第9-37页。

一些讨论。

一

傅说故事在先秦的有名，墨家的功劳不可磨灭。自墨家提出“尚贤”的主张之后，在社会上就流传一种圣王明君启用“贱人”的故事，就是一些身份卑贱的人只要“贤”，就会被统治者启用，而能不论身份启用贤人的王就是“圣王”。其基本理念就是人的“贤”是第一重要，身份次要，只要“贤”，就可以身居高位，甚至可以把君位让给他，因此产生了“禅让”说。所以在墨家看来，就有一堆“贱人”被圣王启用的“史实”，最有名的就是舜、伊尹和傅说三人：

> 古者舜耕历山，陶河濒，渔雷泽，尧得之服泽之阳，举以为天子，与接天下之政，治天下之民。伊挚，有莘氏女之私臣，亲为庖人，汤得之，举以为己相，与接天下之政，治天下之民。傅说被褐带索，庸筑乎傅岩，武丁得之，举以为三公，与接天下之政，治天下之民。此何故始贱卒而贵，始贫卒而富？则王公大人明乎以尚贤使能为政。(《尚贤中》)
>
> 是故古之圣王之治天下也，其所富，其所贵，未必王公大人骨肉之亲、无故富贵、面目美好者也。是故昔者舜耕于历山，陶于河濒，渔于雷泽，灰于常阳。尧得之服泽之阳，立为天子，使接天下之政，而治天下之民。昔伊尹为莘氏女师仆，使为庖人，汤得而举之，立为三公，使接天下之政，治天下之民。昔者傅说居北海之洲，圜土之上，衣褐带索，庸筑于傅岩之城，武丁得而举之，立为三公，使之接天下之政，而治天下之民。是故昔者尧之举舜也，汤之举伊尹也，武丁之举傅说也，岂以为骨肉之亲、无故富贵、面目美好者哉？（《尚贤下》）

墨家之所以要这么说，一方面是出于对“王公大人不察尚贤为政之本”而使贤才不得用的愤怒，一方面则是出于自身的利益考虑。因为墨家门人多是贱民、贫民，身份卑微，生活窘困，他们强烈希望自己能被统治者起用、跻身贵族阶层，可是在周代“尊尊亲亲”的用人制度之下，这种希望极度渺茫；他们除了不顾生死地以实际行动来证明自己之外，还为了给自己进身制造理论上的根据，才创造了“尚贤”说，为了证明这个理论，就编造了很多古代名人身份卑微低贱而又被圣王起用的故事来当“证据”，这是底层人民对贵族阶层把持政权却又庸碌无为的一种抗争。这种“尚贤”的观念在先秦影响巨大，被许多学派所接受，也包括儒家，自然这种贫贱之人被圣王起用的故事也成了先秦关于三代传说的一个重要母题。傅说就是在这一堆“贱人”故事中的一个重要人物，其故事的根据就是古《书》篇的《傅说之命》，即《说命》。

《墨子》是诸子中产生较早的作品，书中四次提到“傅说”，但不言出自《说命》，唯一提到《说命》这个书名的是《尚同中》，称为“术令”，言“是以先王之书《术令》之道曰：‘唯口出好兴戎。’”孙诒让《间诂》云：“‘术令’当是‘说命’之假字……‘术’‘说’、‘令’‘命’音并相近，必一书也。晋人作伪古文不悟，乃以窜入《大禹谟》，疏缪殊甚。”[①]《尚同中》所引的那句见于楚简本《说命（中）》：“且惟口起戎出好（羞）”，孙诒让的看法是正确的。《礼记·缁衣》引《说命》此句作“惟口起羞”，三者文字不同，证明先秦时期《说命》的传本很多，文字也各有差异，甚至连篇名都用字不同，比如《尚同中》所引作“术令”，“术”就是“说”，则“傅说”之名当也有本子写作“傅术”的。

《说命》这篇书，在先秦的原本应该有好多篇，各家的选本不同，一般都是选择三篇，诸家的选本除了一些被他书引用文句之外，全篇都没有流传下来，今传《尚书》中的《说命》三篇是伪古文，为魏晋间人所伪造。2012年，清华简《尃（傅）敓（说）之命》（下简称《说命》）三篇公布[②]，为我们提供了一个目前所能见到的最为古老的先秦传本，它也是个选本，比如《国语·楚语上》白公说：

> 昔殷武丁能耸其德，至于神明，以入于河，自河徂亳，于是乎三年，默以思道。卿士患之，曰：“王言以出令也，若不言，是无所禀令也。”武丁于是作书，曰：“以余正四方，余恐德之不类，兹故不言。”如是而又使以梦象旁求四方之贤，得傅说以来，升以为公，而使朝夕规谏。

下面还引了《说命》中的一些文字，说明白公说的这段根据的就是《说命》；再看看《尚书·无逸》中周公说：

> 其在高宗，时旧劳于外，爰暨小人。作其即位，乃或亮阴，三年不言。其惟不言，言乃雍。

周公所根据的，很可能也是《说命》中的文字，说明《说命》这篇书的确是篇古老的殷商文献，伪古文《说命》就收入了这些材料。晋代皇甫谧作《帝王世纪》又进一步说：

> 高宗梦天赐贤人，胥靡之衣蒙之而来，且云：“我徒也，姓傅名说，天下得我者岂徒也哉！”武丁寤而推之曰：“傅者，相也。说者，欢悦也。天下当有傅我而说民者哉！”明以梦视百官，百官皆非也。乃使百工写其形象，求诸

---

① 孙诒让撰，孙启治点校：《墨子间诂》，北京：中华书局，2001年，第84页。

② 李学勤主编：《清华大学藏战国竹简（叁）》。

天下，果见筑者胥靡衣褐带索，执役于虞虢之间、傅岩之野，名说。以其得之傅岩，谓之傅说。[①]

可一些内容并不见于楚简本《说命》，说明在楚简本《说命》上篇之前当还有一篇，也就是先秦的《说命》至少应该有四篇，第一篇是说殷高宗武丁如何出外、如何即位、即位之后亮阴三年，然后做了个梦，梦到上天赐给他一个贤人等等，但是楚简本没有，这样就使第二篇（楚简本上篇）中“隹（惟）殷王赐敚（说）于天”“帝殹（抑）尔以畀余”、第三篇（楚简本中篇）“王原比厥梦，曰：‘女来惟帝命’”这样的话失去了对应的来源，有传世文献关于武丁做梦的记载与之对应。

楚简本《说命》不仅文辞古奥，用字也诡谲，这就需要先对楚简本《说命（上）》重新作一番解读，而正确解读《说命（上）》则离不开《墨子》的引述。

二

先把简本《说命（上）》的释文录于下并重新标点（释文主用宽式，前面加段落编号）：

1.隹（惟）殷王赐敚（说）于天，甬（用）为失审（仲）使人。

2.王命氒（厥）百攻（工），向（飨）以货，旬（徇）求敚（说）于邑人。隹（惟）弜（弼→弼）人得敚（说）于尃（傅）厰（岩），氒（厥）卑（俾）绷弓绅（紾）、贯（关）辟（鍕）矢。敚（说）方笁（筑）城，縢（腾）降甬（用）力。氒（厥）敚（说）之状，鹃（鸢）肩女（如）惪（惟）。

3.王乃讯敚（说）曰：“帝殹（抑）尔以畀余，殹（抑）非？”敚（说）乃曰：“隹（唯）！帝以余畀尔，尔左执朕袂，尔右稽首。”王曰：“旦（亶）肰（然）。”

4.天乃命敚（说）伐失审（仲）。失审（仲）是生子，生二戊（牡）豕。失审（仲）卜曰：“我亓（其）杀之？我亓（其）已，勿杀？”勿杀是吉。失审（仲）违卜，乃杀一豕。敚（说）于围（韦）伐失审（仲），一豕乃觀保以逝，乃践，邑人皆从。一豕地中之自行，是为赤敔（俘）之戎。

5.亓（其）隹（惟）敚（说）邑才（在）北海之州，是隹（惟）员（圜）土。敚（说）逨（来），自从事于殷，王甬（用）命敚（说）为公。[②]

下面就来作一下简单的解析，主要是其中目前还有争议的文句，已经通读获公认的内容则从略简述。

开始两句，“隹（惟）殷王赐敚（说）于天”，和商周金文的句式类似，说“甲赐贝于乙”，即甲于乙那里受赐贝，也就是说乙赐贝给甲，如“龏姛商（赏）易（赐）贝于司（姛）”（龏姛方鼎，《集成》2433），是说龏姛在姛那里受到给贝的赏赐，也就是

① 徐宗元：《帝王世纪辑存》，北京：中华书局，1964年，第72页。

② 李学勤主编：《清华大学藏战国竹简（叁）》，第122页。

婀赏赐贝给彝婀；他如“息白（伯）易（赐）贝于姜”（息伯卣盖，《集成》5385）、“厝易（赐）贝于公中（仲）”（厝觯，《集成》6509）等等都是此类。“殷王赐说于天”，就是天赐给殷王说的意思，伪古文记高宗（武丁）说“梦帝赉予良弼”、《帝王世纪》云“高宗梦天赐贤人”意思相同。“使人”一词恒见于殷墟卜辞，多说“使人于某地”，又说“立朕使人”（合1022乙），可见“使人”是王派遣了去某地作某项工作的专门人员，类似钦差。此二句是说上天赐给殷王武丁一个贤人名说，作为讨伐失仲的使人。

“傅说”或“说”这个人，在殷墟卜辞中没有，目前发现的甲骨卜辞大部分是武丁时期的，记载的大臣也极多，不见有名“说”（或“兑”）者。林小安先生经过对卜辞的考察，认为武丁时期频繁提到的大臣“雀”就是傅说，卜辞中有关于雀的卜辞300多条，“雀”与“说”也音近可通，[①]是对的。“雀”甲、金文中从小声，楚简文字中从少声，马叙伦先生指出“小”“少”都是“沙”的初文，[②]至确。“沙”古音是歌部，歌部、月部又是阴入对转关系，从雀声的“夺”“截”古音都是月部，可见“雀”古音本当是月部，因为周人的语言里读“小”“少”为宵部韵，从“小（少）”的“雀”也跟着转入了宵部。在《说文·鸟部》里收有“鸐”字，训“鸐鸟也”，段注：“鸐之言尐也。小鸟名也。”[③]看看楚简文字中，“雀”的写法既有从“少”者，也有从“尐”者，[④]“尐”《说文》云：“少也。从小乀声。读若辍。”古音是月部字，“鸐”古音也是月部字。“尐”是个反写的“少”，古文中正反无别，此事于省吾先生已经指出，[⑤]楚文字“雀”或从少、或从尐就是明证，它当即“少”本为歌部韵之转入月部者，而“鸐”应该就是“雀”本音之后起字，古音是精母月部；《玉篇》《广韵》训“小鸡也”，这是由“雀”本为小鸟，而词义缩小，用来专指小鸡。所以在殷商时期殷人的语言里，“雀”当与“说（兑）”音同或音近，而且殷墟卜辞中有占卜雀是否𢦏（翦）失的记载（合53、合7670正），说明“雀”的确翦伐过失国。所以，林小安先生说“雀”为傅说，是有道理的。李学勤先生认为上博简《竞建内之》的“仪（傅）鸢（说）”（元部）与“说”（月部）可通假，[⑥]虞万里先生认为清华简《说命》的“鹃肩”即“鸢肩”，[⑦]王辉先生、刘光胜先生认为“鸢”、清华简《良臣》的“尃（傅）鴂（说）”与傅说双肩如鸢陡立耸起有关。[⑧]

失仲是人名，失本国名，其名称的格式和周代的“虞仲”“虢仲”等相同，虞、虢也都是国名。“失”这个国在殷墟卜辞中就有，也称“失侯”，赵平安先生通过对甲骨

---

① 林小安：《殷王卜辞傅说考刍议》，《古文字研究》第二十九辑，北京：中华书局，2012年，第113–119页。

② 马叙伦：《说文解字六书疏证》卷三，上海：上海书店出版社，1985年，第1页。

③ 段玉裁：《说文解字注》，上海：上海古籍出版社，1981年，第150页。

④ 滕壬生：《楚系简帛文字编（增订本）》，武汉：湖北教育出版社，2008年，第367页。

⑤ 于省吾：《甲骨文字释林》，北京：中华书局，1979年，第456–457页。

⑥ 李学勤：《试论楚简中的〈说命〉佚文》，《烟台大学学报》2008年第2期。

⑦ 虞万里：《清华简〈说命〉“鹃肩女惟”疏解》，《文史哲》2015年第1期。

⑧ 王辉：《傅说之名再考辨——兼论“鸢”字及其他》，《文史哲》2016年第4期；刘光胜：《清华简〈傅说之命〉与傅圣生平事迹新探》，《古代文明》2018年第4期。

文“失”字的考释论证，认为卜辞的“失侯”就是《逸周书·世俘》中“佚侯”，其地在殷商南部，河南洛阳马坡一带，因为此地成批出土了失国的青铜器；[①]刘桓先生也认为卜辞的“失侯”即《世俘》中的“佚侯”，卜辞中又称“失白（伯）”，武丁南征时其地约在河南南部与湖北交界附近。[②]张伦敦先生认为《说命（上）》里所言傅说伐的“失仲”就是卜辞中的“失侯”，武丁时期本是商的属国，因为不听命于商王，故伐之。[③]这个国在殷商末还存在，仍是殷商的属国，故被周人所伐。但是说它在洛阳马坡或河南南部与湖北交界处恐非，《逸周书·世俘》言武王克殷之后，“庚子，陈本命伐磨，百韦命伐宣方，新荒命伐蜀。乙巳，陈本、新荒蜀磨至，告禽霍侯、艾侯，俘佚侯小臣四十有六，禽御八百有三十两，告以馘俘”。由殷商（朝歌，今河南淇县）出发去讨伐佚侯，从庚子日出兵到乙巳日回来，总共用了六天，即便是手到擒来，打仗不费工夫，从朝歌到佚侯也就是三天的路程，古代军队行进日行三十里为一舍，则磨、宣方、蜀、佚侯这几个小国距朝歌均不过百里左右，应该是在殷商王畿之内或附近，怎么可能跑到洛阳或河南与湖北交界之处呢？

第二段开始说“王命厈（厥）百攻（工），向（飨）以货”，疑难字是那个“向”字，许多学者认为是“像”的通假字，是画像的意思，[④]这当是根据伪《孔传》“审所梦之人，刻其形象”和《帝王世纪》“乃使百工写其形象”之说，[⑤]这是误解了《国语·楚语上》“如是而又使以象梦旁求四方之贤”之语，“象”是景象的意思，此用为动词，就是根据梦中的景象，不是画像，《论衡·死伪》：“且梦，象也，吉凶且至，神明示象，熊罴之占，自有所为”，又《乱龙》：“神灵示人以象，不以实，故寝卧梦悟见事之象”，皆是其证。“以象梦”即根据梦中的景象，皇甫谧误解了这个“象”为“像”，才说“使百工写其形象”。《书序》说“高宗梦得说，使百工营求诸野，得诸傅岩，作《说命》三篇。”《史记·殷本纪》里记载武丁寻找傅说的故事，都没说画像云云；古文《尚书·说命上》也说“乃审厥象，俾以形旁求于天下”，“审厥象”是详细地说明梦中贤人的样貌，“俾以形”谓使根据梦中的形象，也没说是画像。从读音上讲，“向”是晓纽，“像”是邪纽，二者声纽差距很大，典籍中找不到“向”与从象声之字通假的例子，说“向”读“像”实在是勉强。简文“向”当是“饷”的通假字，通“贶”，赐予之意，简文的意思是谁找到了贤人就赐予谁财货，也就是悬赏，简文说王给百工（即群臣）下达了命令，悬赏以财货，让邑人到处去寻找说，并没有说画像之事。

简文说只有弼人在傅岩找到了这个叫说的人，“傅岩”《史记·殷本纪》作“傅

---

① 赵平安：《从失字的释读谈到商代的佚侯》，《中国社会科学院历史研究所学刊》第一集，北京：社科文献出版社，2001年。

② 何景成：《甲骨文字诂林补编》，北京：中华书局，2017年，第26页引。

③ 张伦敦：《〈清华简·说命〉所载傅说事迹史地钩沉——兼论卜辞中的“云奠河邑”》，《古代文明》2017年第3期。

④ 《集释》，第12–14页。

⑤ 徐宗元：《帝王世纪辑存》，北京：中华书局，1964年，第72页。

险”，盖“傅”是地名，“岩”或“险”是指其地的险隘关口，《左传·隐公元年》载郑庄公说“制，岩邑也”，就是说制邑是个险要的城池，“傅岩”盖亦此意，指傅邑险要关口。后人连言“傅岩（险）”为地名，恐未必确当。“乎（厥）卑（俾）绷弓绅（紾）、贯（关）辟（鞞）矢”一句是补充介绍“弼人”的职务，俾，使也，这里的意思犹今言工作。绷，《说文》：“束也。”“弓绅”当读“弓紾”，指弓弦，《说文》：“弦，弓弦也。从弓，象丝轸之形。”段注：“按‘轸’当作‘紾’，从车者讹也。紾者，转也。《方言》：‘轸，戾也。’‘轸’乃‘紾’之假借字。丝紾，言弦戾也。”[①]“绷弓紾”就是给弓束弦，“贯（关）辟（鞞）矢”就是把箭头安装在箭杆上，箭杆要插入鞞矢的銎中，故曰“贯”。就是弼人的工作是安装弓弦和箭头，即制造弓矢的匠人。简文的意思是只有弼人在傅岩找到了傅说，他们是制弓的匠人。下文说他们发现傅说时傅说正在筑城，拿着杵一上一下地用力夯筑，他的样子是肩膀高耸像收敛了翅膀的鸢鸟，符合武丁要求的样子。“鹃（鸢）肩女（如）隹（惟）”的“惟”字，诸家有许多猜测和解释，这个“惟”当即《说文》所训“凡思”之义，这里是指武丁的想法或要求，“如惟”类似“如意”，即符合殷王的要求。此句也足以证明上文的“向”不能解释为画像。

第三段是讲，王见到了说并询问他说：“上帝就是把你赐给我的，是不是？”说就回答说：“是上帝把我给你，当时你左手拉着我的衣袂，右手打着稽首。”王说：“的确是那样。”——这番对话，是复述武丁做梦的梦境，但是简文里没有叙述武丁做梦的内容，而传世典籍中有之；简本《说命（中）》里也记载武丁召见傅说时，“王原比厥梦，曰：‘女来惟帝命。’说曰：‘允若寺（是）。’”[②]可证在简本《说命（上）》前面确应还有一篇，否则这些话就显得突兀无对应。这是关于武丁梦见傅说、寻找傅说的故事，和传世文献中的记载大率相同，只不过细节较多。

第四段，也就是傅说讨伐失仲那段文字，传世典籍中从未提及，所以伪古文《说命》伪造时辑录纂集了很多古本《说命》的佚文和内容，而这部分毫无踪迹。究其原因，一是古人只注重武丁启用傅说的故事，这部分不是他们所关心的；二是这部分内容事涉荒怪，为缙绅先生所不道；三是这部分文字不容易通读。

简文首先说上天命傅说去讨伐失仲，应该就是殷王（武丁）以天命派傅说去伐失仲，就像商汤伐桀、武王伐纣都是打着天命的旗号是一个道理。然后说了讨伐他理由，是因为失仲生了两个儿子是两只小公猪（二牡豕），失仲占卜是否杀了他们，占卜的结果是不杀才吉祥。可是失仲违背了占卜结果，杀了其中的一豕，等于违背了天命，所以上天才让傅说讨伐他。

从文意揣测，是殷王在傅岩发现了傅说之后，为了证明他的确是个贤人，有才能，才给他一个展示的机会，让他去伐失仲以证明自己的能力，否则殷王起用他没有充足的理由。

---

① 段玉裁：《说文解字注》，上海：上海古籍出版社，1981年，第642页。

② 《清华大学藏战国竹简（叁）》，第125页。

三

第四段后面的一部分内容颇难理解，目前解读的争议也最大，需要仔细分析：

说于围伐失仲： 于，往也。围，原字形是从宀韦声，《说文》：“围，守也”，此即“守”义之“围”的异体或专字，故与“守”皆从“宀”作。此字张卉、王志平两位先生认为当释为地名，即“韦”，亦即豕韦。[①] 豕韦或作豨韦，简称韦，在今河南省安阳市滑县，距离殷墟不远。那么说明失仲之国就是在豕韦国，简文中说失仲生两个儿子都是“戊（牡）豕”，可能就是根据“豕韦”的国名演绎出来的。不过在殷墟卜辞中没有“豕韦”，而有“失”和“失侯”，说已见上。现在看来，失侯在今河南滑县一带大概更符合简文记述。《逸周书·世俘》里的记载，周人从淇县的朝歌出发去伐佚侯，来回只用了六天，单趟也就是两三天的路程，不过百里，淇县到滑县七十多里，以古人行军日三十里的速度，正是两天左右的路程。韦又称失或失侯，大概是因为失国居于韦地之故，就与周代苏亦称温、曾亦称随的情况相同。

一豕乃觀保以逝，乃践，邑人皆从： “觀”字整理者读“旋”通“还”，此后又有学者读“穿”（侯乃峰）和“涣”（大意觉迷）等。[②]“觀”训“穿”当是，此字实“睿”之通假字，《说文》：“睿，深通川也。从谷从歺。歺，残也；谷，坑坎意也。《虞书》曰：‘睿畎浍距川。’濬，古文睿。从水，从睿。睿，古文叡也。叡，深明也，通也。”段注：“残犹穿也。歺谓穿之。”[③] 后通用“浚”字。“保”即《礼记·月令》“四鄙入保”之“保”，郑玄注：“鄙界上邑小城曰保。”也泛指城郭，《淮南子·说山》：“保者不敢畜噬狗”，高诱注：“保，城郭居也。”后起专字是“堡”。此三句意思是一豕在城堡里挖地道逃走了，傅说乃得征服了失国，失国之人皆服从了傅说。说一豕“睿保以逝”，也是根据豕的习性演绎出来的，因为豕善于拱土穴地觅食，所以才造出这么个说法。“践”即周公践奄之“践”，字或作“残”，是战胜、征服义。

一豕地中之自行，是为赤致（俘）之戎： “地中”黄杰先生说依字读，认为“意同‘自地中行’”“因为‘豕’本身有长长的嘴，而且有拱地的习性，所以穿地而行也是有可能的。”[④] 说近是，然云“地中之自行”意同“自地中行”恐非，“自行”一词古书习见，是独自施行或独自行走的意思，不当拆开来理解。“地中”指一豕挖掘的地道之中。“一豕地中之自行”是倒装句，即“一豕之地中自行”，是说一豕在地中的通道里独自行走出逃。“赤”当读为“捇”，《广韵·入声·麦韵》：“捇，掘土。”《集韵·入声十·二十陌》：“捇：掘土谓之捇。”“致”当即“俘”之异体，疑即上文“觀保”之“保”的通假字，《楚帛书》即以用此字为“保”，[⑤] 此处这样写盖为用字避复。“捇俘

---

① 《集释》，第28页。

② 《集释》，第28–29页。

③ 《说文解字注》，第570页。

④ 《集释》，第32页。

⑤ 白于蓝：《简帛古书通假字大系》，福州：福建人民出版社，2017年，第135页。

（保）”与“觀保”意思相同，都是挖穿城堡的意思。盖一豕穴地逃走之后，其后人繁衍成为戎狄之一族，而以其穴地穿保逃脱之事为族名，乃曰“赤（捇）俘（保）之戎”；就像清华简《楚居》里说楚人的先妣妣列生丽季的时候是溃胁而生（剖腹产），妣列几乎死掉，是巫戋用荆楚替她包扎起来得以活命，楚人为了纪念这件事，自命曰“楚人”。[①]这都是因事命族的例子。

其惟说邑在北海之州，是惟员土：“其惟”在这里是转语之辞，表示在讲述完傅说伐失仲的故事之后，另述一事。简文“说邑在北海之州”这句诸家有不同的理解，主要有两种，一种是认为傅说之城邑是在北海之州，一种是认为傅说在北海之州建造城邑。[②]这两种看法的文意是不同的，第一种表达的是傅说的国家（相当于故乡）是在北海之州的员土，第二种则是说傅说在北海之州新兴建了一个城邑。那么哪种说法更符合文意呢？根据《墨子·尚贤下》的表述“傅说居北海之洲，圜土之上”，是把“邑”理解为“居”，居处的意思，那么第一种就与《墨子》相合。“说邑在北海之州”就是说傅说所居的城邑在北海之州。

对“是惟员土”的解释，《墨子》作“圜土”，也就是牢城监狱。有学者不同意此说，比如张伦敦先生读“员”为“运”，“运土”之别名是北海之州；侯传峰先生赞同张说，认为“员属匣母文部，圜属匣母元部，二字声母虽同，韵母却不通。员土，此处或从张伦敦之说，作‘运土’，运土别名北海之州，亦即北运之土也。”[③]可问题在于，“员”与“圆”“圜”古书里的确有通假实例，[④]《孟子·离娄上》：“不能成方员”，宋翔凤曰：“方员之员，或作圜，或作圆，作员者假借字。”[⑤]“员”“圜”古音是同匣母、文元旁转迭韵，读音是相近、含义相通，相通假是没问题的，所以《墨子》读“员土”为“圜土”不能说有错误，傅说所居的确是牢城。《周礼·秋官·司圜》云：

> 司圜：掌收教罢民。凡害人者弗使冠饰，而加明刑焉，任之以事而收教之。能改者，上罪三年而舍，中罪二年而舍，下罪一年而舍。其不能改而出圜土者，杀；虽出，三年不齿。凡圜土之刑人也，不亏体；其罚人也，不亏财。

可见，圜土是类似现在的“劳教所”“劳改营”，把一些罪行比较轻的人关在里面加以教育，最多关三年，对他们的刑罚不会伤残身体、倾家荡产，还要“任之以事”，即从事劳作。那么，傅说筑的城如果是为自己作邑，怎么可能造一所监狱呢？我们认为，简文“其惟”之后要讲述的是傅说的身世，只是他的身世还是比较糊涂，作者只知道他本来居住在北海的一所牢城监狱里，传世典籍中才有傅说为胥靡之说，如：

---

① 李学勤主编：《清华大学藏战国竹简（壹）》，上海：中西书局，2010年，第181页。

② 《集释》，第33–34页。

③ 《集释》，第34–35页。

④ 高亨纂著，董治安整理：《古字通假会典》，济南：齐鲁书社，1989年，第108–109页。

⑤ 宋翔凤：《孟子赵注补正》卷四，《续修四库全书》第159册，上海：上海古籍出版社，2002年，第29页。

《吕氏春秋·求人》:“伊尹，庖厨之臣也；傅说，殷之胥靡也。皆上相天子，至贱也。”

贾谊《鵩鸟赋》:“傅说胥靡兮，乃相武丁。”

《史记·殷本纪》:“武丁夜梦得圣人，名曰说。以梦所见视群臣百吏，皆非也。于是乃使百工营求之野，得说于傅险中。是时说为胥靡，筑于傅险。见于武丁，武丁曰：‘是也。’得而与之语，果圣人，举以为相，殷国大治。故遂以傅险姓之，号曰傅说。”

《说苑》佚文：“傅说代胥靡刑人筑于傅岩之野，高宗梦得之。”(《后汉书·马融传》注引)

《潜夫论·论荣》:“傅说胥靡，而井臼处虏也。”

又《五德志》:“即位，默以不言，思道三年，而梦获贤人以为师。乃使以梦像求之四方侧陋，得傅说，方以胥靡筑于傅岩。升以为大公，而使朝夕规谏。”

《史记·屈原贾生列传》:“傅说胥靡兮”,《索隐》引晋灼曰：“胥，相也；靡，随也。古者相随坐轻刑之名。”“胥靡”是古代罪行较轻被判罚服苦役的人，或是俘虏为奴，[①]《庄子·则阳》云：“筑十仞之城，城者既十仞矣，则又坏之，此胥靡之所苦也。”说明古代筑城这种苦差事多由胥靡担当。那么，简文说傅说邑在北海之州，是谓圜土，与简文说“说方筑城”以及传世典籍中说傅说为胥靡的身份是互相吻合的，《墨子》之说最符合《说命》文意。特别是楚简本虽然有篇题曰“尃敚之命”，但是三篇中没有一处出现“尃敚”这个名称，只称“敚”，即传世典籍中的“说”，唐代孔颖达云：

> 《殷本纪》又云武丁得说，“举以为相，遂以傅险姓之，号曰傅说”。郑云：“得诸傅岩，高宗因以傅命说为氏。”案《序》直言“梦得说”，不言“傅”，或如马、郑之言。如高宗始命为傅氏，不知旧何氏也。[②]

如果从现实角度看，傅说本来是身份很低的贱民，又为胥靡，恐怕本就没有氏姓可言，只有个名字叫“说”，是武丁因为他是在傅岩被发现的才赐给他个“傅”为氏，这当是在他被起用之后才有的。所以，感觉“员土”仍当从《墨子》读“圜土”。

《尸子》认为“傅岩在北海之洲”(《书·说命》正义、《史记·殷本纪》集解引)，是把北海之州的圜土与傅岩当成了一个地方，显然是误读了《墨子》之文。《墨子·尚贤下》说“傅说居北海之洲，圜土之上，衣褐带索，庸筑于傅岩之城”，前两句是交代傅说的身份，说明他本是居住在北海之洲圜土中的胥靡，而胥靡是要外出作苦工的，并非是在圜土筑城。从道理上说，圜土是已经筑造好的牢城，胥靡不会再在监狱里筑城，而是常被押送到很远的地方，到别的国家或城邑去作为佣工为人家做苦力筑城，他们所在的国家或城邑可以从中牟利，就像奴隶主出租奴隶的情况。证之者，《韩非

① 裘锡圭:《裘锡圭学术文集·杂著卷》,上海:复旦大学出版社,2015年,第261页。

② 孔颖达:《尚书正义》,阮元校刻《十三经注疏》本,北京:中华书局,1980年,第174页。

子·难言》云："傅说转鬻"，旧注："转次而佣，故曰'鬻'。"[①]就是胥靡被从一个地方转租到另一个地方作佣工，称为"转鬻"，他们就是这种在各个方国城邑之间转来转去为人作苦工的犯人，傅岩怎么可能是在北海之洲的圜土呢？廖名春、刘光胜先生认为傅岩是傅说客居之地，[②]王晖、张巧巧先生也认为傅岩是傅说及其部族为失仲服劳役之地，[③]所以，《尸子》明显是误解了《墨子》的说法，不可信。

说来，自从事于殷，王甬（用→因）命放（说）为公：此三句《国语·楚语上》作"得傅说以来，升以为公"。类似的句子又见楚简本《说命（中）》："说来自傅岩，在殷。"两相对比，疑上篇的"自"后抄脱了"傅岩"二字，原文当作"说来自［傅岩］，从事于殷"，"从事于"之语古书习见，如《墨子·天志上》："然则率天下之百姓以从事于义。"《论语·泰伯》："昔者吾友尝从事于斯矣。"《老子》："从事于道者，同于道。"《国语·齐语》："吾欲从事于诸侯，其可乎？"绝没有"自从事于"这种表述，故"自"后缺"傅岩"二字的可能性很大，中篇作"来自傅岩"即是其证。这是补述武丁在傅岩发现了傅说之事，就是傅说是在傅岩被发现的，也就是来自于傅岩。

四

根据上面的分析我们大概知道《说命》讲述的殷王武丁和傅说的故事是：

殷王武丁做了个梦，梦见上帝赐给他一个贤人叫说，作为讨伐失仲的使人（钦差）。武丁就命百官悬赏，让邑人去寻找，最后弼人在傅岩发现了正在筑城的傅说。武丁以天命派傅说去讨伐失仲，并征服了失国。傅说本来是居住在北海之洲的圜土里的胥靡，他在傅岩被发现来到了殷服事殷王，被殷王封为公。

《说命》这篇书，是根据殷商时期遗留下来的文献编辑创作的，特别是简本的中篇、下篇中武丁训诫傅说的部分，都是汇集一些零散的谈话记录，比较符合史官记言的原始状况，最明显的例子是里面称武丁为"王"或"武丁"，而不是像周人那样称之为"高宗"，符合殷人的语言习惯；但它创作完成应该是在周代，且经过多手传写改造，内容未必完全符合殷商的史实。其上篇叙述武丁根据梦象寻找傅说、傅说伐失仲的部分，带有很浓厚的传说色彩，演义成分很大，类似一篇小说，这种记述带有历史的背景，本文内容可以自洽，但绝不能全盘用真实的历史去硬套，否则很容易陷入误区。比如最末一句说武丁"命说为公"，《墨子·尚贤中》解释作"举以为三公"，《尚贤下》作"立为三公"，《史记·殷本纪》说"举以为相"，而据赵林先生研究，在殷墟

① 王先慎撰，钟哲点校：《韩非子集解》，北京：中华书局，1998年，第22页。

② 廖名春：《清华简〈说命中〉内容与命名》，《扬州大学学报》2014年第4期；刘光胜：《清华简〈傅说之命〉与傅圣生平事迹新探》，《古代文明》2018年第4期。

③ 王晖、张巧巧：《清华简〈说命〉"员（圜）土"当今无定河流域考——兼论傅说之都"说邑"》，《中国历史地理论丛》2021年第4期。

卜辞中，“公”是一种对死去的男性先辈亲属的泛称，到周代才用为生称，[①]“公”用为爵称和官名也是周代才有的事情，[②]所以武丁时代不可能有任命傅说为“公”之事，同时殷墟卜辞中迄今也没有发现“相”这种官职，只能是周人的演义，如果非要用殷商的史实去套，这种情况显然无法得到合理解释。

《墨子》引用《说命》的这个故事，其引述之内容是相对正确的，后人传傅说故事多据《墨子》为说，而发生了个别误会，比如《尸子》把傅岩说成在北海就是错的。从《说命》的记述可知，武丁起用傅说是因为“天命”，即梦见上帝赐给他个贤人，他才寻找并重用他，这和殷人迷信鬼神而崇尚祭祀的情况很相吻合，并不是他“尚贤”的原因；《墨子》在引用时故意忽略了武丁做梦的事情，只说武丁重用了胥靡身份的傅说，用来证明古代圣王举贤不避贫贱的“尚贤”英明之举，为自己“尚贤”的主张作证据，并不符合《说命》的原义。

Reinterpreting the Tsinghua Bamboo Slips ‘Yueming (I)’ in the Light of Mozi

Shi Dafeng
Faculty of Arts, Zaozhuang University, ZaoZhuang277160

Abstract: Fu Yue’s story was publicized by the Mohist School in order to trumpet its theory of “upholding virtue” , which is based on the ancient book ‘Yue Ming’ (or Telling Fate) . The later versions are mostly based on Mozi and took Fu Yue’s story as one of the typical examples of the ancient saint emperors appointing competent people regardless of their social class. This study has reinterpreted the Chu Slips ‘Yueming (I) ’ in the light of quotation from Mozi. It can be seen that Wu Ding’s promotion of Fu Yue is due to God’s will instead of “venerating the sagacious” (shangxian 尚贤) . The quotation by the Mohist School is out of context. However, there is ancient meaning in their quotation from Yue Ming, which has a significant value in the correct interpretation of Yueming I and understanding the original story of Fu Yue.

（责任编辑：蒋威）

① 赵林：《殷契释亲——论商代的亲属称谓及亲属组织制度》，上海：上海古籍出版社，2011年，第200-201页。

② 也有学者认为殷末即有“三公”，《甲骨学一百年》云：“古文献记载，纣时以鬼侯、鄂侯、周文王为‘三公’，天邑商的‘公宫’，有可能是为他们而设。饶宗颐说：‘殷时确有三公之职’，当是可能的。”见王宇信、杨升南主编：《甲骨学一百年》，北京：社会科学文献出版社，1999年，第455-456页。但此事如果确实，也是在殷末，很难证明武丁时期即有此制。

征稿启事

《墨子学刊》系由中国墨子学会、枣庄学院主办的专业学术集刊，每年两期，重点关注中国古典学术与先秦诸子、墨学等问题，着力呈现海内外学界的前沿动态和最新成果。现启动征稿工作，诚邀海内外学人不吝赐稿。《墨子学刊》征稿不仅限于墨学研究，也包括与墨子相关的诸子学研究和古典学术研究等诸多方面。

一、稿件撰写要求

1.字数以8000字至15000字为宜，学术价值较高的稿件篇幅不受限制。

2.稿件内容包括题目、作者署名、中文摘要（300字以内）、关键词（3至5个）、正文、注释。正文用小四号字体，行距为1.5倍。注释一律采用页下注（脚注），每页连续编号，引注格式参考《中国社会科学》。基金资助的论文请在首页以注释形式标注，说明项目名称、编号。

文末附作者简介，作者简介请提供姓名、性别、单位、学位、职称、研究方向等。

3.集刊编辑部联系人：蒋威　联系电话：0632-3786860

邮寄地址：山东省枣庄市薛城区民生路南路1号枣庄学院新城校区墨子研究院

邮箱：mzxkbjbzz@163.com　邮编：277122

二、本刊常设栏目

中国古代科技遗产与中国式现代化研究、墨学海外传播研究、《墨经》与科技哲学研究、墨子政治哲学研究、墨子伦理研究、墨学文献研究、墨子与中国科技史研究、墨学史研究、墨子与中国文化研究、诸子学研究、鲁班文化研究

三、本刊不负责来稿所涉版权问题（如图、表、引文等），请作者事先取得原作者或出版者同意。

四、本刊不收取任何版面费，也未委托第三方或其他平台编辑运营。本刊拒绝一稿多投，实行双向匿名评审制度。

中国墨子学会《墨子学刊》编辑部

2024年4月